# الإيواء وإعادة الإعمار بعد النزاعات والكوارث

# الإيواء وإعادة الإعمار بعد النزاعات والكوارث

سلطان بركات

دار جامعة حمد بن خليفة للنشر
HAMAD BIN KHALIFA UNIVERSITY PRESS

**دار جامعة حمد بن خليفة للنشر**
**صندوق بريد 5825**
**الدوحة، دولة قطر**

www.hbkupress.com

جميع الحقوق محفوظة.

لا يجوز استخدام أو إعادة طباعة أي جزء من هذا الكتاب بأي طريقة دون الحصول على الموافقة الخطية من الناشر باستثناء حالة الاقتباسات المختصرة التي تتجسد في الدراسات النقدية أو المراجعات.

إن الآراء الواردة في هذا الكتاب لا تعبّر بالضرورة عن رأي الناشر.

الطبعة العربية الأولى عام 2023

الترقيم الدولي: 9789927164125

تمت الطباعة في الدوحة - قطر.

---

**مكتبة قطر الوطنية بيانات الفهرسة – أثناء – النشر (فان)**

بركات، سلطان، مؤلف.

الإيواء وإعادة الإعمار بعد النزاعات والكوارث / سلطان بركات. الطبعة العربية الأولى. – الدوحة، دولة قطر : دار جامعة حمد بن خليفة للنشر، 2023.

232 صفحة ؛ 24 سم

تدمك: 978-992-716-412-5

1. إعادة التعمير بعد الحرب. 2. الحرب -- الإغاثة. 3. المساعدات الإنسانية. 4. بناء السلام. 5. السلام. أ. العنوان.

HV639. B37 2023

355.028 – dc23

202328656167

# المحتويات

**ملخص الكتاب** ........................................ 15

**مقدمة** ........................................ 21

**الفصل الأول: سياق وتطور عمليات الإيواء وإعادة إعمار المساكن** ............ 25

**أولًا** - في مفهوم النزاع والكارثة وأثرهما على البيئة الْحَضَرِيَّة (Built Environment) ... 25

1. مفهوم النزاع (Conflict) ........................................ 25

2. مفهوم الكارثة (Disaster) ........................................ 26

3. آثار النزاعات والكوارث على البيئة الْحَضَرِيَّة ........................ 27

**ثانيًا** - في مفهوم إعادة الإعمار لما بعد النزاعات والكوارث .................. 31

**ثالثًا** - مراحل إعادة الإعمار لما بعد النزاعات والكوارث .................. 34

**رابعًا** - الركائز الأربع لإعادة الإعمار لما بعد النزاعات والكوارث ............ 39

**خامسًا** - مبادئ توجيهية للإيواء وإعادة إعمار المساكن لما بعد النزاعات والكوارث . 41

**سادسًا** - مبادئ استراتيجيات الإيواء وإعادة إعمار المساكن لما بعد النزاعات والكوارث. 52

**الفصل الثاني: آليات الإعداد والتخطيط والتقييم في عمليات الإيواء وإعادة إعمار المساكن** ........................................ 55

**أولًا** - الخطوات الأولية (Initial steps) ........................................ 56

**ثانيًا** - الفاعلون الرئيسيون في عمليات الإيواء وإعادة إعمار المساكن .............. 58

1. المجتمع (The community) ........................................ 58

2. السُلْطَات المحلية (Local authorities) ........................................ 62

3. القطاع الخاص (Private sector) ........................................ 62

4. الحكومة الوطنية (National government) ........................................ 63

5. الفاعلون الخارجيون (External actors) ........................................ 65

**ثالثًا** - نماذج المساعدة في بناء المساكن ........................................ 66

**رابعًا**: تقييم الاحتياجات والقدرات المحلية ........................................ 68

5

1. الأرض (Land) .................................................................. 73
2. الموارد البشرية (Human resources): ............................ 75
3. الموارد المؤسسية (Institutional resources) .................. 76
4. موارد المجتمع (Community resources) ....................... 76
5. مواد البناء (Building materials) ................................... 76
6. التكنولوجيا (Technology): .......................................... 77
7. الموارد المالية (Financial resources) ............................ 78

**خامسًا – المساعدة المستهدفة واختيار المستفيدين** ................ 79

**سادسًا – مسائل قانونية** ................................................... 86

**الفصل الثالث: اتجاهات ومنهجيات الإيواء وإعادة إعمار المساكن** ............ 91

أولًا – اتجاهات إعادة الإعمار بعد النزاعات والكوارث ................. 92
1. اتجاه التحديث والتجديد (المستحدث) ............................ 92
2. اتجاه إعادة إحياء القديم (الإحيائي) ................................ 95

ثانيًا: منهجيات إعادة إعمار البنية الفيزيائية للمساكن ................ 100
1. توفير السكن المؤقت/ الانتقالي ..................................... 100
2. إصلاح المساكن (المتضررة): ......................................... 112
3. بناء مساكن ومستوطنات جديدة ................................... 114
4. منهجية «بناء الفناء» (الساحة الخارجية) (Building - Yard approach) ........ 129
5. منهجية تيسير التمويل .............................................. 132
6. الاستدامة ونقل التكنولوجيا ........................................ 137

**الفصل الرابع: تنفيذ عمليات الإيواء وإعادة إعمار المساكن** ............... 145

أولًا – نماذج تنفيذ مشاريع الإيواء وإعادة إعمار المساكن ............. 145
1. نموذج المقاول (The contractor model) ........................ 146
2. نموذج البناء الذاتي (The self-build model) .................... 151
3. نموذج البناء التعاوني .................................................. 155

**ثانيًا – التسليم والصيانة** ................................................. 158

## الفصل الخامس: التقييم .................... 161

### أولًا – فَهْم التقييم .................... 163
تقييم المعونة .................... 165

### ثانيًا – التحديات الْمَنْهَجِيَّة للتقييم التشاركي: مقاربات ومواقف ومؤشرات .................... 168
1. مقاربات التقييم التشاركي .................... 168
2. وجهات نظر الممارسين .................... 171
3. استخدام المؤشرات في التقييم التشاركي .................... 172

### ثالثًا – العراق: دروس مستفادة .................... 175

## الفصل السادس: المرأة وإعمار المساكن: مشاركة لا استشارة .................... 179

### أولًا – أدوار النساء في عملية إعادة إعمار المساكن: فاعلات لا ضحايا .................... 179
1. تغيير الوضع القائم .................... 180
2. تعزيز الوضع القائم .................... 182

### ثانيًا – جوانب من أهمية مشاركة وتصدُّر المرأة عملية إعادة إعمار المساكن .................... 182

## الفصل السابع: دراسة حالة: إعادة الإعمار بإدارة الْمُلَّاك في جنوب لبنان .................... 189

### أولًا – إعادة الإعمار بإدارة الْمُلَّاك بعد النزاعات .................... 190
1. النُّهُج .................... 191
2. اختيار العينة .................... 192
3. جمع البيانات .................... 192

### ثانيًا – السياق العام والأضرار .................... 193

### ثالثًا – إعادة إعمار المساكن في جنوب لبنان .................... 195
1. تعويضات السكن - المبالغ .................... 195
2. طرائق تقديم المساعدات .................... 197
3. الأثر المرتبط بالمأوى .................... 199
4. التداعيات الإنمائية .................... 201
5. التنمية الاقتصادية والحدُّ من الفقر .................... 201
6. المساواة بين الجنسين .................... 203
7. الْحَدُّ من مخاطر الكوارث .................... 204

| | |
|---|---|
| 8. حماية التراث الثقافي .................................................. | 205 |
| 9. التداعيات السياسية ..................................................... | 206 |
| **رابعًا – الآثار المترتبة على إعادة الإعمار بإدارة الْمُلَّاك: الدروس المستفادة** .......... | 209 |

# خاتمة .................................................................. 215

# المراجع ................................................................. 217

| | |
|---|---|
| قائمة المراجع العربية..................................................... | 217 |
| قائمة المراجع الأجنبية .................................................... | 219 |
| قائمة المقابلات ......................................................... | 231 |

# قائمة الجداول والأشكال والأُطُر

## قائمة الجداول:

**الجدول (2-1)**: مزايا وعيوب خيارات تمويل إعادة بناء المساكن ........................ 67
**الجدول (3-1)**: نقاط القوة والضعف لحلول الإسكان المؤقتة والانتقالية ........... 112
**الجدول (3-2)**: نقاط القوة والضعف لمنهجية إصلاح المساكن ........................ 114
**الجدول (3-3)**: العوامل التي تؤثر على اختيار مواقع البناء.............................. 117
**الجدول (3-4)**: نقاط القوة والضعف في التقنيات التقليدية ............................ 121
**الجدول (3-5)**: نقاط القوة والضعف للإسكان الجاهز.................................. 125
**الجدول (3-6)**: نقاط القوة والضعف لنهج بناء الفناء ................................ 130
**الجدول (3-7)**: نقاط القوة والضعف لنهج تيسير التمويل.............................. 134
**الجدول (5-1)**: مقاربات التقييم التشاركي ............................................ 170
**الجدول (5-2)**: الفروقات بين التقييم التقليدي والتقييم التشاركي .................... 171
**الجدول (7-1)**: تعويضات السكن المتسلمة ونتائج الاستبيان بحسب الجهة/ البلد المانح ..... 196
**الجدول (7-2)**: التقدم في إعادة إعمار المساكن/ وضع النازحين،
بعد 25 شهرًا من حرب تموز/ يوليو: مستوى تضرر المنزل ........................ 199
**الجدول (7-3)**: معايير الضعف الاجتماعي الاقتصادي ................................. 202
**الجدول (7-4)**: المواقف إزاء مقدمي تعويضات السكن ................................. 208

## قائمة الأشكال:

**الشكل (1-1)**: مكونات البيئة الْحَضَرِيَّة التي تتأثر بالنزاعات والكوارث ........................34
**الشكل (1-2)**: مراحل إعادة الإعمار لما بعد النزاعات والكوارث: ........................35
**الشكل (1-3)**: الركائز الأربع لإعادة الإعمار..............................................41
**الشكل (1-4)**: مبادئ استراتيجية إعادة الإعمار............................................54
**الشكل (3-1)**: مدينة فرانكفورت- ألمانيا: بعد التدمير، وبعد إعادة الإعمار.................**93**
**الشكل (3-2)**: شقق هانسافيرتل Hansaviertel ...........................................**93**
**الشكل (3-3)**: ترميم الجسر الواصل بين طرفي مدينة موستار، البوسنة والهرسك ..........**96**

9

| | |
|---|---|
| **الشكل (3-4):** المتحف الكندي للطبيعة .................................... 97 | |
| **الشكل (3-5):** كنيسة الذكريات برلين- ألمانيا قبل التدمير، وبعد الحفاظ عليها كمَعْلَمٍ أَثَرِيٍّ ... 98 | |
| **الشكل (3-6):** مركز إيواء في مبنى عام ............................... 100 | |
| **الشكل (3-7):** البيوت البسيطة التي تم بناؤها عقب زلزال هايتي....... 101 | |
| **الشكل (3-8):** الخيام التي تم بناؤها عقب إعصار كاترينا ............ 102 | |
| **الشكل (3-9)** المخيمات الجماعية لإيواء النازحين.................... 102 | |

## قائمة الأُطُر:

**الإطار (1-1):** عدم تحليل مخاطر النزاع الداخلي في جنوب السودان ................ 40

**الإطار (1-2):** تكنولوجيا الطوب البيئي وتمكين المجتمع المحلي في نيبال ............ 44

**الإطار (1-3):** المعايير الدولية للمأوى المؤقت وحالة النزوح طويلة الأمد
(أمثلة من شمال إدلب -سوريا) ................................................ 50

**الإطار (2-1):** المشاركة المجتمعية في إعادة إعمار المساكن في السلفادور ............ 59

**الإطار (2-2):** زلزال باكستان 2005 وإشراك المجتمع المحلي ...................... 60

**الإطار (2-3):** المشاركة المجتمعية في إعادة إعمار أفغانستان ....................... 61

**الإطار (2-4):** ضعف المشاركة المجتمعية وأثر عدم الاهتمام بثقافة المجتمع
في بعض مخيمات النازحين شمال سوريا ....................................... 61

**الإطار (2-5):** دور منظمات المجتمع المدني والمنظمات غير الحكومية .............. 62

**الإطار (2-6):** شراكة بين القطاعين العام والخاص في أنغولا ........................ 63

**الإطار (2-7):** عوامل نجاح إعادة الإعمار في سيريلانكا
(التشاركية المجتمعية والدعم الحكومي) ......................................... 64

**الإطار (2-8):** معايير تقييم الأضرار في كوسوفو ................................... 71

**الإطار (2-9):** تقييم أضرار ومعايير التعويضات في غَزَّة 2009 ...................... 72

**الإطار (2-10):** قضايا ملكية الأراضي وحيازتها في أفغانستان ...................... 74

**الإطار (2-11):** مشكلات الأراضي في زلزال إندونيسيا 2004 ..................... 74

**الإطار (2-12):** قوانين الأراضي والممتلكات في رواندا ............................ 74

**الإطار (2-13):** النزاعات على الأراضي والحيازة في البلدان الخارجة من الصراع ........ 75

**الإطار (2-14):** المساهمة المجتمعية في غوما الكونغو .............................. 77

**الإطار (2-15):** المساهمة المجتمعية العضوية في حالات اللجوء طويل المدى
(إدلب -شمال سوريا) .......................................................... 78

الإطار (2-16): تحديد المستفيدين وَفْقًا لمعيار الضعف في كوسوفو 80 ..........

الإطار (2-17): اختيار المستفيدين – برنامج إسكان المتضررين في رفح من الحرب ...... 80

الإطار (2-18): تعزيز حالات الضعف وعدم المساواة ............................ 82

الإطار (2-19): اختيار المستفيدين – برنامج المأوى الأساسي للفلبين .............. 83

الإطار (2-20): إعصار جيري في ميانمار 2010 وآليات اختيار المستفيدين............. 84

الإطار (2-21): معايير اختيار المستهدفين في زلزال تسونامي سريلانكا 2004 التي وضعها الصليب الأحمر البلجيكي (CRB) ............................ 85

الإطار (2-22): الدروس المستفادة من مناهج الأمم المتحدة لحقوق السكن والأرض والملكية في حالات ما بعد النزاع ................................. 86

الإطار (2-23): التحقق من ملكية الأراضي بعد الزلزال في بيرو ..................... 87

الإطار (2-24): أشكال الْحِيَازَة ............................................... 89

الإطار (3-1): نموذج عمارات الإسكان المستحدثة في برلين بعد الحرب العالمية الثانية .. 94

الإطار (3-2): ترميم الجسر الواصل بين طرفي مدينة موستار، البوسنة والهرسك ....... 96

الإطار (3-3): المتحف الكندي للطبيعة Canadian Museum of Nature............... 99

الإطار (3-4): كنيسة الذكريات، برلين-ألمانيا................................... 99

الإطار (3-5): المأوى في حالات الطوارئ والإسكان شبه الدائم: تجارب من ولاية غوجارات في الهند ................................ 105

الإطار (3-6): السياسة والمأوى بعد زلزال مرمرة تركيا ........................... 106

الإطار (3-7): المساكن أو الملاجئ الانتقالية.................................... 108

الإطار (3-8): إعادة تأهيل المرافق المجتمعية في كرواتيا ......................... 109

الإطار (3-9): نماذج الملاجئ المؤقتة المستخدمة من قبل فرق الصليب والهلال الأحمر . 110

الإطار (3-10): الإسكان الانتقالي في غوما - الكونغو ............................ 111

الإطار (3-11): حُزَم مساعدات إصلاح المساكن في كوسوفو ....................... 113

الإطار (3-12): زلزال تسونامي في سريلانكا وأشكال مساعدة الوكالات الدولية في ما يخص المساكن ................................................. 119

الإطار (3-13): الحلول المجتمعية بعد زلزال غوجارات في الهند .................... 122

الإطار (3-14): بناء بيوت انتقالية/ مؤقتة من قبل المستفيدين في الهند 2007 .......... 123

الإطار (3-15): المنازل الأساسية الجاهزة في أذربيجان ........................... 124

الإطار (3-16): مستوطنات اللاجئين الجاهزة في كرواتيا .......................... 125

الإطار (3-17): مراعاة تصميم المساكن في زلزال تسونامي سريلانكا 2004 ........... 127

الإطار (3-18): معايير التصميم التي اعتمدتها وكالة كير لتصميم المساكن في إعصار ميانمار ... 128

الإطار (3-19): عدم التشاور مع ضحايا فيضانات نيجيريا ................................................. 128

الإطار (3-20): تدريب البناة المحليين- مشروع بناء التعليم مدينة ذمار في اليمن ......... 129

الإطار (3-21): إعادة تأهيل المساكن والمدارس للسكان العائدين في جافنا، سريلانكا .... 131

الإطار (3-22): تدريب العاملين في إقليم أتشيه .............................................................. 131

الإطار (3-23): مساهمة تنظيم حزب الله بعمليات إعادة إعمار لبنان بعد حرب 2006 ...... 133

الإطار (3-24): آليات التمويل في إعادة إعمار المساكن في لبنان .................................. 135

الإطار (3-25): نقل أو إعادة البناء على الموقع نفسه...................................................... 136

الإطار (3-26): تخفيف أثر الكارثة في فيتنام .................................................................. 138

الإطار (3-27): المأوى الانتقالي (المؤقت) ودوره في تمكين العائلات النازحة من العودة إلى ديارها بشكل أسرع، إندونيسيا .............................................................. 139

الإطار (3-28): الإسكان المستدام بحزم القَشِّ ، جمهورية بيلاروسيا (روسيا البيضاء)، 1994-2000 ........................................................................................ 141

الإطار (4-1): المناقصة وإجراءات التعاقد ..................................................................... 149

الإطار (4-2): إعادة الإعمار بالاعتماد على نموذج المقاول في اليمن ............................ 150

الإطار (4-3): إعادة بناء المساكن الذاتية في ولاية غوجارات – الهند .......................... 153

الإطار (4-4): المشاركة المجتمعية: دروس من برنامج إعادة تأهيل زلزال ماهاراشترا ..... 153

الإطار (4-5) إسكان المساعدة الذاتية في البلقان، 1993-2000: تجربة الوكالة السويدية للتعاون الإنمائي الدولي SIDA ......................................................... 156

الإطار (4-6) إعادة الإعمار من خلال المساعدات الذاتية في كولومبيا .......................... 157

## الإهداء

يصدر هذا الكتاب في أعقاب الزلزال الذي ضرب جنوب تركيا وشمال سوريا يوم 6 فبراير 2023 وأسفر عن خسارة أكثر من خمسين ألف ضحية ومئات آلاف الجرحى والمصابين، كما خلف دمارًا هائلًا بالمباني السكنية والبنى التحتية.

لأرواحهم الرحمة والسلام، وللجرحى الشفاء العاجل. عسى أن يسهم هذا الكتاب بتوجيه مساعي إعادة الإعمار في كلا البلدين.

إلى أبنائي: نمي، وسري، وتميم.

# ملخص الكتاب

ظهرت دراسات النزاع والعمل الإنساني عُمُومًا ردًّا على تعقُّد المشهد الدولي، وتصاعد وتيرة الصراعات المسلحة والكوارث الإنسانية التي لحقت بالمجتمعات في مرحلة ما بعد نهاية الحرب العالمية الثانية، ثم تحوّلت هذه الدراسات إلى حقل معرفي وتخصص أكاديمي جديد له مفاهيمه وأدواته ومؤسساته. ومع تبلور هذا الحقل، ظهرت مفاهيم التعافي وبناء السلام ما بعد الكوارث والأزمات، والرؤى والسياسات المتبعة الْخَاصَّة بها.

وفي هذا السياق، يطرح كتاب **الإيواء وإعادة إعمار المساكن ما بعد النزاعات والكوارث الطبيعية**: **خياراتٍ ودروسًا وتحدياتٍ** للبروفيسور سلطان بركات، مدير المعهد العالمي للدراسات الاستراتيجية وأستاذ السياسات العامة في جامعة حمد بن خليفة بالدوحة، موضوعَ إعادة الإعمار كمرحلة أساسية للتعافي عند الدول التي مرت بنزاعات عنيفة وكوارث طبيعية قاسية؛ وذلك بالتركيز على الجانب الخاص بإعادة إعمار المساكن تحديدًا؛ لكونها ضرورة جوهرية لضمان حياة إنسانية كريمة، وباعتبارها حاجة مُهِمَّة لا رفاهية مؤجلة. ونظرًا لندرة الدراسات العربية في هذا المجال، يأتي كتاب بركات محاولةً لسد ثغرة واضحة في تلك الدراسات، باستناده إلى أُسُس وضوابط علمية أكاديمية واضحة، وتوفيره جهازًا نظريًّا من المفاهيم لدراسة مرحلة إعادة إعمار المساكن الواقعة ضمن سياق دراسة الأزمات والتعافي منها، وتوفيره رؤية استراتيجية وسياساتية للخروج منها، عبر طرحه مجموعة واسعة من الخبرات السابقة. يأتي هذا الكتاب بمحاولة للبناء على مجموعة أفكار وتطويرها، كان المؤلف قد طرحها بعدد من مؤلفاته خلال العقدين الماضيين، من أهمها دراسة إعادة بناء الإسكان ما بعد الحرب التي نشرت عام 2003 من قبل معهد التنمية ODI بلندن.

يقع الكتاب في مائتي صفحة تقريبًا، ويتألف من مقدمة مَنْهَجِيَّة يستهلها بضرورة تأمين المسكن بصفته حقًّا أساسيًّا ضمن الحقوق الإنسانية الأخرى التي أكدتها المواثيق والمعاهدات الدولية، كالعيش والصحة وغيرها، ويناقش الموضوع على مدى سبعة فصول مترابطة، باعتباره عملية أساسية لانتقال الدول من مرحلة الأزمات أو الكوارث ودخولها

في مرحلة التعافي (Recovery)، معتمدًا فيه على منهج تكاملي يشبك بين الاختصاصات، ويحقق التفاعل بين الدراسات المعنية بالتنمية وبناء السلام وإدارة النزاعات، مع العلوم الإنسانية والاجتماعية الأخرى؛ كعلم السياسة، وعلم الاقتصاد، وعلم الاجتماع، وعلم النفس الاجتماعي... وغيرها، كما يطرح مقاربات كَمِّيَّة ونوعية ودراسات مقارنة بين تجارب إعادة إعمار المساكن على مستوى العالم، لتتخطى رؤيتُه محدوديةَ الرؤى التقنية والهندسية الصرفة لتلك الإشكالية في مجتمعات ما بعد الأزمات، وفهمها كعملية تستهدف تحقيق الأمن الإنساني والتنمية المستدامة في النسيج الحضري؛ وَفْقَ النهج الثلاثي: الإنسانية، والتنمية، والسلام.

يقدم الفصل الأول من الكتاب، **سياق وتطور عمليات الإيواء وإعادة إعمار المساكن،** إطارًا نظريًّا مكثفًا لمفاهيم النزاع والكارثة، ويبحث آثارَهما على البيئة الْحَضَرِيَّة فيزيائيًّا واقتصاديًّا واجتماعيًّا وثقافيًّا وبيئيًّا وسياسيًّا، ويتوقف فيه عند مفهوم إعادة الإعمار لما بعد النزاعات والكوارث بهدف تأصيله علميًّا، واستخدامه في فَهْم إعادة الإعمار كعملية متكاملة لتحقيق الأمن الإنساني. ويحدد فيه مراحل عملية إعادة الإعمار وركائزه، من الأمن إلى العدالة والمصالحة، الرفاه الاجتماعي والاقتصادي، والْحَوْكَمَة والمشاركة ومبادئها التوجيهية الخمسة التي تؤطر العملية؛ ليتوقف عند المبادئ الاستراتيجية التي توجهها، والمتمثلة بالوقائية، الشمولية الاجتماعية، والبيئية، والإنسانية، والاستدامة، والمرونة، بحيث تتكيف الْخُطَّة مع أي مستجدات ومتغيرات قد تطرأ على أرض الواقع. ويمكن وصف هذا الفصل بأنه يضع رؤية مَنْهَجِيَّة متكاملة الأبعاد ترقى إلى مستوى دليل توجيهي لإشكالية إعادة الإعمار وأطرافها المؤسسية والاجتماعية وأُطُرها القانونية والسياساتيَّة والحوكميَّة، وأدوار مؤسسات الدولة والقطاع الخاص والمجتمعات المحلية، إِضَافَةً إلى جهات أخرى معنية في العملية نفسها.

يركز بركات في الفصل الثاني على **آليات الإعداد والتخطيط والتقييم في عمليات الإيواء وإعادة إعمار المساكن.** ويدرس فيه ثلاثة مجالات محددة هي: أسئلة أولية تشمل قرار تنفيذ برنامج إعادة الإعمار، ورسم خريطة الجهات والمؤسسات الرئيسية الفاعلية في العملية، واختيار آلية التمويل مع تقييم الاحتياجات والقدرات المحلية التي تشتمل على وضع تقييم للأضرار، وإمكانية مساهمة المجتمع المتضرر في العملية، وعملية اختيار المستفيدين واستهدافهم، والتي تشمل بدورها اتخاذ قرارات مُهِمَّة حول تحديد الأولويات

ومعايير انتقاء المستفيدين. فضلًا عن تحديد الفصل قدرات القطاعات المختلفة في العملية والفاعلين الرئيسيين في عمليات الإيواء وإعادة إعمار المساكن، والتي تتطلب مشاركة مجتمعية لكل من المجتمعات المحلية والسُلْطَات المحلية والقطاع الخاص والحكومة ممثلة بقطاعها العام، إضَافَةً إلى الوكالات الدولية والجهات المانحة وأشكال مساهمتها. واللافت بِشَكْلٍ خَاصٍّ في هذا الفصل، هو إشارة بركات إلى أن عملية إعادة إعمار المساكن لا يمكن أن تبدأ بعد أن يتوقف النزاع، ولكن ينبغي أن تبدأ منذ الفترة المبكرة للنزوح، فـ «غالبًا ما يبدأ الناس في إعادة تأهيل حياتهم ومنازلهم وسبل عيشهم قبل أن يكون هناك نهاية معترف بها رسميًّا للنزاع»؛ ليؤكد بعدها أنه خلال العملية يجب أخذ ثلاثة مجالات رئيسية للتحليل بعين الاعتبار: السياق، والفاعلون، والقطاعات الْعَامَّة والْخَاصَّة الموجودة مع تحديد إِمْكَانَاتهم وقدراتهم.

أما في الفصل الثالث، فيتجه بركات إلى دراسة **اتجاهات ومنهجيات الإيواء وإعادة إعمار المساكن**، عبر تناوله الاختلافات بينها وَفْقَ منطلقاتها ومواردها وأهدافها، مشيرًا إلى أن الخيار الفعَّال هو الجمع بين أفضل منهجيات الإسكان المختلفة وطرق تمويلها؛ لتحقيق أعظم الفوائد الممكنة؛ وَفْقًا للسياق. ويميز بين خمس منهجيات لإعادة إعمار المساكن بعد الكوارث والنزاعات، يتميز كل منها بوظيفته العمليَّة أو الثقافيَّة وأثرها على البنية الفيزيائيَّة وغيرها من البنى، مع الأخذ بعين الاعتبار إمكانية دمج منهجيات عدة ضمن نهج واحد، ويتوقف بشكل مقارن عند بعض نماذجها التي طبقت في ألمانيا والبلقان والهند ودول أخرى، بأبعادها وأهدافها المختلفة، والأطراف التي ساهمت فيها، ويدرس مراحلها التنفيذية الأساسية، ويحدد نقاط ضعفها وقوتها للاستفادة العملية منها، وبناء خبرة تراكمية.

ويخصص الكتاب الفصلين الرابع والخامس لبحث عمليتي **التنفيذ والتقييم**؛ إذ يحدد في الفصل الرابع نموذجين؛ نموذج المقاول، ونموذج البناء الذاتي، اللذين سيُعتمد عليهما خلال العملية، ويميز بينهما، ليأتي التنفيذ والتطبيق كخُطَّة تالية لاختيار أسلوب البناء ومصادر تمويله وتصميماته. ويتم اختيار النموذج الأفضل بِنَاءً على دراسة مجموعة من العوامل؛ كحجم الدمار والأضرار، وطريقة وتقنيات البناء في المنطقة المستهدفة، إضَافَةً إلى القدرات الاقتصادية والتقنية والاجتماعية للمجتمع المحلي، ومقدار الوقت والجهد الذي تحتاج إليه عملية إعادة الإعمار، ليحدد مزايا كل نموذج وعيوبه ونواقصه. في حين يفرد بركات الفصل الآخر لدراسة مناهج تقييم آثار برامج وخطط إعادة إعمار المساكن، مشيرًا إلى نمط ثقافة

دولية مهيمنة تحكم عملية التقييم كما تحكم عملية تصميم البرامج وتنفيذها، مؤكدًا فيها نقطتين؛ أن إجراء التقييم البعيد المدى لأثر البرامج والمشاريع «يجب أن يحصل بعد سنوات عديدة من إعادة الإعمار»، وأن مواطني البلدان الخارجة من الحرب «هم الأقدر على تحديد قيمة النتائج وإلى أي مدى يعتقدون أن الجهود الدولية ساعدتهم أو أعاقتهم»، وينقد المنهج الكلاسيكي لتقييم المساعدات والبرامج الاجتماعية المستندة إلى معايير غربية، ويتوقف بعدها عند مقاربات التقييم التشاركي وارتباطاته، ويُبرز التحديات الْمَنْهَجِيَّة التي تواجه النهج التشاركي، وتصورات الممارسين فيما يتعلق بتقييم فعالية المعونة ووضع المؤشرات. كما يُنَمْذِجُ النهج التشاركي من ناحية مزاياه ومساوئه، والفروق بينه وبين نهج التقييم التقليدي. ويتوقف عند أبرز الدروس المستفادة من تَجْرِبَة التقييم التشاركي في العراق.

ويخصص الكتاب فصله السادس للحديث عن دور المرأة في العملية، معنونًا إياه: **المرأة وإعمار المساكن**: **مشاركة لا استشارة**، ويميز فيه بين المشاركة والْإِشْرَاك، عبر تبنيه رؤية جديدة لدور النساء في عملية إعادة الإعمار بكونه دورًا أساسيًّا متكاملًا ومنصهرًا مع أدوار الفاعلين الآخرين، مركزًا على ضرورة إدماجهن في مراحل العملية كافة وفي قمة هرم قيادتها، وتمكينهن من بناء قدراتهن واستخدامها؛ وهو ما سيساعد في تحسين قدرتهن على التعافي بعد الأزمات والكوارث؛ نظرًا لكونهن ضحيةً أساسية للاعتداءات المتعلقة بطبيعة الإسكان وما يلحق بها. ويؤكد بركات في هذا الفصل ضرورة النظر إلى المرأة على أنها مُشاركة وليست مجرد ضحية، كما يُبرز مزاياها الْخَاصَّة في مشاريع البناء الذاتي للمساكن.

بعدها يُخصِّص بركات الفصل السابع والأخير للحديث عن حالة، وعَنْوَنَه بـ **دراسة حالة**: **إعادة الإعمار بإدارة الْمُلَّاك في جنوب لبنان**، وقد قام فيه بدراسة هذه الحالة باستفاضة؛ نظرًا لكونها تمثل حالة تطبيقية لدولة خضعت بشكل متكرر لنماذج إعادة إعمار المساكن بإدارة الْمُلَّاك؛ نتيجة النزاعات والكوارث العنيفة والمتكررة التي تسببت بها حالة الحرب وقيام إسرائيل بمحاولة تدمير شامل خلالها، فضلًا عن نزاعات سابقة حدثت، وقابلية تطبيقها في الأوضاع السائدة بعد النزاع. ويتطرق الكتاب في هذا الفصل إلى الآثار الثانوية لتضرر المساكن ويناقش موضوع التعويضات وعملية إعادة إعمار المسكن ككل، مركزًا فيه على حالة المجتمعات المحلية التي لحقت بها أضرار بدرجات متفاوتة جراء حرب تموز/ يوليو 2006، شارحًا فيها الأخطاء والعيوب التي طرأت على العملية نتيجة التأخر في توزيع تعويضات السكن بطريقة أو بأخرى، معتمدًا فيها على فرضية أن هذه المجتمعات تطوِّر

أثناء تعافيها «أنظمة مساعدة ذاتية ونماذج استجابة مختلفة، كالتضامن والمساعدة الذاتية والاعتماد على المعونات»؛ إذ اكتشف بركات وجود «دينامية عكسية» نتيجة تفضيل بعض النازحين البقاء في بيوتهم على أن يقوموا باستئجار عقار نظرًا لتكرار النزاعات، وقيام معظم الذين تضررت منازلهم بشكل جسيم بإعادة تأهيل مساكنهم بأنفسهم دون المستوى المقبول نتيجة الفقر والتأخر في توزيع تعويضات السكن عليهم؛ ما نجم عنه حدوث سوء في إعادة إعمار المساكن في جنوب لبنان. ورغم ما سبق، فالفصل بيَّن أن الدرس الأول المستفاد من دراسة حالة جنوب لبنان يتمثَّل في أن «العيب لا يَكْمُن أساسًا في منهجيات إعادة الإعمار بإدارة الْمُلَّاك، التي يجب اعتمادها في بعض الحالات مع توفير شروط مُسْبَقَة محددة كي تقدم الفوائد المنشودة. وأنه يجب أن تعكس هذه المنهجيات اعتبارات إدارية وفنية محددة، وأن تتنوع وَفْقًا لظروف كل أسرة».

وأخيرًا، فالكتاب يمثل مساهمة علمية قيمة في الأدبيات العربية، ويثريها في مجال إعادة الإعمار لما بعد الأزمات والكوارث، سيما إعادة إعمار المسكن والمأوى، وهو يؤصِّل منهجيًّا أُسُسًا علمية تنطلق من كون دراسة الأزمات وبرامج التعافي ومنها قضايا الإعمار وفي صُلبها بناء المساكن قد غدت الآن تخصصًا أكاديميًّا له أدواته ومفاهيمه، ويعتبر هذا الكتاب دليلًا أساسيًّا للطلبة والباحثين وكذا المشتغلين في حقل العمل الإنساني خصوصًا، وحقل الإيواء وإعادة إعمار المساكن لما بعد النزاعات والكوارث الطبيعية في المنطقة العربية على وجه خاص؛ إذ يزودهم بأهم المفاهيم المرتبطة بهذا الحقل، وأُسُسه ومختلف منهجياته وآلياته، ويسلط الضوء على أمثلة وحالات دراسية وتَجَارِب سابقة في الإيواء وإعادة إعمار المساكن في مُخْتَلِف الدول؛ لتكوين معرفة واسعة تغذيها نماذج واقعية، في فَهْم الخيارات والدروس والتحديات التي تواجه عمليات إعادة الإعمار في المنطقة العربية.

# مقدمة

إنَّ الحق في السكن هو عنصرٌ جوهريٌ من عناصر حفظ الكرامة الإنسانية؛ وهو ما تُؤكده المواثيق والمعاهدات الدولية، فقد نصَّت المادة 25 من الإعلان العالمي لحقوق الإنسان على سبيل المثال على أَنَّ «لكلِّ شخصٍ الحق في مستوى معيشة يكفي لضمان الصحة والرفاهية له ولِأُسْرَتِهِ، خَاصَّةً على صعيد المأكل والملبس والمسكن والعناية الطبية، وعلى صعيد الخدمات الاجتماعية الضرورية»[1]. هذا في الظروف العادية، أما أثناء أو عقب النزاعات والكوارث الطبيعية فإنَّ الضرورة الإنسانية تُصبح أكثر إلحاحًا من أجل توفير المأوى الأساسي للضحايا، وهي مسألة تحتل نفس أهمية ضمان الوصول إلى المياه والصرف الصحي والغذاء والرعاية الصحيَّة. ويمكن للمراقب اليوم أن يلحظ اتجاهًا قانونيًا متصاعدًا فيما يخص ترسيخ الحق في السكن، وأدوارًا متزايدة للوكالات المعنية بتوفير المأوى استجابة للنزاعات والكوارث، فنرى مثلًا أن «الحق في السكن الملائم» مشمولٌ في العهد الدولي الخاص بالحقوق الاقتصادية والاجتماعية والثقافية، كما أنه يمثِّل جوهر مبادئ «بنهيرو» بشأن إعادة المساكن والممتلكات إلى اللاجئين والنازحين، والتي حددها المقرر الخاص للأمم المتحدة باولو سيرجيو بنهيرو (Paulo Sérgio Pinheiro). كل ذلك فضلًا عن كون عنصر المأوى أساسيًا في مجموعة معايير اسفير المعنية بتقديم التوجيه للوكالات الإنسانية فيما يخص الاستجابة الإنسانية وحدودها الدنيا[2].

يتعرَّض العديد من البلدان إلى موجات عنيفة من النزاعات والكوارث الطبيعية والتشرُّد؛ ما يزيد من حجم الضرورة الإنسانية لتزويد الضحايا بالمأوى والمسكن الأساسي. لكن قد يبدو المبرر الإنساني لإعادة إعمار المساكن أكثر إشكالية؛ إذ تبدو عملية إعادة الإعمار كأنها أعمال تطويرية فقط، تعتمد على إعادة إنشاء الممتلكات الْمُدَمَّرَة، أو حتى توفير أماكن إقامة

---

(1) الأمم المتحدة، **الإعلان العالمي لحقوق الإنسان**، المادة 25، شوهد في: https://bit.ly/2XNypWM

(2) Thomas Bamforth, "When Systems Break Down: The Role of International Aid and Humanitarian Response in Disaster Recovery," in: Maria Kornakova (ed.), *Urban Planning for Disaster Recovery* (Australia: The University of Melbourne, 2017), p. 56.

أفضل وأكثر قوة مما كانت عليه قبل الكارثة أو النزاع، والهدف من ذلك بالطبع هو التخفيف من حدَّة التهديد المباشر؛ تمهيدًا لاستعادة حالة الفرد المتأثر بالكارثة على المدى الطويل.

وبخلاف جوانب الإغاثة الأخرى كالمعونات الغذائية والأدوية، يُعَدُّ السكن من الممتلكات الْمُهِمَّة طويلة الأجل وغير القابلة للاستهلاك. على سبيل المثال: في أمريكا اللاتينية، تحتاج الْأُسَر إلى ما يعادل 5.4 ضعف متوسط دخلها السنوي لشراء منزل. وفي إفريقيا، يبلغ متوسط تكلفة المنزل 12.5 ضعف متوسط الدخل السنوي. وبصفة عَامَّةٍ، فتعريف السكن كـ«مـُلكية» عَادَةً ما يتضمن أسئلة حول الملكية والاستحقاق القانوني، والتي ربما تحظى بأهمية أقل من مجالات الإغاثة الأخرى.

إنَّ عملية الإيواء وإعادة إعمار المساكن صعبة ومعقدة في آنٍ واحدٍ، وَعَادَةً ما يتطلب القيام بها قدرًا كبيرًا من الوقت والإعداد، وفي حالة الطوارئ، ربما لا يكون هذا متاحًا. تلك الحاجة إلى التحرك والإنجاز في فترة زمنية قصيرة قد لا يُفضي إلى إعادة بناء جيد ومستدام للسكن، فضلًا عن أن الجهات المانحة لا تميل عَادَةً إلى وضع أُطُر زمنيةٍ قصيرةٍ لصرف الأموال المخصصة للمساكن. وفي الغالب، فإنَّ الْخُطَط والمشاريع التي يكون التخطيط لها سريعًا وطارئًا وبمعزل عن بيئتها السياسية أو الاقتصادية أو الاجتماعية، عَادَةً ما تكون مهمَّشة، وتحوز على اهتمام أقل ببذل الجهد لتوثيق الفلسفات والأساليب والعمليات التي تقوم عليها.

وبِشَكْلٍ عَامٍّ، فإنَّ إعادة الإعمار لما بعد النزاعات أو الكوارث ينبغي أَنْ تحتوي على مجموعة محددة من العناصر لتحقيق الضرورة المتمثلة في التصدي للتحديات السياسية والاقتصادية بفعَّالية، من ضمنها إعداد رؤية واضحة للإنعاش (recovery)؛ تُمثِّل السكان وتعكس التزامًا سياسيًّا طويل الأجل بالعملية، بالإضافة إلى إعداد آليات لتحقيق التنمية التشاركية في العمليات والهياكل كافَّةً. وبِشَكْلٍ عَامٍّ، فالتعمير المادي والاقتصادي والتنمية هما أمران حاسمان يُسهمان في توليد مزيد من مبادرات الانتعاش الاقتصادي وتحقيق الرخاء[1].

لذا؛ فنحن في هذا الكتاب سنركز على مجال المأوى والإسكان، والذي يُعدُّ من الأمور الضرورية في كل المجتمعات؛ لارتباطه بالعيش والصحة والتعليم والأمن والاستقرار

(1) Sultan Barakat, "Seven Pillars for Post-War Reconstruction," in: Sultan Barakat (ed.), *After the Conflict: Reconstruction and Development in the Aftermath of War* (London: I.B. Tauris, 2010), pp. 249–270.

الاجتماعي والْأُسَرِيِّ. كما أن أهمية المأوى تزداد بشكلٍ أكبر حين يتعرّض بلدٌ أو مجتمعٌ ما إلى نزاعٍ أو كارثةٍ طبيعيةٍ، حيث يؤدي ذلك في العادة إلى تدمير وخراب وتشريد لِلْأُسَر والأفراد؛ وبالتالي انتفاء صفة السكن كمركز اجتماعي يتمُّ من خلاله لَمُّ شمل العائلة والأصدقاء أو اعتباره مصدرًا من مصادر الفخر والْهُوِيَّة الثقافية؛ ما يستدعي هؤلاء إلى البحث عن مأوى جديد يُحقق الحدود الدنيا لاستمرار الحياة والعيش؛ تمهيدًا لعودة الوضع إلى سابق عهده وعودتهم إلى حياتهم الطبيعية.

يبدأ الفصل الأول من هذا الكتيِّب؛ وهو عبارة عن مدخل مفاهيمي لإعادة الإعمار لما بعد النزاعات والكوارث، بعنوان: «سياق وتطور عمليات الإيواء وإعادة إعمار المساكن»، بتعريف مفهومَي النزاع والكارثة، وآثارهما على البيئة الْحَضَرِيَّة Built Environment بما في ذلك السكن والمأوى، ثم يتطرق الفصل إلى تطور مفهوم إعادة الإعمار لما بعد النزاعات والكوارث، وبعدها يستعرض مراحله وركائزه، يلي ذلك عرض مجموعة من المبادئ التوجيهية والاستراتيجية لعمليات إعادة الإعمار لفترة ما بعد انتهاء النزاعات والكوارث الطبيعية.

أما الفصل الثاني وعنوانه: «آليات الإعداد والتخطيط والتقييم في عمليات الإيواء وإعادة إعمار المساكن»، فيضم الخطوات الأولية للعملية، ثم الفاعلين الرئيسيين فيها، بمن فيهم: المجتمع، والسُّلْطَة المحلية، والقطاع الخَاصُّ، والحكومة الوطنية، والفاعلون الخارجيون. كما يناقش الفصل نماذج المساعدة في بناء السكن والمأوى، وهي: الْمِنْحَة المباشرة، والمساهمة الجزئية من خلال المساعدة الذاتية والقروض. ويحتوي الفصل أَيْضًا على تقييم الاحتياجات والقدرات المحلية من خلال: الأرض، والموارد البشرية، والموارد المؤسسية، وموارد المجتمع، ومواد البناء، والتكنولوجيا، والموارد المالية؛ ومن ثم يتطرق إلى ماهية المساعدة المستهدفة وكيفيات اختيار المستفيدين، ليُختتمَ الفصل بمجموعة من المسائل القانونية المتعلقة بإعادة الإعمار.

وفي الفصل الثالث، يُفصِّل الكتاب في «اتجاهات ومنهجيات الإيواء وإعادة إعمار المساكن» لما بعد النزاعات والكوارث، حيث يتطرق إلى الأنساق/ الاتجاهات التالية: نسق التحديث والتجديد (المستحدث)، نسق إعادة الإحياء (الإحيائي)، نسق المزج بين القديم والحديث (المتطور)، النسق الرمزي (شاهد على الأحداث). أما فيما يتعلق بالمنهجيات فيتناول القسم: مَنْهَجِيَّة توفير السكن المؤقت - الانتقالي، ومنهجية إصلاح المساكن،

ومنهجية بناء مساكن ومستوطنات جديدة، ومنهجية بناء الفناء (الساحة الخارجية)، ومنهجية تسيير التمويل.

ويضم الفصل الرابع، المُعَنْوَن بـ«تنفيذ عمليات الإيواء وإعادة إعمار المساكن»، نماذجَ تنفيذ مشاريع إعادة إعمار المساكن والمأوى (نموذج المقاول، نموذج البناء الذاتي)، ثم يتطرق إلى مرحلتي التسليم والصيانة.

بعدها يأتي الفصل الخامس بعنوان: «التقييم» ليطرح موضوع تقييم عمليات إعادة الإعمار وأثرها، والتي من ضمنها عملية إعادة إعمار المساكن، ويناقش النهج الأنسب لذلك، بادئًا بمحاولة فَهْم التقييم في حد ذاته، ثم متطرقًا للحديث عن عملية تقييم المعونة، ليسلط الضوء بعد ذلك على نهج التقييم التشاركي، مستعرضًا تحدياته، ومناقشًا المقاربات والمواقف/وجهات النظر والمؤشرات المختلفة المتعلقة به، مع مقارنته بنهج التقييم التقليدي، ثم استخلاص عدد من الدروس المستفادة من حالة التقييم التشاركي في العراق.

أما الفصل السادس فكان بعنوان: «المرأة وإعمار المساكن: مشاركة لا استشارة»، فهو يركِّز على قضية مشاركة النساء في عمليات إعادة إعمار المساكن، وعن أدوارهن فيها، كفاعلاتٍ لا كضحايا، متطرقًا إلى نقد الواقع فيما يخص هذا الموضوع، وما ينبغي تغييره فيه. ثم منتقلًا إلى ما يجب تعزيزه في ذلك الواقع من ممارسات، ليذهب بعدها إلى ما هو أبعد من ذلك باستعراض جوانب من أهمية المشاركة وحتى التصدُّر النسائي للعملية.

ويُختتم الكتاب بالفصل السابع، وهو بعنوان: «دراسة حالة: إعادة الإعمار بإدارة الْمُلَّاك في جنوب لبنان»، حيث تستخدم الدراسة «الْمَنْهَجِيَّة الْمُرَكَّبَة» في تقييم عملية إعادة إعمار المساكن في الجنوب اللبناني بعد حرب تموز/يوليو، وتبدأ بتقديم نُبْذَةٍ عَامَّةٍ عن سياق النزاع والأضرار الناتجة عنه، ثم تعالجُ نهج إدارة الْمُلَّاك في إعادة إعمار المساكن في حالة الدراسة، بما في ذلك تعويضات السكن وطرائق تقديم المساعدات والأثر المرتبط بالمأوى والتداعيات الإنمائية وما يتعلق بالتنمية الاقتصادية والْحَدِّ من الفقر والمساواة بين الجنسين والْحَدِّ من مخاطر الكوارث وحماية التراث الثقافي والتداعيات السياسية.

# الفصل الأول
# سياق وتطور عمليات الإيواء وإعادة إعمار المساكن

## مدخل

في الواقع، إنَّ الإنتاج العربي في هذا الحقل محدود جِدًّا ولا يرقى إلى المستوى المنشود، فلا نكاد نجد تناولًا لمفهوم إعادة الإعمار أو التطرق له على أُسُس وضوابط علمية وأكاديمية واضحة، ولذا؛ هناك حاجة إلى الاتفاق بدايةً على مجموعة من المصطلحات والمفاهيم الأساسية المتعلقة بهذه العملية، والتي يعد فَهْمُهَا ضرورةً قبل الشروع في دراسة وتحليل التَّجَارِب والحالات السابقة في ذات السياق؛ وهو ما نسعى إليه في بداية هذا الفصل، حيث نركز على مفاهيم مثل: الكارثة والنزاع وآثارهما على البيئة الْحَضَرِيَّة بما فيها السكن، إِضَافَةً إلى مفهوم إعادة الإعمار لما بعد النزاعات والكوارث. بعد ذلك سنتطرق إلى نقاطٍ أخرى لاستعراض وشرح كل من مراحل إعادة الإعمار، والركائز الأربع للعملية، ومبادئها التوجيهية، واستراتيجياتها.

## أولًا - في مفهوم النزاع والكارثة وأثرهما على البيئة الْحَضَرِيَّة (Built Environment):

بداية ينبغي شرح كل من مفهومي النزاع والكارثة، لارتباطهما الكبير والمباشر بعمليات إعادة الإعمار ككل، باعتبار نتائجهما هي الدافع الأساسي -عَادَةً- للعملية؛ ومن ثم ننتقل إلى مناقشة آثارهما على البيئة الْحَضَرِيَّة:

### 1. مفهوم النزاع (Conflict):

يمكن تعريف «النزاع» بأنه وضع تنخرط فيه مجموعة من الأفراد، سواء قبيلة أو مجموعة عِرْقِيَّة أو لُغَوِيَّة أو دينية أو اجتماعية أو اقتصادية أو سياسية، أو أي نوع آخر من الجماعات، في تعارض واعٍ مع مجموعة أو مجموعات أخرى معينة؛ نتيجة أن كل واحدة من هذه

المجموعات تسعى لتحقيق أهداف متضاربة -أو تبدو كأنها كذلك- مع أهداف المجموعات الأخرى[1]. ومن هذا المنطلق يُعَرِّف ريمون آرون (Raymond Aron) النزاع بأنه: «وضع يحدث نتيجة تنازع بين شخصين أو جماعتين أو وحدتين سياسيتين للحصول على الهدف نفسه، أو للسعي لتحقيق أهداف غير متجانسة»[2]. ويعتبر لويس كوزر (Lewis Coser) أن النزاع هو صراع على منفعة معينة، أو على سلطة، أو على موارد نادرة، أو ادعاءات على حالة معينة، بحيث لا تقتصر أهداف الأطراف المتنازعة على الحصول على المنفعة الموجودة، بل تتعداها إلى تحييد الأضرار أو التخلص من المنافس الآخر[3].

وعليه؛ يمكن تلخيص مفهوم النزاع بأنه وضع بين طرفين أو أكثر يوجد بينهما تناقض في المصالح، ويتم التعبير عن هذا التناقض من خلال اتجاهات عدائية، ومحاولة تحقيق هذه المصالح من خلال تصرفات أو إجراءات تؤدي إلى الإضرار بالأطراف الأخرى، سواء كانوا أفرادًا أو جماعاتٍ أو دُولًا، وتتمحور هذه المصالح حول الموارد المادية، أو السُّلْطَة والنفوذ، أو الْهُوِيَّة والمكانة والكرامة، أو حول الْقِيَم بما ترتبط به من ثقافات وأديان[4].

## 2. مفهوم الكارثة (Disaster):

توجد الكثير من التعريفات التي تناولت مفهوم الكارثة، وهي تختلف باختلاف المجال والتخصص الذي تناولها؛ وهو ما أدى إلى عدم وجود تعريف واحد متفق عليه. فقد تمَّ تعريفها بأنها: «تلك الأحداث أو الظواهر التي تقع في بيئة أو منطقة ما؛ والتي تنتج عنها خسائر مادية و/أو بشرية، وتدمير للبنى التحتية وتشريد للسكان، وإرباك للحياة السائدة التعليمية، والإدارية، والاقتصادية، والاجتماعية، والصحية»[5]. كما تم تعريف «الكارثة» أيْضًا

(1) جيمس دورتي وروبرت بالستغراف، **النظريات المتضاربة في العلاقات الدولية**، ترجمة وليد عبد الحي (الكويت: كاظمة للنشر والتوزيع؛ المؤسسة الجامعية للدراسة والنشر والتوزيع، 1985)، ص 140.

(2) المرجع نفسه.

(3) كمال حماد، **النزاعات الدولية: دراسة قانونية دولية في علم النزاعات** (بيروت: الدار الوطنية للدراسات والنشر والتوزيع، 1998)، ص 11.

(4) Robert North, “Conflict: Political Aspects,” in: William A. Darity (ed.), *International Encyclopedia of the Social Sciences*, vol. 3 (Farmington Hills, MI: Gale, 1968), p. 228.

(5) طارق جبر ومصطفى القرغولي، «كوارث الحروب وآثارها على البيئة الحضرية»، **مجلة التخطيط والتنمية** (بغداد)، العدد 39 (2019)، ص 67.

بأنها: «حدث مفاجئ، توقيته غير متوقع ونتائجه مُدَمِّرة»[1]. فهي إذن وضع متأزم يتسبب في إحداث أضرار واسعة النطاق، تفوق بكثير مقدرة المجتمعات المتضررة على التعافي وحدها، إِضَافَةً إلى عدم وجود نظام فعَّال لمنع الضرر أو الوقاية منه على نحوٍ ما.

ويمكن تعريف «الكارثة» كذلك بأنها حادثة كبيرة الحجم تنجم عنها خسائر جسيمة في الأرواح والممتلكات، وتتطلب مواجهتها قدرات وطنية كافية، أو معونة دولية إذا كانت القدرة على مواجهتها تفوق القدرات الوطنية[2]. كما عرَّفت أمانة الأمم المتحدة للاستراتيجية الدولية للحد من أخطار الكوارث لسنة 2014 «الكارثة» بأنها اضطراب في أداء المجتمع أو التجمعات يُفضي إلى خسائر كبيرة وآثار سلبية في الأرواح والنواحي المادية والاقتصادية والبيئية التي تفوق قدرة المجتمع أو التجمع العمراني المتأثر بها على المواجهة باستخدام الموارد الذاتية[3].

## 3. آثار النزاعات والكوارث على البيئة الْحَضَرِيَّة:

تعتبر النزاعات والكوارث بمختلف أنواعها من أكثر المؤثرات فتكًا بالبيئة الْحَضَرِيَّة بمكوناتها كَافَّةً (اقتصادية، اجتماعية، فيزيائية، بيئية... وغيرها)، فهي قادرة على تدمير ما تم بناؤه وتشييده عبر مئات السنين؛ لذا غالبًا ما تتطلب معالجة عواقبها ما يفوق القدرات المحلية بكثير، خَاصَّةً أنه في كثير من الأحيان تصل أعداد السكان المتأثرين بها إلى الملايين[4]. وتتنوع تلك الآثار بين مباشرة وغير مباشرة؛ وبين طويلة وقصيرة الأمد؛ ونتيجةً لذلك تختلف استراتيجيات التعامل معها، إذا لا توجد قوالب جاهزة في عمليات إعادة إعمار البيئة الْحَضَرِيَّة الْمُدَمَّرَة. ومن بين تلك الآثار:

---

(1) Hilda Bohem, *Disaster Prevention and Disaster Preparedness* (Berkeley, CA: University of California, 1978).

(2) محمد عبد الغني هلال، **مهارات إدارة الأزمات: الأزمة بين الوقاية منها والسيطرة عليها** (القاهرة: دار النهضة العربية، 1996)، ص 27.

(3) حبيب عبد الله أحمد أبو زايد، «متطلبات إدارة الكوارث ومستوى نجاحها في قطاع غزة: دراسة حالة دور وزارة الداخلية الفلسطينية في مواجهة منخفض آليكسا ديسمبر 2013»، رسالة ماجستير، الجامعة الإسلامية، غَزَّة، 2015، ص 10.

(4) François Grünewald, *War in Cities: Lessons Learnt for the New Century of Urban Disasters* (France: Groupe URD, La Fontaine des Marins, 2012), p. 5.

أ. **الآثار الفيزيائية (Physical Impacts):** يعد هذا النوع من أوضح الآثار المرئية على البيئة الْحَضَرِيَّة، وأكثرها تكلفةً وإلحاحًا لإعادة الإعمار[1]. ويشمل الدمار الفيزيائي: البنى التحتية، والمباني الْعَامَّة والْخَاصَّة، والمنشآت الصناعية، والمباني التاريخية والآثار؛ ما يُفقد البيئة الْحَضَرِيَّة أحد أبرز مكوناتها مخلفًا آثارًا سلبية كبيرة نتيجة ذلك.

ب. **الآثار الاقتصادية (Economic Impacts):** يتأثر النسيج الاقتصادي بسبب الكوارث والنزاعات، حيث تَحدث أضرار بالغة قد تؤدي في بعض الأحيان إلى تدمير كُلِّيٍّ للاقتصاد، فتتأثر بذلك المشاريع الاقتصادية والصناعية الْعَامَّة والْخَاصَّة؛ ما يؤدي إلى تعطل الحركة التجارية؛ وبالتالي نقص التمويل على المستوى الفردي والمستوى العام، في وقت تزداد الحاجة إلى التمويل خَاصَّةً لغرض إعادة الإعمار[2].

ج. **الآثار الاجتماعية (Social Impacts):** في أوقات الكوارث تتفاقم المشكلات الاجتماعية، وينتشر الفقر، إِضَافَةً إلى عدم توفر الاحتياجات الأساسية وتدهور الأوضاع المعيشية؛ ما يؤدي إلى ظهور مشاكل اجتماعية عميقة، يجب أنْ يتم حلها ومعالجتها بسرعة كبيرة وإعطاؤها ما تستحق من الاهتمام، فمن الممكن أنْ تكون هذه الآثار غير ظاهرة بشكل مادي تمكن ملاحظته، كتهدم المباني، ولكنها تكون بصورة غير مرئية، وتظهر آثارها على المجتمع بشكل كبير وعميق[3]؛ إذ تشير الدراسات إلى أَنَّ الآثار الاجتماعية للنزاعات والكوارث هي آثار طويلة الأمد؛ فقد تظل راسخة في المجتمعات المتضررة لسنواتٍ طويلة[4].

د. **الآثار الثقافية (Cultural Impacts):** في أوقات الحروب والكوارث، يتم تدمير الشواهد الثقافية والتاريخية؛ نتيجة للكارثة ذاتها أو بشكل متعمد كما في الحروب،

---

(1) EPC-Environmental Planning Collaborative India and TCG International Washington DC with the Support of USAID/India and FIRE-D, "Participatory Planning Guide for Post Disaster Reconstruction" (January 2004), at: https://bit.ly/2Uqw5Ec

(2) *Journal of Disaster Research*, vol. 2, no. 2 (2007).

(3) EPC-Environmental Planning Collaborative India and TCG International Washington DC with the Support of USAID/India and FIRE-D, "Participatory Planning Guide".

(4) Jyotsna Jha, *Education for All Global Monitoring Report 2011: A Gender Review* (New York: United Nations Girls' Education Initiative, 2011), p. 4.

سواء كانت تلك الشواهد الثقافية فيزيائية مبنية، كالمراكز الثقافية، والمدن التاريخية، والمعالم والرموز الدينية، أو كانت عبارة عن ثقافة معنوية في العادات والتقاليد، أو تاريخ في الكتب أو مواد تدرس في المدارس[1]. يحدث ذلك عَادَةً بهدف تغيير الصورة المرئية في البيئة الْحَضَرِيَّة وتزوير التاريخ وفرض هُوِيَّة جديدة للمكان[2].

إن أهم الخطوات الواجب اتخاذها بِشَكْلٍ عَامٍّ في تلك الحالة هو عمليات التوثيق للواقع وبخَاصَّةٍ للمدن التاريخية والمخيمات والمعالم الرمزية والتاريخية؛ لما له من أهمية في عمليات إعادة الإعمار، وفي حفظ البيئة الْحَضَرِيَّة التي تشكل حياة الناس وهُويتهم. هذا بالإضافة إلى توثيق الأنسجة الْحَضَرِيَّة الرمزية كالمخيمات. ولا بد أن يتم التوثيق بصورة تفصيلية، وأن يشكل ذلك أولوية في حالة ما قبل وقوع الكارثة؛ لما له من أهمية في تسجيل ورصد التراث الحضاري؛ ولكونه يمثل مرجعًا مُهِمًّا لعمليات إعادة الإعمار في حال تعرضت هذه الأنسجة الْحَضَرِيَّة لكارثة، كما في حالتي مدينة وارسو، ومخيم نهر البارد، حيث اضطر الفاعلون في حينها للقيام بعمليات التوثيق للواقع بعد الكارثة؛ وذلك بالاعتماد على المصادر المنقولة التي اعتمدت بشكل أساسي على ذاكرة الناس. ولا بد أن يقوم بعملية التوثيق خبراء في مجال التراث الثقافي والتاريخي، وأن يمتد ليشمل المباني والشوارع والساحات وكل عناصر البيئة الْحَضَرِيَّة سواء الداخلية أو الخارجية -والتي كونت المشهد العام للمنطقة- بشكل تفصيلي. هذه الخطوة مُهِمَّة جِدًّا من أجل الحفاظ على التراث وعدم إضاعة الفرصة لإعادة إعماره، والحفاظ على الذاكرة والتاريخ والتراث الْحَضَارِيّ الثقافي والرمزي الذي يشكل الذاكرة الجماعية للناس.

وإلى جانب عمليات التوثيق التقليدية للبنية الفيزيائية، يجب أن يتم توثيق الذاكرة الجماعية والتراث الثقافي المنقول والشفهي عند جمع المعلومات، فمن الْمُهِمِّ التحدث مع الناس وتوثيق أفكارهم وذاكرتهم عن المكان وصورته في عقولهم، إِضَافَةً إلى القصص التي تروي حكاية المكان وتاريخه وتقوي الإحساس به كمكان له هُوِيَّتُه الْخَاصَّة. وتبرز الأهمية

(1) EPC-Environmental planning collaborative India and TCG international Washington with the support of USAID/India and FIRE-D, "Participatory Planning Guide".

(2) Zeynep Aygen, *10th International Seminar*: *The Protection of Cultural Landscapes in Postwar Zones* (UNESCO University and Heritage, 2005).

الكبرى لذلك عند إعادة تشكيل وإعمار المكان بطريقة تُمَكِّن الناس من التعرف إليه ماديًا ومعنويًا والإحساس به، وتمكنهم من الارتباط به من جديد، كما كان في السابق، فالمباني هي جسد البيئة الْحَضَرِيَّة وحياة الناس وباقي العناصر الْمَعْنَوِيَّة هي الروح لهذا الجسد.

هـ. **الآثار السياسية (Political Impacts)**: النزاعات والكوارث تؤدي إلى اهتزاز وعدم استقرار الأوضاع السياسية؛ ما يؤدي إلى ضعف أو انهيار الحكومات على مُخْتَلِف المستويات المحلية، أو الإقليمية، أو الوطنية، بحسب قوة تلك الحكومات، ومدى مرونتها وجاهزيتها وقدرتها على التعامل مع الظروف الطارئة؛ لاستعادة الحياة وإعادة الإعمار، ومن أهم عوامل نجاح عمليات إعادة الإعمار أنْ تتم إعادة الاستقرار السياسي في تلك المناطق بأقصى سرعة[1].

و. **الآثار البيئية (Ecological impacts)**: تؤثر النزاعات والكوارث على البيئة، فتؤدي في الكثير من الأحيان إلى تدمير أو تغيير النظام البيئي السائد، وما يعقب ذلك من تغيرات مناخية، وتأخذ تلك الآثار شكلين: التأثيرات المباشرة التي تحدث بفعل الانفجارات وإحراق الوقود واستعمال الأسلحة الكيميائية، أو بفعل الفيضانات أو البراكين والزلازل، والتأثيرات غير المباشرة، وهنا يمكن أنْ يكون التأثير على المدى البعيد، فقد تتسبب المخلفات الحربية في إطلاق إشعاعات مسرطنة بعد مرور فترة من الزمن، هذا من جانب، ومن جانب آخر فغالبًا ما تفرز الحروب ظاهرة النزوح، حيث يتم -في معظم الأحيان- إسكان النازحين في المناطق الخضراء والمفتوحة وهو ما يتسبب بتقليص حجم تلك المساحات وفقدان الغطاء النباتي[2].

وترتبط البيئة بمجال الصحة الْعَامَّة؛ إذ يشار إلى إعادة إعمار البيئات العمرانية على أنها بناء أو تجديد المناطق في محاولة لتحسين رفاهية المجتمع من خلال بناء "المناظر الطبيعية والمباني المحسنة من الناحية الجمالية، والمُحسنة صحيًا، والمُحسَّنة بيئيًا". وقد أشارت الأبحاث إلى أن طريقة إنشاء الأحياء يمكن أن تؤثر على كل من النشاط البدني والصحة النفسية لسكان المجتمعات. وقد أظهرت

---

(1) ريتشارد غولدستون، **تقرير بعثة الأمم المتحدة لتقصي الحقائق بشأن النزاع في غزَّة** (الأمم المتحدة: 2009).

(2) M. Mannion, "The Environmental Impact of War & Terrorism," Geographical Paper no. 169, The University of Readings, 2003, p. 8.

الدراسات أن البيئات العمرانية التي تم تصميمها بشكل صريح لتحسين النشاط البدني مرتبطة بالفعل بمعدلات أعلى من النشاط البدني، والتي بدورها تؤثر بشكل إيجابي على الصحة الْعَامَّة. فمثلًا وجد أن نسبة السمنة هي أقل في الأحياء التي تتمتع بمزيد من توفر أماكن المشي، بالإضافة إلى زيادة النشاط البدني بين سكان تلك الأحياء. كما كان لديهم معدلات أقل من الاكتئاب حيث تشمل ميزات إمكانية المشي في هذه الأحياء، السلامة، وبناء الرصيف، بالإضافة إلى بيان الاتجاهات التي يمكن المشي فيها. بالإضافة إلى ذلك، فإن تصوُّرَ حيٍّ تتوفر فيه أماكن للمشي، ويحتوي على أرصفة وربط جيد بين عناصره، وجد أنه يرتبط بمعدلات أعلى من النشاط البدني وبالتالي تحسن في الصحة الْعَامَّة والنفسية.

### ثانيًا - في مفهوم إعادة الإعمار لما بعد النزاعات والكوارث:

يتفق الباحثون المتخصصون بدراسات إعادة الإعمار في أغلب الأحيان، على وصف إعادة الإعمار بعد انتهاء النزاع بأنها عملية متعددة الأوجه، تهدف إلى البدء في التنمية السياسية والاقتصادية والاجتماعية لتهيئة الظروف للانتقال إلى سلام دائم يمنع الانزلاق ثانية نحو هاوية الحرب(1). بيد أَنَّ هذا التعريف يواجه عددًا من التحديات، منها(2):

1. افتقاد رؤية موحدة شاملة جامعة على المستوى البحثي والأكاديمي والبرامجي؛ إذ يُفترض أنْ يُمثل إنعاش ما بعد انتهاء النزاعات (post – conflict recovery) «همزة وصلٍ» بين الدراسات المعنية بالتنمية وبناء السلام وإدارة النزاعات مع العلوم الإنسانية التقليدية الأخرى، مثل علم السياسة والاقتصاد وعلم الاجتماع وعلم النفس والتاريخ، إِلَّا أَنَّ هذا قَلَّمَا يحدث، حيث يسود اتجاه مفاده أَنَّ كل تخصص يُقارب الموضوع بحثيًّا من وجهة نظره. ثم إِنَّ السائد على المستوى البرامجي أَنَّ أغلب التَّجَارِب لا تُحقق ربطًا كافيًا بين أنشطة الإغاثة والتنمية، إِضَافَةً إلى أَنَّ

---

(1) سلطان بركات وغسان الكحلوت، «دروس مستفادة من تجارب الإنعاش ما بعد النزاعات المسلحة: نحو عمل عربي موحد»، **سياسات عربية**، العدد 30 (كانون الثاني/ يناير 2018)، ص 27.

(2) Krishna Kumar, "The Nature and Focus of International Assistance for Rebuilding War-torn Societies," in: Krishna Kumar (ed.), *Rebuilding Societies after Civil War: Critical Roles for International Assistance* (London: Lynne Reinner, 1997), p. 2.

الحدود الفاصلة بين الإغاثة والإنعاش والتنمية تتغير باستمرار، بحيث يُحتمل أنْ ينطوي سياقٌ واحدٌ لمرحلة ما بعد انتهاء النزاع على عددٍ من المناطق الجغرافية والسكان في مراحل مختلفة من الأزمة والتنمية، وبناءً عليه لم توضع معايير للتفريق بين المراحل الثلاث؛ نظرًا إلى صعوبة وضعها.

2. اتباع الدول المانحة على مستوى التمويل نهجًا تجزيئيًا لا يحقق التكامل بين التدخلات المتنوعة، بل تكون التدخلات متضاربةً أحيانًا، تتبع أولويات برامج المعونة الخارجية للدول المانحة، من دون الأخذ في الاعتبار أولويات الدول المتضررة[1].

3. عمليات إعادة الإعمار تواجه عَادَةً عدم ثبات الدعم الدولي للجهود المبذولة، فهو متغيِّرٌ من مرحلةٍ إلى أخرى، ويعتمد أَيْضًا على متغيرات مختلفة، منها تحوُّل اهتمام المانحين وتمويلهم من جهة إلى أخرى حال وقوع أزمات أخرى في العالم.

عند الرجوع إلى أدبيات إعادة الإعمار ما بعد الحرب نلاحظ شيوع استخدام بعض المصطلحات مثل: «تحقيق الاستقرار في مرحلة ما بعد انتهاء النزاع»؛ إذ يعكس هذا التعبير أهدافًا محدودةً، في نطاق اعتماد الجيوش ووحدات تحقيق الاستقرار التابعة لوزارات الدفاع والحرب له، مثل الهيئة المشتركة بين الوكالات التابعة للحكومة البريطانية في دول ما بعد النزاعات والدول الهشة[2]. ويعبر هذا المصطلح الذي ظهر في سياق «الحرب على الإرهاب» والأعمال العسكرية الدولية في أفغانستان والعراق عن تفضيله إرساء الأمن الأساسي؛ إذ تعد الأنشطة الإنسانية بمنزلة حماية للقوة ودبلوماسية عَامَّةً، بدلًا من مجالات مدنية أكثر شمولًا مثل الإدارة السليمة والتنمية الاجتماعية والاقتصادية. وعلى النقيض من ذلك، اتجه مجتمع المساعدات الإنسانية إلى اعتبار أَنَّ مصطلح «التنمية في مرحلة ما بعد النزاع» يعكس الحاجة إلى المزيد من الشواغر ذات التوجه السياسي، مثل إرساء الديمقراطية أو إصلاح قطاع الأمن[3].

---

(1) سامر عبود، «وجهات نظر مُقارنَة بشأن تحدِّيات إعادة الإعمار في سوريا»، مركز كارنيغي للشرق الأوسط، 30/ 12/ 2014، شوهد في 22/ 6/ 2020، في: https://bit.ly/2zXnyBw

(2) Stabilisation Unit in Government of UK, *UK Principles for Stabilisation Organization and Programme*, Issues Note Series (October 2014).

(3) Julien Barbara, "Rethinking Neo-liberal State Building: Building Post-conflict Development States," *Development in Practice*, vol. 18, no. 3 (2003), pp. 307-318.

لقد نشأ حقل إعادة الإعمار وتطور بعد انتهاء الحرب العالمية الثانية، وما زال هذا الحقل يتطور يومًا بعد آخر، خُصُوصًا مع استمرار موجات الدمار وتوسع النزاعات المسلحة والكوارث الطبيعية. في العالم العربي تبدو الحاجة الملحة إلى هذا الحقل والاستفادة منه بشكل أكبر، حيث تشهد المنطقة العربية موجات كبيرة ومستمرة من النزاعات المسلحة والدمار والكوارث؛ ما يجعل بالإمكان القول بأنَّ هناك دروسًا مُهِمَّة تنبغي الاستفادة منها والتفكير بها بعمق، خُصُوصًا أَنَّ لها ارتباطات عميقة بالقضايا الاجتماعية والاقتصادية والسياسية المتعلقة بإعادة الإعمار.

بالإضافة إلى ذلك، تبرز لنا قضية مُهِمَّة في هذا السياق، وهي تتعلق بـ«ضرورة أنْ يختلف منظورنا العربي إلى إعادة الإعمار عن النهج السائد دوليًا للدول المانحة الغربية، التي عَادَةً ما تستحوذ صناعة قرار إعادة إعمار البلدان المتضررة من النزاعات، مفضلة الحلول قصيرة الأجل التي تعتمد على نهج إطفاء الحرائق، مع إغفال أهمية ضمان الانتقال السياسي والاجتماعي والاقتصادي السلس بعد انتهاء النزاع بما يحقق التنمية المستدامة على المدى الطويل. وبطبيعة الحال، فهذا النهج يتماشى مع مصالح تلك الدول المانحة، لكنه ليس قادرًا بالضرورة على تحقيق طموح الدول المتضررة ورؤيتها»[1].

قد تفهم عمليات إعادة الإعمار بعد الكوارث على أنها عملية بناء ما تهدم من الهيكل العمراني (المباني) بفعل الكارثة أو الحرب، لكن يعتبر التعريف ناقصًا بهذا الشكل؛ ذلك أنه يأخذ بعين الاعتبار إعادة بناء ما تهدم من البنية الفيزيائية فحسب، فيما يُهمل سائر مكونات النسيج الْحَضَرِيِّ، والتي تشكل البنية الفيزيائية مجرد جزء منها، حيث إن تلك البنية في حقيقتها هي انعكاس لحياة الناس الثقافية والاجتماعية والاقتصادية وللتاريخ والتكنولوجيا والمناخ .(Baradan,1999) (انظر الشكل أدناه).

(1) بركات والكحلوت، ص 25.

الشكل (1-1): مكونات البيئة الْحَضَرِيَّة
التي تتأثر بالنزاعات والكوارث
المصدر: الباحث.

### ثالثًا – مراحل إعادة الإعمار لما بعد النزاعات والكوارث:

قام تحالف من الفاعلين الدوليين بمن فيهم مركز الاستراتيجية والدولية (CSIS) [1] عام 2002، بنشر إطار عمل شامل للأنشطة الأساسية لنجاح إعادة الإعمار لما بعد النزاع، وهو يصف ثلاث مراحل لهذه العملية، حيث يُنظر إليها بشكل متكامل، ويمكن ترتيبها على الشكل الآتي:

1. **المرحلة الأولى (The initial response):** وهي مرحلة الطوارئ وتسمى مرحلة الإغاثة الفورية والإنقاذ، وتبدأ مباشرة بعد انتهاء العنف على نطاق واسع، وتتميز بتوفير المساعدات الإنسانية الطارئة، والتدخل العسكري لتوفير الْحَدِّ الأدنى من الأمن. وعلى المستوى الدولي، قد يشمل ذلك نشر قوات حفظ السلام [2].

2. **المرحلة الثانية (Transformation):** تسمى المرحلة الانتقالية، وتتصف باستعادة الناس لجوانب الحياة الطبيعية، خلال هذه المرحلة تظهر القدرات المحلية

---

(1) ينظر: https://bit.ly/3uZlPWn

(2) Sanam Naraghi Anderlini & Judy El-Bushra, "Post Conflict Reconstruction," in: International Alert Women Waging Peace, *Inclusive Security, Sustainable Peace; A Toolkit for Advocacy and Action* (November 2004), p. 51.

المشروعة التي يجب دعمها، كما لَا بُدَّ أَيْضًا من إيلاء اهتمام خاص لإعادة تشغيل الاقتصاد (التنمية الاقتصادية)، وإعادة الإعمار المادي، إِضَافَةً إلى ضمان تشغيل الهياكل الوظيفية للقضاء، ووضع الْأُسُس لتوفير الرعاية الاجتماعية الأساسية بما فيها التعليم والرعاية الصحية[1].

3. **المرحلة الثالثة (Fostering Sustainability)**: وهي مرحلة التنمية أو تعزيز الاستدامة، وهي المرحلة النهائية لإعادة الإعمار وعودة المجتمع إلى الحياة الطبيعية، وَلَا بُدَّ فيها من دعم جهود الإنعاش لمنع عودة ظهور النزاع وتجدده، يبدأ المجتمع في الانتقال من الانتعاش بعد النزاع إلى التنمية الاقتصادية، وعمل مؤسسات المجتمع المدني بكامل طاقتها، وفيها يبدأ انسحاب القوات العسكرية بما فيها قوات حفظ السلام الدولية[2].

**الشكل (1-2): مراحل إعادة الإعمار لما بعد النزاعات والكوارث.**

**المصدر: الباحث.**

## إعادة الإعمار ونهج (الإنسانية والتنمية والسلام):

رغم هذا التقسيم المرحلي، والذي اتبع لعقود طويلة، لَا بُدَّ لنا من الإشارة إلى الاتجاه المتزايد حَالِيًّا لما يمكن وصفه بـ«إذابة الفواصل» بين الجهود والمساعدات المبذولة في المراحل المختلفة، أو تداخلها بصورة ما. فطوال العقدين المنصرمين وجهت مجموعة متنوعة من الجهات الفاعلة، مثل الأمم المتحدة ووكالاتها، والحكومات المانحة، والمنظمات غير الحكومية الدولية والوطنية، والحكومات الوطنية والمؤسسات المالية العالمية، تركيزها بشكل متزايد نحو نهج يربط مجال العمل الإنساني والتنمية والسلام معًا -والذي أصبح يُطلق

(1) المرجع نفسه.

(2) المرجع نفسه.

عليه «النهج الثلاثي» أو «نهج الإنسانية/ التنمية/ السلام» (Humanitarian - Development - Peace Nexus)- وخصصت موارد كبيرة له. برز النهج الثلاثي بشكل أساسي مع التغيرات التي سارت بوتيرة متسارعة في نظام الأمم المتحدة والمنظمات الإنسانية والتنموية الدولية والإقليمية والمحلية؛ وجعلته يشهد تطورًا كبيرًا. في البداية، تمثلت الدعوة في الإصلاح إلى ربط العمل الإنساني بالتنمية «الرابطة الثنائية». ومع تبني قرار مجلس الأمن بالإجماع رقم (2282) لعام 2016 بشأن مراجعة هيكل الأمم المتحدة لبناء السلام(1)، برز المفهوم بشكل أكثر وضوحًا انطلاقًا من أن السلام الدائم يتطلب تدخلات ناجحة على المستوى الإنساني والتنموي(2)، كما أشار القرار إلى أن «التنمية والسلام والأمن وحقوق الإنسان عناصر مترابطة ويعزز كل منها الآخر»(3). وعمومًا، تعني الرابطة الثلاثية الصلة بين مجالات العمل الإنساني والتنمية وبناء السلام، كما «يُطلب من الجهات الفاعلة في التنمية والإنسانية وبناء السلام بشكل متزايد العمل معًا لمعالجة الأزمات التي طال أمدها والمعقدة، وتعزيز قدرة المجتمع على الصمود، والبِنَاء على مزاياها النِّسْبِيَّة»(4).

يشير هذا التركيز الجديد إلى أن نهج الإنسانية والتنمية والسلام لا يعد فقط جزءًا من أجندة استراتيجية أوسع تتجاوز المنطقة المألوفة للعمل الإنساني، ولكن الأهم من ذلك أنه يعترف بالنهج الثلاثي كعنصر أساسي في تحقيق الاستقرار والأمن العالميين والقضاء على الفقر في القرن الحادي والعشرين، وبِشَكْلٍ خَاصٍّ للوصول إلى أهداف التنمية المستدامة. ويعد الحق في السكن أحد أهم أهداف التنمية المستدامة، بل يمكن القول بأن أهداف التنمية المستدامة لا يمكن بلوغها بدون حصول الإنسان على حقه في السكن اللائق والكريم. ومع ذلك، عند ربط تدخلات الإيواء وإعادة إعمار السكن ما بعد النزاعات والكوارث بالْفَهْم الحالي للنهج

---

(1) United Nations Security Council, *Security Council Unanimously Adopts Resolution 2282 (2016) on Review of United Nations Peacebuilding Architecture*, 27/4/2016, accessed on 16/11/2021, at: https://bit.ly/32PSceC

(2) " قراران تاريخيان في الأمم المتحدة حول «بناء السلام»"، أخبار الأمم المتحدة، 27/ 4/ 2016، شوهد في: 7/ 12/ 2021، في: https://bit.ly/3GfeKTS

(3) United Nations Security Council, *Security Council*.

(4) Pauline Veron & Volker Hauck, "Connecting the Pieces of the Puzzle: The EU's Implementation of the Humanitarian-Development-Peace Nexus," Paper Presented at European Centre for Development Policy Management (ECDPM), 21/6/2021, at: https://bit.ly/3ok9AzF

الثلاثي، يتضح أن معظم التدخلات من الجهات الفاعلة في هذا المجال تحتاج إلى الإصلاح أو إعادة التخطيط بما يراعي ذلك النهج، وبما يناسب طبيعة السياقات الحالية كذلك.

إحدى الإشكاليات الْمُهِمَّة في هذا المجال، أن أول ما تفكر به الجهات الفاعلة في معظم الأحيان حين تبدأ أزمة النزوح أو اللجوء هو كيفية توفير المأوى المؤقت لهم، ولكن حين تطول مدة الأزمة يُصْبِح هذا الحل -بسبب معايير التأقيت الْخَاصَّة به (أي معايير الحفاظ على كونه مؤقتًا) التي تمنع تنفيذ مواصفات تلائم الإقامة الطويلة- مشكلة بحد ذاته، بدءًا من معاناة الناس مع البرد القارس والحر الشديد والأمطار، والمشكلات النفسية والصحية، وانتهاك الخصوصية والحياة الشخصية -بالذات فيما يخص النساء- والنزاعات الاجتماعية الناشئة عنها، ووصولًا إلى المعضلات طويلة الأمد، التي من المحتمل أن تهدد مستقبل جيل بأكمله كان من الممكن أن يستثمر في إعادة بناء بلده. إنَّ قضية إعادة بناء السكن وتوفير المأوى اللائق بعد الصراعات لا تتعلق بالمساحة الْخَاصَّة للعمل الإنساني فحسب، بل غالبًا ما تقع بين هياكل التمويل الإنساني والتنموي، إِضَافَةً إلى أن الظواهر التي برزت مع النزاعات طويلة الأمد خلال العقود الفائتة مثل التشرد والنزوح المتكرر واللجوء طويل الأمد، تجعل من غير الإنساني التفكير بحلول مؤقتة لا تفي بالمتطلبات الإنسانية لحياة كريمة. تقوم الجهات المانحة بذلك أَحْيَانًا بحجة الحفاظ على حق العودة، وكأن حق الإنسان في العودة ينفي حقه بالتمتع بحياة كريمة خلال فترات النزوح أو اللجوء، ولنا في تَجْرِبَة الفلسطينيين في لبنان والسوريين في شمال سوريا خير أمثلة على فشل تدخلات المجتمع الدولي فيما يتعلق بتوفير السكن اللائق والكريم للمتضررين مع استطالة مدة اللجوء/ النزوح[1]. لذا؛ فعلى الفاعلين والمجتمع الدولي الاعتراف بشكل أكثر صراحة وفعَّاليَّة بأن الأزمات الطويلة جعلت من مسألة الإيواء وإعادة إعمار السكن تتجاوز المنطقة المألوفة للعمل الإنساني الذي يركز على الأنشطة الإغاثية قصيرة الأجل والمؤقتة.

مثلت سلسلة برامج إعادة الإعمار خلال التسعينيات نموذجًا رائدًا، وكانت جهود الإصلاح، بما في ذلك ربط الإغاثة وإعادة التأهيل بالتنمية، بمثابة مقدمة لمعظم النقاشات المعاصرة الساعية إلى إنهاء القطيعة بين الجهات العاملة في مجال الإغاثة قصيرة الأجل والتنمية طويلة

---

(1) سلطان بركات، «من سوريا.. تطبيق المعايير الأممية والإنسان هو الضحية»، الجزيرة، 5/ 12/ 2021، شوهد في 6/ 12/ 2021، في: https://bit.ly/3doZU14

الأجل، هذه القطيعة التي قوضت لسنوات من فعالية عمليات الاستجابة للنزاعات حول العالم[1]. وخلال مؤتمر القمة العالمي عام 2016، أجمع الحاضرون من الدول والمنظمات على الحاجة إلى دعم العلاقة بين العمل الإنساني والتنمية وتحدي العوائق والصعوبات المؤسساتية المتعلقة بالتمويل. على الطرف الآخر، نادى تيار بأن القيام بالْمَهَامِّ الإنسانية لا ينبغي أن يتوقف عند التعامل مع التدخلات طويلة الأمد، ومع ذلك، فإن التفكير في الاستجابات طويلة الأمد مهم، ويجب أن تجري هذه الأنشطة بالتزامن وضمن خطط وسياسات واضحة قائمة على الجهود الجماعية والتعددية والتنسيق والتكامل والتعاون المشترك بين أعضاء المجتمع الدولي[2]. ومع التزام الدول والمنظمات الدولية خلال مؤتمر القمة العالمية بما سمي «طريقة العمل الجديدة» (The New Way of Working (NWOW))، للتحول والبدء في ربط العمل الإنساني بالتنمية والسلام[3]، يبقى التحدي الحاسم فيما يتعلق بهذا التحول وهو الانتقال من التصور إلى التنفيذ العملي من أجل تقليص الفجوة غير المقبولة التي ما تزال قائمة بين الخطاب والواقع، حينما نتحدث عن الأنشطة التي تستهدف اللاجئين والنازحين القابعين تحت وطأة الأزمات الطويلة والمعقدة[4].

ووفقًا لمناقشات قطاع التنمية في المجلس الاقتصادي والاجتماعي، أثناء الأنشطة التنفيذية عام 2017، حول العلاقة بين التنمية والعمل الإنساني والسلام، يتمثل جوهر نجاح التحول إلى الرابطة الثلاثية في أمرين رئيسيين هما: أولًا، ضرورة الانتقال من النُّهُج المنسقة إلى النُّهُج المتكاملة من أجل الحفاظ على السلام؛ وثانيًا، أن التغيير على مستوى النظام بأكمله يتطلب وجود إرادة سياسية لدى الفاعلين الدوليين[5]. ينطبق ذلك على سياسات إعادة

---

(1) Sultan Barakat & Sansom Milton, "Localisation Across the Humanitarian-Development-Peace Nexus," *Journal of Peacebuilding & Development*, 19/5/2020, at: https://bit.ly/3govihv; Sultan Barakat & Anna Larson, "Fragile states: A Donor-Serving Concept? Issues with Interpretations of Fragile Statehood in Afghanistan," *Journal of Intervention and Statebuilding*, 2014, pp. 21–41.

(2) United Nations (UN), "Enhancing the Humanitarian-Development-Peace Nexus," accessed on 16/11/2021, at: https://bit.ly/3L6erhS.

(3) Sebastian Weishaupt, "The Humanitarian-Development-Peace Nexus: Towards Differentiated Configurations," Paper Presented at The United Nations Research Institute for Social Development (UNRISD), 2020, at: https://bit.ly/3Plq6LU

(4) International Council of Voluntary Agencies (ICVA), "Demystifying the Humanitarian, Development and Peace Nexus," accessed on 16/11/2021, at: https://bit.ly/3gfuJ9Q

(5) United Nations (UN), "Enhancing the Humanitarian-Development-Peace Nexus".

إعمار السكن ما بعد النزاعات والكوارث. يعود ذلك إلى أسباب، أبرزها أن اهتمام العمل الإنساني بتلبية الاحتياجات الأساسية فقط للمتضررين قد تكون نتائجه غير مستدامة؛ لذا يوفر نهج الإنسانية والتنمية والسلام نتائج أكثر دوامًا على المدى الطويل.

واليوم، لَا بُدَّ للفاعلين التحرك لانتقال جِدِّي من المستوى الخطابي إلى المستوى التنفيذي في تطبيق النهج الثلاثي، سيما فيما يتعلق بتدخلات السكن والمأوى، فمن غير المعقول، في ظل هذه الأزمات المعقدة وطويلة الأمد، أن تبقى أجيال كاملة عالقة وسط المعاناة اليومية بدون أي حلول مستدامة -أو على الأقل تناسب طول المرحلة- توفر لهم حياة كريمة وتصون حقوقهم الإنسانية الكاملة، وتمكنهم من بناء مستقبل زاهر لهم وللأجيال التي تأتي بعدهم؛ ومن ثم المساهمة في بناء أوطانهم.

## رابعًا - الركائز الأربع لإعادة الإعمار لما بعد النزاعات والكوارث:

وفقًا لإطار العمل سنة 2002، ثمة أربع ركائز أساسية لإعادة الإعمار لما بعد النزاعات (الحروب)، أو الكوارث، وهي[1]:

1. **الأمن (Security)**: تضم هذه الركيزة جميع جوانب/ أوجه السلامة الْعَامَّة، على وجه الخصوص توفير بيئة آمنة وتطوير مؤسسات أمنية شرعية ومستقرة، ويشمل مصطلح «الأمن» توفير الأمن الفردي والجماعي، وهو الشرط الْمُسْبَق لتحقيق نتائج ناجعة في بقية الركائز، بمعنى أدق تأمين حياة المدنيين من العنف المباشر واسع النطاق واستعادة السلامة الإقليمية.
2. **العدالة والمصالحة (Justice and Reconciliation)**: تضمُّ هذه الركيزة الحاجة إلى إرساء نظام قانوني محايد وخاضع للمساءلة من أجل التعامل مع الانتهاكات السابقة، من خلال الإنفاذ الفعال للقوانين، ووضع نظام قانوني مفتوح ومستقل، وقوانين عادلة، وآليات رسمية وغير رسمية لحل المظالم الناشئة عن النزاع. تشمل الْمَهَامُّ السابقة توفير آليات لمعالجة تلك المظالم، والعقوبات المناسبة والدقيقة للأفعال أو الانتهاكات السابقة، وبناء القدرة على نشر وإنفاذ سيادة القانون. أَيْضًا

(1) "Post-Conflict Reconstruction: A joint project of the Center for Strategic and International Studies (CSIS) and the Association of the United States Army (AUSA)," Task Framework, May 2002, p. 3.

ثمة مفهوم العدالة التصالحية (restorative justice)، والتي تشمل الجهود غير العادية والتقليدية للتوفيق بين المقاتلين السابقين والضحايا والجناة.

3. **الرفاه الاجتماعي والاقتصادي (Social and Economic Well - Being)**: تضم هذه الركيزة توفير الاحتياجات الاجتماعية والاقتصادية الأساسية، لا سيما توفير الإغاثة في حالات الطوارئ، واستعادة الخدمات الأساسية للسكان، وإرساء الأُسُس لاقتصاد قابل للاستمرار، وبدء برنامج شامل للتنمية المستدامة. غالبًا ما يصاحب الرفاه الاقتصادي والاجتماعي إرساء الأمن. يستلزم الرفاه حماية السكان من المجاعة والمرض. مع استقرار الوضع يتحول الاهتمام من الإغاثة الإنسانية إلى التنمية الاجتماعية والاقتصادية طويلة الأمد.

4. **الْحَوْكَمَة والمشاركة (Governance and Participation)**: تعالج هذه الركيزة الحاجة إلى مؤسسات سياسية وإدارية شرعية وفَعَّالَة وعمليات تشاركية؛ وعلى وجه الخصوص، إنشاء هيكل دستوري تمثيلي، وتعزيز إدارة وتنظيم القطاع العام، وضمان المشاركة النشطة والمفتوحة للمجتمع المدني في صياغة الحكومة وسياساتها. تتضمن الْحَوْكَمَة وضع قواعد وإجراءات لصنع القرار السياسي، وتقديم الخدمات الْعَامَّة بطريقة فَعَّالَة وشفَّافة. وتشمل المشاركة عملية إعطاء صوت للسكان من خلال تطوير المجتمع المدني الذي يشمل توليد الأفكار وتبادلها من خلال مجموعات المناصرة والجمعيات المدنية ووسائل الإعلام.

**الإطار (1-1): عدم تحليل مخاطر النزاع الداخلي في جنوب السودان:**

اتسمت حالة ما بعد الصراع في جنوب السودان بضعف مؤسسي شديد، حيث تم تنفيذ برنامج إعادة الإعمار من خلال جهات فاعلة غير حكومية في بيئة كانت في أمسِّ الحاجة لإعادة بناء هياكل الدولة فيها وبنيتها التحتية المادية؛ وذلك نتيجة لعشرين عامًا من الحرب. وحقق البرنامج معظم الأهداف المادية المحددة للبناء بحلول ديسمبر 2011، وقد أشرك المجتمعات المحلية من خلال المنظمات غير الحكومية . وعلى الرغم من أن التصميم يهدف إلى توفير «عائد السلام» من خلال توفير الخدمات الأساسية، إلا أن التصميم لم يتضمن أي تحليل للنزاع في سياق ما بعد اتفاقية السلام الشامل، بما في ذلك مخاطر وآثار النزاعات المحلية داخل جنوب السودان.

**المصدر:** Stephen Jones & Simon Howarth, "Supporting Infrastructure Development in Fragile and Conflict-Affected States: Learning from Experience," DFID (August 2012).

**الشكل (1-3): الركائز الأربع لإعادة الإعمار:**

**المصدر:** "Post-Conflict Reconstruction: A joint project of the Center for Strategic and International Studies (CSIS) and the Association of the United States Army (AUSA)," Task Framework (May 2002), p. 3.

## خامسًا - مبادئ توجيهية للإيواء وإعادة إعمار المساكن لما بعد النزاعات والكوارث:

اهتم العديد من الوكالات والمنظمات الدولية بموضوع الإسكان والمأوى وإعادة بناء ما خلَّفته النزاعات والكوارث الطبيعة من دمار، فوضعت معايير وضوابط كما هي الحال في معايير «اسفير»، وكذلك المعايير التي تبناها البنك الدولي، وهي عشرة مبادئ توجيهية للسكن والمأوى لما بعد الكوارث، وتضع في الاعتبار أَنَّ كل مشروع للإيواء أو إعادة

إعمار المساكن هو مشروع فريد من نوعه تبعًا لطبيعة وحجم الكارثة والسياق الاجتماعي والمؤسسي والْقِيَم الثقافية السائدة. كما أنه مشروع يرتبط أَيْضًا بالكيفية التي ستستخدم فيها الحكومة الموارد المتاحة ومعايير الجودة والسرعة وطبيعة البنية التحتية والمؤسسية وتقسيم العمل. وتلك المبادئ التوجيهية هي[1]:

**1. مشاريع إعادة البناء الجيدة تساعد على إعادة تنشيط المجتمعات وتمكين الناس من إعادة بناء مساكنهم وحياتهم ومصادر رزقهم:**

يجب أنْ تكون سياسة إعادة الإعمار شاملة وقائمة على الإنصاف وأنْ تُركِّز على المستضعفين. إنَّ إعادة بناء المساكن هي مفتاح التعافي من الكوارث، لكنها تعتمد على انتعاش الأسواق وسبل العيش والمؤسسات والبيئة.

ومن أجل تحقيق ذلك يتطلب الأمر عمل شراكة مع المستفيدين والسكان أنفسهم والاستنارة برأيهم، فالحاجة إلى ضمان وجود مجتمعات قوية وقابلة للحياة ومستدامة تستلزم وضع الاعتبارات التالية عند عمل أَي دراسة شاملة لعملية الإسكان:

أ. الحاجة إلى تقليل مسافات التنقل/ السفر من المنزل إلى العمل والتسوق والفراغات الأخرى.

ب. الاحتياجات المختلفة لمختلف فئات المجتمع، مثل: كبار السن، وذوي الإعاقة، أو محدودي الحركة.

ج. ضمان الحفاظ على المساحات الخضراء.

د. وجود رؤية للاستفادة منها على المدى الطويل.

هـ. فرص تلبية أهداف المسكن عن طريق تحويل المباني السكنية لأغراض أخرى إن لزم، أو الاستفادة منها في جانبين، مثل بناء المباني والشقق كطوابق أعلى المحلات التجارية.

و. الحاجة إلى تطوير البنية التحتية للنقل.

ز. دمج أنواع المساكن لفئات الدخل المختلفة، مع مراعاة الإسكان الاجتماعي لمحدودي الدخل.

---

(1) Abhas Kumar Jha, *Safer homes, stronger communities: a handbook for reconstructing after natural disasters*, The World Bank, January 2010, pp. 1-2.

ح. الحاجة إلى منازل جديدة موفرة للطاقة.

ط. استخدام المواد المحلية بما يتناسب مع الطراز المعماري المحلي والتقليدي.

ي. ميزات التصميم في مخططات البناء الجديدة.

### 2. إعادة الإعمار تبدأ يوم الكارثة:

إذا كانت أساليب البناء التقليدية بحاجة إلى التغيير من أجل تحسين سلامة المباني، فيجب أنْ تكون الحكومات مستعدة للعمل بسرعة لوضع القواعد وتوفير فرص التدريب. وبمجرد وقوع الكارثة، لَا بُدَّ أن تبدأ عملية إعادة الإعمار عبر أنشطة مثل إعادة التأهيل للتعامل مع الأزمة على المدى القريب، وهدم المباني الآيلة للسقوط، أو معالجتها بالطرق السليمة، وخُصُوصًا المباني ذات القيمة التاريخية أو الرمزية، وإزالة أنقاض المباني الْمُدَمَّرَة. أَيْضًا تأمين المأوى والاحتياجات الأساسية بشكل مستقر، ووضع الْخُطَط التفصيلية والتنفيذية بعد إعادة معاينتها وتقييمها، وإعادة تعديل المخططات بِنَاءً على الواقع والمعطيات الجديدة، فضلًا عن العمل على توفير التمويل اللازم من أجل مشاريع إعادة الإعمار. كذلك لَا بُدَّ في هذه المرحلة من العمل على تأمين البدائل المناسبة لتفعيل تنفيذ مشاريع إعادة الإعمار وتمويلها في حال تعذر اتباع الطرق المثالية لذلك، والعمل على إعادة دوران عَجَلَة الحياة، وجعلها مستقرة قدر الإمكان وبأسرع وقت ممكن من أجل الانطلاق إلى مرحلة إعادة الإعمار، إِضَافَةً إلى تأمين وتوفير البرامج اللازمة لإعادة إصلاح المباني المتضررة بأسرع وقت ممكن، وحل المشاكل الرئيسية بما يضمن إعادة دوران عَجَلَة الحياة بصورة طبيعية؛ ما يُسْهِم في سرعة استعادة المجتمع عافيته، كإصلاح البنية التحتية وشبكة الطرق، واستئناف توفير خدمات الكهرباء والماء المنقطعة.

### 3. إشراك المجتمع في صنع السياسات وقيادة التنفيذ المحلي:

إنَّ الأشخاص المتأثرين بالكارثة ليسوا ضحايا فحسب؛ بل هم أول المستجيبين والشركاء الأكثر أهمية خلال حالة الطوارئ وإعادة الإعمار. إنَّ تنظيم المجتمعات هو عمل شاق، لكن تمكينهم من القيام أو الإسهام بعمليات إعادة الإعمار يسمح لهم بتحقيق تطلعاتهم والمساهمة بمعارفهم ومهاراتهم. كما أنَّه يساعد في المعالجة النفسية والاجتماعية، وإعادة تماسك المجتمع. بالإضافة إلى أنَّه يزيد من احتمال تحقيق الرضا عن النتائج. هناك حاجة إلى التزام حقيقي من جانب واضعي السياسات ومديري المشاريع للحفاظ على المشاركة

الفَعَّالَة للمجتمعات المتضررة في صنع سياسات إعادة الإعمار وفي جميع جوانب الانتعاش، من تقييم الاحتياجات إلى التنفيذ والصيانة وتقييم المخرجات.

**الإطار (1-2): تكنولوجيا الطوب البيئي وتمكين المجتمع المحلي في نيبال:**

يعيش ربع سكان نيبال تحت خط الفقر الوطني، بينما يعيش نصفهم (49 في المئة) في مساكن دون المستوى المطلوب. الكوارث شائعة في البلاد ولها تأثير كبير على حياة الناس وعلى مساكنهم. في عام 2015 وقع زلزالان شديدان؛ ما أسفر عن مقتل أكثر من 9000 شخص وتدمير حوالى 800000 منزل، تلته فيضانات شديدة في عامي 2017 و2019. بدأ إثر ذلك برنامج إعادة الإعمار الشامل، حيث تم بناء آلاف المنازل، لكن الأُسَر الأكثر ضعفًا، بمن فيها تلك التي تضم كبار السن والأطفال وذوي الاحتياجات الخاصة والبالغين غير المتزوجين، كانت تكافح أكثر من غيرها لإعادة البناء في برامج البناء الذاتي.

لمعالجة هذه الفجوة في الدعم، تم إنشاء شركة Compressed Earth Bricks and Community Enterprises من قبل Community Impact Nepal (CIN)، وهي منظمة نيبالية غير ربحية ذات أغراض اجتماعية. يُمَكِّن المشروع رواد الأعمال المحليين من إعادة بناء المنازل في المجتمعات المتضررة من الكوارث، مع إنشاء مشاريع صغيرة مستدامة.

وللمساعدة في بناء منازل مقاوِمة للزلازل وصديقة للبيئة، بتكلفة منخفضة، طوَّر المشروع أيضًا آلات يتم تشغيلها يدويًا للسماح للمجتمعات الريفية وأصحاب المشاريع الصغيرة بإنتاج طوب ترابي مضغوط (كتل أرضية مضغوطة - CSEB) - باستخدام مواد متوفرة محليًا بشكل أساسي. وصل المشروع إلى 31 مقاطعة في وسط نيبال من تلك التي تضررت من زلزال عام 2015، مع التركيز بشكل خاص على المناطق الـ 14 الأكثر تضررًا. حتى الآن، تم بناء أكثر من 3500 منزل في المناطق الريفية النائية في نيبال، لإيواء 17500 شخص، في حين تم إنشاء 200 شركة صغيرة وخلق 2200 فرصة عمل.

كذلك فقد قدم المشروع مساهمة مُهِمَّة فيما يتعلق بالنوع الاجتماعي والإدماج الاجتماعي، من خلال تشجيع مشاركة النساء والفئات الْمُهَمَّشَة؛ إذ إن ما يقرب من نصف البنَّائين المدربين على بناء منازل CSEB هم من المجموعات المحرومة، وحوالى الثلث (واحد من كل ثلاثة) هن من النساء.

ولا شك في أن المشاركة في إعادة بناء المأوى بعد وقوع الكوارث تمثل عاملًا مُهِمًّا لدعم استدامة ومرونة البيئة المبنية، فإشراك المجتمعات المحلية في عملية إعادة الإعمار يساعد في بناء قدرات المجتمع، ويؤدي إلى نجاح مستدام لمشاريع الإنعاش. ومع ذلك،

فغالبًا ما تفترض الممارسة الحالية أن المشاركة في مُخْتَلِف مراحل العملية تنتهي إلى النتيجة ذاتها، أو أنها مشاركات مستقلة بعضها عن بعض، متجاهلة فَهْم التأثير الذي قد تحدثه المشاركة المبكرة على المشاركة في مراحل لاحقة من المشروع. تناول عدد من الدراسات السابقة كيفية مشاركة المجتمع في مراحل التخطيط والتصميم والبناء في 19 مشروعَ مأوى مختلفًا بعد إعصار هايان في الفلبين، حيث درس -مثلًا- البحث المقدم من مجموعة من الباحثين في كلية الهندسة المدنية في جامعة كولورادو، والمُعَنْوَن بـ«مشاركة المجتمع في برامج إيواء ما بعد الكوارث: اختبار تطور المشاركة في التخطيط والتصميم والبناء»، كيفية تأثير المشاركة في المراحل السابقة من التخطيط والتصميم على المشاركة في مرحلة البناء. حيث أظهرت النتائج أن المشاركة المبكرة، لا سيما في قرارات مرحلة التخطيط هي أمر بالغ الأهمية في تشكيل المشاركة اللاحقة. وتكشف نتائج الدراسة أَيْضًا أن المشاركة هي عملية مترابطة عبر مراحل متعددة للمشروع، ولا ينبغي النظر إليها على أنها مجموعة من الْمَهَامِّ المستقلة[1].

### 4. يجب أنْ تكون سياسات وخطط إعادة الإعمار واقعية مَالِيًّا وطموحة فيما يتعلق بالْحَدِّ من مخاطر الكوارث:

قد تكون توقعات الناس غير واقعية والتمويل المتوفر محدودًا؛ لذلك يجب أنْ يُخطط صانعو السياسات لضمان أنْ تكون الأموال كافية لاستكمال إعادة الإعمار، كما يمكن أنْ تكون الْأُطُر الزمنية المطروحة معقولة. ينبغي دمج الإسكان وإعادة بناء المجتمع وتنسيقه بشكل وثيق مع أنشطة إعادة البناء الأخرى، لا سيما إعادة تأهيل البنية التحتية واستعادة سبل العيش.[2]

### 5. التنسيق بين المؤسسات مُهِمٌّ ويُسْهِم في تحسين المخرجات:

إنَّ أفضل الممارسات هي تحديد سياسة إعادة الإعمار وتصميم استجابة مؤسسية قبل وقوع الكارثة. ينبغي إِشْرَاك الوزارات التنفيذية في جهود إعادة الإعمار، وينبغي

(1) Casie Venable et al, "Community Participation in Post-Disaster Shelter Programs: Examining the Evolution of Participation in Planning, Design, and Construction," Paper Presented at New Orleans, Construction Research Congress, 2018.

(2) المرجع نفسه.

تطبيق سياسات القطاع القائمة كلما أمكن ذلك. كما يجب أنْ تقوم الوكالة الرائدة بتنسيق قرارات سياسة الإسكان والتأكد من إبلاغ هذه القرارات إلى الجمهور. يجب تخصيص التمويل لجميع الوكالات بشكل منصف والبقاء ضمن الحدود المتفق عليها. ويمكن التقليل من الاحتيال باستخدام مجموعة من آليات مكافحة الفساد والتتبع الدقيق لجميع مصادر التمويل[1].

### 6. إعادة الإعمار هي فرصة للتخطيط للمستقبل والحفاظ على الماضي:

يُساعد التخطيط ومدخلات أصحاب المصلحة في تحديد أهداف التنمية الاقتصادية والاجتماعية المحلية وتحديد الأصول الثقافية للحفاظ عليها. كما تساعد إرشادات إعادة الإعمار في ضمان الحفاظ على القيمة مع تشجيع استدامة المناطق الجديدة المبنية وإنجازها بصورة أفضل مما كانت عليه، لا مجرد استعادة نسخة مطابقة للأصل. إنَّ تحسين أنظمة إدارة الأراضي وتحديث لوائح التطوير يُقلل من قابلية التأثر ويُحسِّن من أمن المِلْكِيَّة والْحِيَازَة[2]. وهذا لا يعني أن الحفاظ على التراث الثقافي ووضعه بعين الاعتبار -لدى العمل على مشروعات إعادة إعمار المساكن- يقل أهمية عن التحسين والتخطيط الذي يراعي التطورات المستقبلية. في دراسة حديثة حول إعادة إعمار المدن وإنعاشها، دعا كل من البنك الدولي ومنظمة الأمم المتحدة للتربية والعلم والثقافة (اليونسكو) إلى وضع الثقافة في صُلْب عمليات إعادة إعمار المدن -بما فيها المساكن بالطبع- وتعافيها بعد الأزمات، وهناك اعتراف متزايد الآن بأن وضع الثقافة في صميم عمليات إعادة الإعمار يعد ضرورة «لاستعادة النسيج المادي والاجتماعي للمجتمعات بشكل فعَّال»[3]. يعود ذلك لأسباب عديدة منها أن تدمير السكن يتحدى تصورات الْهُوِيَّة الثقافية، ويشكل تهديدًا لثقافة المجتمع والفرد المدنية في آنٍ واحد، إلى جانب تداعيات تدميره السلبية على الهندسة الثقافية والمعمارية للمنطقة. على سبيل المثال، وجدت دراسة أن أنماط المدينة المميزة مثل أنماط الشارع والأبنية يحفز الشعور بالانتماء لدى الفرد والمجتمع[4]؛ وبالتالي يمكن القول: إن أهمية الإسكان

---

(1) المرجع نفسه.

(2) المرجع نفسه.

(3) Lebanon: Cultural Heritage and Urban Development Project, World Bank Group, Report No. 140539, (13/8/2019), at: https://bit.ly/3IYrtw0.

(4) المرجع نفسه.

ليست مادية فحسب، بل إنها تحمل في طياتها جوانب معنوية حيث يعبر الإنسان من خلال مسكنه عن ثقافته وتراثه الْحَضَارِيّ وذاكرته الجماعية في أحيانٍ كثيرة. ولسنوات طويلة، وقد همشت الْخُطَط المستوردة والجاهزة لإعادة الإعمار الجانب الثقافي عند إعادة بناء المساكن، وبهذا التهميش تفقد المجتمعات الجسر الذي يربط ماضيها وحاضرها ومستقبلها. صحيح أن تدخلات الإسكان تواجه تحديات كبيرة لا يمكن التخلص منها بلمح البصر، ومع ذلك، إذا كانت الجهات المانحة ستستمر في إعادة بناء المساكن في أعقاب النزاعات والكوارث، فهناك حاجة واضحة لإيجاد وسائل أفضل تُسْهِم في دمج المناهج المادية والثقافية معًا؛ ذلك أن الاهتمام بإعادة بناء التراث الثقافي للإنسان يزيد من معدلات نجاح عمليات المصالحة وبناء السلام، ويحفز من التنمية خلال المراحل الانتقالية للمجتمعات المتضررة من النزاعات والكوارث. ومع الأخذ في عين الاعتبار بأن كل حالة لها طابعها الخاص، بحيث تصف مشهدًا يعكس حالة الأسى والخسارة التي تُبْتَلَى فيها المجتمعات خلال النزاعات والكوارث، هناك ضرورة للتفكير في كيفية استئناف الحياة والثقافة في آن واحد ضمن منهج واضح ومناسب مع السياق والثقافة المحلية للمنطقة المراد إعادة بنائها[1].

في المجتمعات ذات التاريخ الطويل والْهُوِيَّة الثقافية القوية بِشَكْلٍ خَاصٍّ، قد يكون إهمال البعد الثقافي -وتحديدًا الشعبي- له آثار سلبية وخطيرة تجعل من فشل المشاريع المنفذة نتيجة حتمية[2]. أحد أبرز الأمثلة على ذلك، برامج إعادة الإعمار التي تم تنفيذها في وسط بيروت بعد الحرب الأهلية؛ إذ أثارت جدلًا كبيرًا حول السياسات التي تم تنفيذها أثناء إعادة إعمار المنطقة التي سميت بسوليدير على اسم الشركة التي تولت إعادة بنائها. من حيث المبدأ تمت إعادة إعمار المنطقة بشكل جديد، بنيَّة نسيان مآسي الحرب الأهلية بالكامل، والحفاظ على إرث المنطقة القديم، كمنطقة تمزج بين الحداثة والتراث باعتبارها كانت تسمى باريس أو سويسرا الشرق الأوسط، مع تحديث المنطقة بالكامل ومحو آثار الحرب الأهلية. مع ذلك، أشار البعض إلى أن التغيرات التي طرأت على المنطقة بعد إعادة إعمارها، حيث إن تصميمها بطريقة «تشبه المراكز التجارية الأمريكية بدلًا من الأسواق العربية الشعبية»، وتعويض سكانها بتعويضات غير مناسبة لنقلهم منها، أدى إلى نتائج

---

(1) Mattias Legnér and Malin Stengård, *Post-conflict reconstruction of cultural heritage*, Centre for Heritage in War, 2017, at: https://bit.ly/3GlJ6EN

(2) المرجع نفسه.

عكسية، فبدلًا من أن تُسْهِم في إنهاء الطائفية والمصالحة المجتمعية، عززت سياسة إعادة الإعمار الطبقية، حيث لا يمكن لغير الأغنياء الاستفادة من خدماتها.[1] وخَلَصَتْ دراسة للأكاديمي هادي مكارم إلى أن «عملية إعادة الإعمار الجديدة لم تفلح في كبح الطائفية، بل حولت منطقة بيروت المركزية إلى مساحة مجردة خالية من أي هُويَّة إقليمية أو محلية ما بدا كأنه «إعادة تفسير لماضٍ لبناني أليم»، وخلق ذاكرة جماعية جديدة لا تهتم بمعالجة صدمة الحرب الأهلية، ولكن بدلًا من ذلك تضرب بجذورها في نسيان الحرب، و«استبدال» الماضي بماضٍ آخر»[2]. جزء كبير من هذا الفشل في خلق التوازن بين إعادة الإعمار المادية والمنظور الثقافي يُعْزَى إلى عدم إِشْرَاك المجتمع المحلي، وسيطرة المؤسسات الْخَاصَّة على عملية إعادة البناء[3]. من وجهة نظر اجتماعية وثقافية، يعد وضع الثقافة المحلية للسكان في عين الاعتبار حين الشروع في تنفيذ نشاطات إعادة إعمار المساكن ضرورة، فحين تنحرف الْخُطَط والبرامج المنفذة عن ثقافة السكان المحليين، وحين لا يتم الانتباه لما هو موجود في المنطقة من أصول ثقافية، ينظر السكان إلى هذه المشروعات على أنها غير متوافقة مع سبل العيش المحلية؛ وبالتالي تفشل المشروعات المنفذة ويرفض الكثير من الناس هذه المنازل وينتهي بهم الأمر ببناء منازلهم الْخَاصَّة[4]. يمكن للتدخلات في مجال الإسكان والأنشطة ذات الصلة أن تعزز قدرات المجتمعات عبر تعزيز بنيتها الثقافية لمقاومة آثار النزاعات والكوارث؛ الأمر الذي من المحتمل بشكل كبير أن يعزز من التشاركية، وتمكين المتضررين من التطلع نحو المستقبل والاستثمار فيه[5]. تستدعي وجهة النظر هذه وجوب الحفاظ على نمط الحياة الخاص بالمجتمع المحلي؛ ذلك أن المجتمعات، مع الزمن، تطور مجموعة من العلاقات المتناغمة والمنسجمة بعضها مع بعض، ومن منظور ثقافي، الأجدى إعادة الاعتبار لنمط الحياة الثقافي، وإلا فإن عدم وضع ذلك في صُلْب عمليات

---

(1) عمران عبد الله، **عمارة ما بعد الحرب في بيروت.. مواطنة السوق النيوليبرالية بدلاً من الهوية الطائفية**، الجزيرة، 5/ 12/ 2019، في: https://bit.ly/3Dq0oP1

(2) المرجع نفسه.

(3) المرجع نفسه.

(4) Jennifer Duyne Barenstein & Sushma Iyengar, "India: From a Culture of Housing to a Philosophy of Reconstruction," in: MIchal Lyons & Theo Schilderman (eds.), *Building Back Better: Delivering People-Centred Reconstruction at Scale* (Rugby, UK: Practical Action, 2010), p. 177.

(5) المرجع نفسه.

إعادة إعمار السكن من المحتمل أن يؤدي إلى إضعاف المجتمعات المتضررة بدلًا من المساهمة في تمكينهم[1].

### 7. تجنُّب أو تقليل نقل المجتمعات المتأثرة من أماكنها الأصلية إلى الْحَدِّ الأدنى:

إعادة التوطين (نقل المجتمعات المتأثرة) هي تلك العملية التي تتم بموجبها إعادة بناء مساكن المجتمع وأصوله والبنية التحتية الْعَامَّة والْخَاصَّة به في موقع آخر غير موقعها الأصلي، حيث يُنظر أَحْيَانًا إلى إعادة التوطين على أنها الخيار الأفضل بعد وقوع كارثة أو نزاع مُدَمِّر لسبب أو أكثر من الأسباب التالية: (1) نزوح الأشخاص بالفعل بسبب الكارثة/ النزاع، (2) عدم صلاحية موقعهم الحالي للسكن، أو (3) باعتبارها الخيار الأفضل لتقليل التعرض لمخاطر الكوارث في المستقبل.

بِشَكْلٍ عَامٍّ ينبغي تجنب نقل المجتمعات المتأثرة ما لم يكن هو النهج الوحيد الممكن لإدارة مخاطر الكوارث/ النزاعات. أما إذا كان تغيير مكان الإقامة أمرًا لا مفر منه، فيجب الحفاظ عليه في حدوده الدنيا، وينبغي إِشْرَاك المجتمعات المتأثرة في اختيار الموقع الجديد، كما ينبغي تقديم دعم كافٍ للميزانية خلال فترة كافية من الوقت لتخفيف جميع الآثار الاجتماعية والاقتصادية. وفي هذا الصدد، من الْمُهِمِّ ملاحظة ومراعاة ودراسة البُعد السياسي لعملية إعادة التوطين وإعمار المساكن في أماكن غير تلك الأصلية؛ إذ إن لذلك بعدًا سياسيًّا كبيرًا، خَاصَّةً في حالات ما بعد الحروب والنزاعات؛ لما له من علاقة بأنماط التصويت في المنطقة، وبسياسات الْهُوِيَّة والهندسة الديموغرافية فيها، وبإدارة النزاع وتسويته في بعض الحالات.

في الواقع، قد يكون النقل مناسبًا عندما تكون الكارثة نتيجة ثغرات أمنية خَاصَّة بالموقع. غالبًا ما توجد المستوطنات غير الرسمية -على سبيل المثال- في مواقع ذات تضاريس صعبة تؤدي إلى وجود نقاط ضعف من المستحيل تلافيها، خَاصَّةً في حالة كون تلك المنطقة بعيدة عن المراكز الْحَضَرِيَّة؛ وبالتالي ففي أوقات الأعطال أو في حالة حدوث فيضانات مثلًا قد يكون من المستحيل أَيْضًا معالجتها أو التعامل معها.

لكن في كل الأحوال، لا يصح أن يكون هذا المبدأ ذريعة لانتهاك الحياة الكريمة

(1) Teddy Boen & Rohit Jigyasu, "Cultural Considerations for Post Disaster Reconstruction Post-Tsunami Challenges," Paper Presented at UNDP Conference, 2005, at: https://bit.ly/3ojRKwF

للنازحين/ اللاجئين عبر فرض معايير صارمة لتأقيت المساكن/ المآوي المخصصة لهم (أي معايير للحفاظ على كونها مؤقتة)، سيما مع حالات طول فترة النزوح/ اللجوء بالتزامن مع استمرار النزاع؛ وهو ما قد يمتد إلى سنوات أو عقود. لا يمكن إجبار النازح/ اللاجئ على العودة، وكذلك لا يمكن التذرع بحفظ حق العودة والتركيبة الديموغرافية لترك ملايين النازحين/ اللاجئين طيلة هذه المدة تحت رحمة المأوى المؤقت الملتزم بالمعايير، والمفتقر إلى احتياجات ومتطلبات إنسانية مُهِمَّة لعيشٍ كريم (انظر الإطار 1-3)، إن تجاهل تلك الاحتياجات والمتطلبات الإنسانية -التي تتجاوز أساسيات العيش ككائن بيولوجي بحت- يؤدي إلى آثار صحية واجتماعية ونفسية طويلة المدى. يتطلب هذا اهتمامًا جِدِّيًّا أكبر بتطبيق نهج (الإنسانية والتنمية والسلام) الذي تطرقنا إليه سالفًا. وكقاعدة عَامَّةٍ، لَا بُدَّ من موازنة سياسة العمل الإنساني مع احتياجات المستفيدين، وإعادة التفكير بتلك السياسات بشكل يضع احترام الكرامة الإنسانية ضمن أول الأولويات، وبدء ذلك بالتغيير المباشر عبر إيقاف خضوع الناس في حالات النزوح/ اللجوء الطويلة لقوانين الاستجابة الطارئة، فيما يعيشون مرحلة تتجاوز الطوارئ -حتى وإن لم تصل إلى مرحلة الاستقرار- الأمر الذي يساوم على حياتهم ومستقبلهم.

**الإطار (1-3): المعايير الدولية للمأوى المؤقت وحالة النزوح طويلة الأمد (أمثلة من شمال إدلب -سوريا):**

نظرًا للمبدأ التوجيهي بشأن تجنب نقل المجتمعات المتأثرة، والحفاظ على حق العودة وديموغرافية منطقة اللجوء، وما يلحق به من معايير دولية لضمان تأقيت المأوى تطاول تحديد مواد البناء المستخدمة وطريقته، يعيشُ معظم النازحين السوريين في شمال إدلب في مآوٍ/مساكن مؤقتة تفتقد شروط العيش الكريم وذلك منذ ما يصل في بعض الحالات إلى عشر سنوات، وهي مدة طويلة جِدًّا للسكن في مأوى مؤقت يفترض أنه مخصص لبضعة أشهر على أكثر تقدير.

تلك المآوي أو المساكن المؤقتة تتمثل غالبًا إما في خيمة من القماش أو البلاستيك، أو جدران من الكونكريت وسقف من البلاستيك أو القماش؛ نتيجة لذلك، يعاني قاطنو هذه المآوي والمساكن آثار البرد القارس والحر الشديد، وتبعات الأمطار الغزيرة، كما يعانون انعدام قدر كبير من الخصوصية، وما يتسبب فيه كل ذلك من مشكلات صحية ونفسية واجتماعية. ومع استمرار الوضع على ما هو عليه، بدأ النازحون في مناطق شمال إدلب محاولة إجراء تحسينات لتجنب تلك الآثار، بطرق مختلفة كل بحسب إِمْكَانَاتِه وبحسب ظروف مخيمه.

مثلًا نجد أن النازحين في مخيم ضياء 9 في سرمدا قاموا -بتمويل من إحدى الجهات- بإنشاء قواعد أسمنتية لرفع أرضية الخيام وفصلها عن التربة الزراعية، بحيث يقللون الأضرار المتوقعة من هطول الأمطار، ولكنهم لا يزالون يفتقدون إلى مسكن يوفر الخصوصية ويقيهم من الظروف الجوية المختلفة بصورة كافية، ويتناقلون الحديث حول المشكلات الأخلاقية نتيجة انعدام الخصوصية، ويسجلون وَفَيَات الأطفال نتيجة الطقس.

ونجد أن من يقطنون في مخيمات ذات جدران كونكريت وأسقف بلاستيكية أو قماشية يعانون عدم ثبات هذه الأسقف وتسريبها للهواء أو المياه، ويحاولون التغلب على ذلك عبر تعليق أو وضع أثقال حجرية على أطراف غطاء السقف، لكن هذه السقوف غالبًا ما تكون سريعة الاهتراء ولا تحقق الأهداف المرجوة منها. أيضًا يحاول البعض إضافة أغطية سميكة وبطانيات فوق هذه الأسقف بغرض عزلها صوتيًّا وحراريًّا، ولكن هذا بِحَدِّ ذاته يمثل مشكلة فور هطول المطر وامتصاصها للمياه، ويحاول آخرون عزل الماء عن الأسقف القماشية بطبقة من النايلون الشفاف، لكنه سرعان ما يهترئ أيضًا، ويصب الماء عبر الأبواب أو النوافذ إلى الداخل.

القواعد الإسمنتية

الأثقال الحجرية لتثبيت الأسقف

العزل باستخدام النايلون

**المصدر:** مشاهدات مباشرة للمؤلف سلطان بركات في شمال إدلب، ضمن زيارة بحثية ميدانية، (18 تشرين الثاني/نوفمبر 2021).

## 8. المجتمع المدني والقطاع الخاص جزآن مُهِمَّان من الحل:

تعتبر مساهمات المنظمات غير الحكومية ومنظمات المجتمع المدني والقطاع الخاص في إعادة الإعمار حاسمة، فإلى جانب إدارة البرامج الأساسية، تقدم هذه الكِيَانَات المساعدة الفنية والدعوة والموارد المالية ذات القيمة الهائلة. يجب على الحكومة تشجيع هذه المبادرات، ودعوة المنظمات غير الحكومية ومنظمات المجتمع المدني وكِيَانَات القطاع الْخَاصّ إلى المشاركة في تخطيط إعادة الإعمار، على أن تمارس الحكومة مَهَامَّهَا في المساءلة والتأكد من أَنَّ هذه التدخلات تتسق مع سياسة إعادة الإعمار وأهدافها.

**9. التقييم والرصد يمكن أنْ يحسن نتائج إعادة الإعمار:**

يعمل التقييم والرصد على تحسين جهود إعادة الإعمار الحالية والمستقبلية. يجب أنْ تشارك المجتمعات المحلية في إجراء التقييمات وتحديد الأهداف ومراقبة المشروعات. إنَّ استخدام بيانات وطنية موثوقة لإنشاء آليات الرصد والمراقبة بعد الكارثة يزيد من أهمية التقييمات. يتضمن ذلك مراقبة استخدام وصرف الأموال والنتائج المادية الفورية على أرض الواقع وتقييم تأثير إعادة الإعمار بمرور الوقت.

**10. للمساهمة في التنمية طويلة الأجل يجب أنْ تكون إعادة الإعمار مستدامة:**

للاستدامة جوانب كثيرة؛ فالاستدامة البيئية تتطلب معالجة تأثير الكارثة وعملية إعادة الإعمار نفسها على البيئة المحلية. فيما تتطلب الاستدامة الاقتصادية أنْ تكون إعادة الإعمار منصفة، وأنَّ سبل العيش قد استعيدت بالفعل، هذا بالإضافة إلى زيادة فرص كسب الرزق عبر عملية إعادة الإعمار. أمَّا الاستدامة المؤسسية فتعني ضمان القدرة على الحفاظ على البنية التحتية المعاد بناؤها ومتابعة الْحَدِّ من مخاطر الكوارث على المدى الطويل، بعد انسحاب المؤسسات المعنية بعملية إعادة الإعمار عقب انتهاء عملها[1].

## سادسًا - مبادئ استراتيجيات الإيواء وإعادة إعمار المساكن لما بعد النزاعات والكوارث:

استراتيجية «إعادة الإعمار لفترة ما بعد النزاعات والكوارث» هي مجموعة من الإجراءات التي تهدف إلى تلبية احتياجات الدول الخارجية من النزاعات أو الكوارث الطبيعية، بما في ذلك احتياجات السكان المتضررين، والحيلولة دون تصاعد النزاعات وتفادي الانتكاس إلى العنف، ومعالجة الأسباب الجذرية وتدعيم السلام المستدام. وتعتمد استراتيجية إعادة الإعمار على أربع ركائز أساسية هي: الأمن، والعدالة، والمصالحة، والرفاه الاجتماعي والاقتصادي، والْحَوْكَمَة والمشاركة.

حدَّد مؤتمر UN – Habitat سنة 2005 المبادئ الأربعة التي ترتكز عليها أيُّ استراتيجية لإعادة الإعمار بعد النزاعات والكوارث، وتعد هذه المبادئ محددات لها، وتعمل على توجيهاتها، وهي:

---

(1) المرجع نفسه.

1. **الوقائية (Preventive)**: لا تقتصر استراتيجيات إعادة الإعمار على وضع الْخُطَط لمعالجة الآثار الناجمة عن النزاع أو الكارثة، بل تتعداها لوضع الْخُطَط لتجنبها ما أمكن ذلك؛ وذلك من خلال اتخاذ إجراءات وقائية مُسْبَقَة.
2. **الشمولية (Inclusivity)**: استراتيجيات إعادة الإعمار لَا بُدَّ أن تكون شاملة، بحيث تعالج آثار النزاع أو الكارثة على مُخْتَلِف الأصعدة العمرانية، والاجتماعية، والثقافية، والاقتصادية، والسياسية، بشكل متوازٍ ضمن خُطَّة متكاملة للتطوير، فتكون هذه الاستراتيجية جزءًا من خطط التنمية والتطوير الْحَضَرِيِّ في المستقبل؛ لأنَّ احتماليات وقوع النزاع أو الكارثة تظل قائمة في أيِّ مكان.
3. **الاستدامة (Sustainability)**: من الضروري أنْ تتكامل خطط إعادة الإعمار مع خُطَّة التنمية المستدامة لاستمرارية عَجَلَة الحياة، وأن تمثل خطوة للأمام في سبيل تحقيقها. ولتحقيق الاستدامة الْحَضَرِيَّة في خطط إعادة الإعمار تجب حماية الأرواح والممتلكات، وتقليل الخسائر في النزاعات والكوارث المقبلة، والحفاظ على المصادر وعدم استنزافها، وحفظ حق الأجيال القادمة فيها وتحسين قدرة المجتمع على الاستمرار.
4. **المرونة (Flexibility)**: بحيث تتكيف الْخُطَّة مع أي مستجدات ومتغيرات قد تطرأ على أرض الواقع.

ومن أهم أهداف هذه الاستراتيجية هو الاستعداد لمواجهة الكوارث والْحَدُّ من المخاطر، إما بمنعها أو بزيادة الفعالية في مواجهتها والتخفيف من آثارها، وتقوية مناطق الضعف من أجل رفع كفاءة البيئة الْحَضَرِيَّة في مواجهة الكوارث. إِضَافَةً إلى المساهمة في زيادة قدرات المجتمع في مواجهة الكوارث وإدارتها والتعامل معها بإدراك ووعي، وأن تحقق عمليات إعادة إعمار شاملة لكل جوانب البيئة الْحَضَرِيَّة، فضلًا عن ضمان استدامة إعادة إعمار البيئة الْحَضَرِيَّة، وضمان الحفاظ على الْهُوِيَّة، والتاريخ، والتراث، وحفظ الذاكرة، وتحقيق المشاركة الفاعلة لكل قطاعات المجتمع في كل مراحلها.

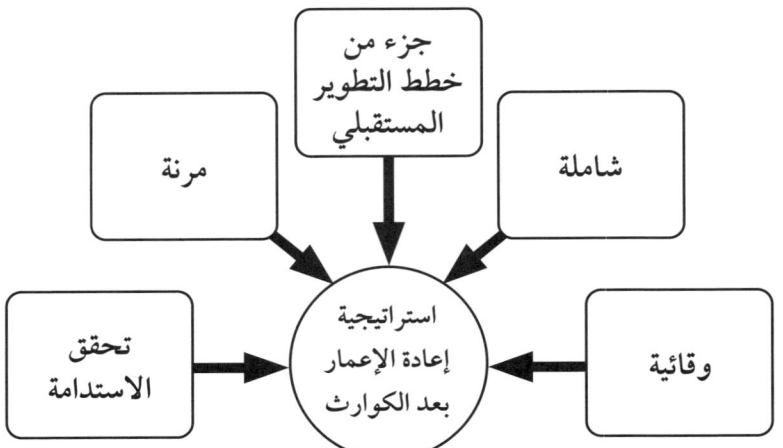

الشكل (1-4): مبادئ استراتيجية إعادة الإعمار

المصدر: الباحث.

# الفصل الثاني
# آليات الإعداد والتخطيط والتقييم
# في عمليات الإيواء وإعادة إعمار المساكن

## مدخل

تُمثل آليات الإعداد والتخطيط والتقييم فرصًا مُهِمَّة وضرورية في برامج الإيواء وإعادة إعمار المساكن لما بعد النزاعات والكوارث الطبيعية؛ إذ لا يقتصر الأمر هنا على مسألة إعادة بناء المنازل الْمُدَمَّرَة فقط، بل على بناء مجتمعات أقوى وأكثر مرونة. يُركِّز هذا الفصل على بعض الأسئلة والنقاط الْمُهِمَّة المتعلقة بعمليات الإعداد والتخطيط والتقييم لإعادة إعمار المساكن، وتوفير المأوى لما بعد النزاعات والكوارث الطبيعية، وعلى الرغم من أَنَّ هذا الفصل لا يقدم دليلًا تفصيليًّا، إلا أنَّه ينظر في بعض المبادئ والاعتبارات الرئيسية ذات الصلة، ويدرس بالتفصيل ثلاثة مجالات محددة، هي:

1. **الأسئلة الأولية (Initial questions)**: وتشمل قرار تنفيذ برنامج إعادة الإعمار، ورسم خريطة الجهات الفاعلة والمؤسسات الرئيسية في العملية، وكذلك اختيار آلية التمويل.
2. **تقييم الاحتياجات والقدرات المحلية (The assessment of local needs and capacities)**: وتشمل تقييم الأضرار المادية، وتقييم ما يمكن للمجتمع المتضرر المساهمة به.
3. **اختيار المستفيدين واستهدافهم (Beneficiary selection and the targeting of assistance)**: ويشمل ذلك اتخاذ قرارات مُهِمَّة حول تحديد الأولويات ومعايير انتقاء المستفيدين.

وينتهي الفصل بإلقاء نظرة موجزة على بعض المسائل القانونية المتعلقة بالإيواء وإعادة إعمار المساكن التي يجب أخذها في الاعتبار عند التخطيط.

**أولًا - الخطوات الأولية (Initial steps):**

إنَّ السؤال الأول الذي يتعيَّن على أيِّ وكالة أو منظمة الإجابة عنه هو ما إذا كان ينبغي إعادة النظر في أي تدخل للإيواء وإعادة إعمار المساكن؟ وفي الحقيقة، فإنَّ الجزء الأول من الإجابة عن هذا السؤال يتعلق بدايةً بالجوانب الداخلية للوكالة وطبيعة عملها؛ أيْ أنَّه لَا بُدَّ للمنظمة أنْ تتساءل عن حدود القدرات والمهارات والتفويض اللازم للقيام بهذا العمل. كما أنَّه من الْمُهِمِّ للوكالة أَيْضًا أنْ تتساءل عن تقييمها لمستوى الحاجة إلى إعادة إعمار السكن بالمقارنة مع الحاجة للمساعدات العينية الأخرى كالغذاء مثلًا، وفيما إذا كان تقديم مساعدات قصيرة الأمد كافيًا أم أَنَّ هناك أسبابًا منطقية لعملية تدخل وإعادة إعمارٍ شاملة. أَيْضًا لَا بُدَّ أنْ تتساءل المنظمة عن بقية الجهات التي يحتمل أنْ تكون عاملة في منطقة الكارثة أو النزاع، وهل من الممكن تحسين مستوى أدائها؟ ثم ماهية ومدى توفر فرص الحصول على تمويل؟ وما المتوقع منها خلال القيام بهذا العمل، وهل ستعمل الوكالة بشكل أفضل من خلال اقتراح نوع مُخْتَلِف من التدخل؟ ومدى الجاهزية لهذا النوع من التدخل على المدى الطويل؟

أَمَّا الجزء الآخر من الإجابة، فهو خارجي يتعلق بظروف السياق الذي تعمل فيه الوكالة أو المنظمة المعنية؛ إذ يجب عليها أنْ تتساءل: هل الظروف في المنطقة المستهدفة مواتية لتدخل من هذا النوع؟ كما أَنَّ هناك سؤالًا مُهِمًّا يُطرح في هذا السياق؛ وهو ما إذا كان المجتمع المتضرر من الكارثة أو النزاع يَعتقِدُ أَنَّ الأوضاع قد استقرّت، بحيث يمكن النظر في الإيواء وإعادة إعمار المساكن. ويمكن أنْ يَعتمد هذا الأمر على مجموعة من المؤشرات، منها(1):

أ. العودة التلقائية للنازحين.

ب. الجهود التي يبذلها الأشخاص المتضررون من الكوارث لإصلاح منازلهم بأنفسهم.

ج. الجهود المبكرة لإصلاح وإعادة فتح المدارس (أو القيام بأنشطة تعليمية في الأماكن الْخَاصَّة).

د. الاستثمار في البناء.

هـ. عودة النشاط التجاري، كشراء الأراضي على سبيل المثال.

---

(1) Sultan Barakat & Sean Deely, "Somalia: Programming for Sustainable Health Care," in: *World Disasters Report 1991* (Geneva: International Federation of Red Cross and Red Crescent Societies, 1991), p. 5.

و. الجهود المبذولة لاستعادة البنية التحتية، كزيادة النشاط في تبادل العملات الأجنبية، حتى لو كانت بشكل غير رسمي.

ز. استعادة المؤسسات ومرافق السُلْطَة المحلية لعملها.

من المحتمل أنْ يكون تحديد الشروط الصحيحة والمنطقية أكثر وضوحًا في مرحلة ما بعد الكوارث أكثر مما هو عليه في حالة ما بعد النزاع، ومع ذلك، حتى في حالة النزاع، قد يكون من الممكن الانخراط في أنشطة مصممة لدعم إعادة البناء قبل أنْ يتوقف القتال بشكل رسمي. من المفترض على نطاق واسع أَنَّ عملية إعادة الإعمار لا يمكن أنْ تبدأ إِلَّا عندما يتوقف الصراع، وفي الواقع، غالبًا ما يبدأ الناس في إعادة تأهيل حياتهم ومنازلهم وسبل عيشهم قبل أنْ يكون هناك نهاية معترف بها رسميًّا للنزاع. وبالقياس إلى ذلك، يجب أنْ تبحث الوكالات/ المنظمات/ الجهات المعنية عن مؤشرات التعافي بدلًا من مؤشرات الوصول إلى مرحلة «ما بعد النزاع» النهائية؛ وبالتالي تحديد الفرص لدعم إعادة الإعمار في المناطق الآمنة أو ما يعرف بجيوب السلام (pockets of peace) حتى لو استمر النزاع المسلح في أجزاء أخرى من البلاد[1].

وفي حال كان هناك شعور بأنَّ الظروف تبدو مواتية، فإنَّ الخطوة التالية هي تقييم إعادة الإعمار، ويكون ذلك عن طريق القيام بزيارة أولية للمناطق المتضررة، ويمكن أنْ يكون لهذه الزيارة مجموعة من الأهداف، منها[2]:

أ. استكشاف وفهم السياق والفرص والقيود التي قد تؤثر على البرنامج.

ب. تقدير الافتراضات والدروس والخبرات المستفادة من البرامج الأخرى وتوظيفها في عملية إعادة الإعمار.

ج. بناء إجماع بين الجهات الفاعلة الرئيسية على الحاجة إلى إعادة الإعمار.

د. تحديد طرق التنفيذ والتحقق من ملاءمتها مع الجهات الفاعلة المحلية في إطار مدة زمنية محددة.

هـ. تحديد الأهداف والغايات المشتركة لإعادة الإعمار.

(1) المرجع نفسه.

(2) المرجع نفسه.

وينبغي أنْ يُحدد هذا التقييم مدى الحاجة إلى إعادة بناء المساكن، ووضع معايير اختيار المستفيدين. هناك ثلاثة مجالات رئيسية للتحليل يتم استكشافها عند تنفيذ عملية التقييم لإعادة إعمار المساكن، وهي[1]:

1. **تحليل السياق (Context analysis)**: ويهدف إلى تحديد الفرص والمخاطر الماثلة أمام مبادرات إعادة الإعمار، مع الأخذ بالاعتبار أثر الكارثة، والصراع، والوضع الاجتماعي والاقتصادي والعوامل المؤسساتية.
2. **تحليل الفاعلين (Actors analysis)**: تحديد نقاط القوة والضعف لدى مُخْتَلِف الفاعلين للقيام بعملية إعادة الإعمار.
3. **تحليل القطاعات (Sectors analysis)**: لتحديد إِمْكَانَات وحدود قدرات قطاع الإسكان بشقيه الْعَامِّ والْخَاصِّ.

ستحدد نتائج هذه المرحلة شكل ما تبقى من التدخل، سواء من حيث الحاجة إلى مزيد من التقييمات، أو من حيث إمكانية إعادة الإعمار ومسارات العمل المحتملة. كما ينبغي أنْ يُحدد التقييم الجهات الفاعلة الرئيسية، لتحديد القدرات المتاحة لمعالجة الوضع، وحجم المساعدة الإضافية المطلوبة. وتمثل الجهات الفاعلة الرئيسية من داخل المجتمع وخارجه «القدرات»، وهي مصدر للمعلومات والمواد والخبرات والتمويل. ولتطوير برنامج إعادة إعمار سكني مستدام وناجح ومقبول، يتعين على الجهات الفاعلة الرئيسية أنْ تنخرط بنشاط، ويمكن تعزيز قدراتها من خلال الشراكات والتنسيق[2].

## ثانيًا - الفاعلون الرئيسيون في عمليات الإيواء وإعادة إعمار المساكن:

### 1. المجتمع (The community):

يُعَدُّ المجتمع المستهدف فاعلًا رئيسيًّا ذا دورٍ محوريٍّ في أيِّ برنامج لإعادة إعمار المساكن؛ ولأنَّ المجتمعات تتميَّز بتنوع أفرادها، ينبغي أنْ تتنوع الأدوات المستخدمة لإشراكهم بطريقة مناسبة في تلك البرامج. ذلك مع ضرورة التأكيد على إِشْرَاك الفئات

---

(1) المرجع نفسه.

(2) المرجع نفسه.

الأكثر ضَعْفًا والأكثر تهميشًا في المجتمع، مثل: النساء/ الأرامل، والمسنين، والفقراء، وذوي الاحتياجات الْخَاصَّة.

ومن الضروري التعرف على طريقة القيادة داخل ذلك المجتمع، إذا ما كان يتمُّ تنصيب كبار السنِّ أو القادة الدينيين أو أعضاء المدارس لقيادته، وهل تتركز القيادة في منظمة مدنية كالمنظمات المحلية أو الوطنية؟ أو أنها تتركز في مؤسسة دينية (كالمسجد أو الكنيسة مثلًا)؟ ويُعَدُّ إِشْرَاك مصادر السُّلْطَة المحلية الشرعية في أيِّ برنامج إعادة إعمار أمرًا مُهِمًّا بالنظر إلى المخاطر التي قد تنتج عن عملية الإقصاء وما يُسْفِر عنها من ردِّ فعلٍ عَدَائِيٍّ في المجتمع. وقد يكون من الضروري تنظيم القادة المجتمعيين في لجان وهو ما قد يحدث عَفْوِيًّا كما حدث في أعقاب زلزال مكسيكو سيتي عام 1985، حيث تمَّ تشكيل «مجالس تجديد» بممثلين منتخبين لكل موقع لإعادة التأهيل والإعمار. وبالرغم من عدم قانونية وضع هذه المجموعات، إلَّا أنها شكَّلت منتديات فاعلة لأعضاء المجتمع تعبر عن احتياجاتهم لدى السُّلْطَات[1]. وفي الإطارين: (4)، و(5) أمثلة عن إِشْرَاك المجتمعات المحلية في كل من السلفادور وباكستان:

**الإطار (2-1): المشاركة المجتمعية في إعادة إعمار المساكن في السلفادور:**

في كانون الثاني/يناير وشباط/فبراير 2001، ضرب زلزالان جمهورية السلفادور؛ ما أسفر عن مقتل ما يقرب من 1200 شخص وتدمير أكثر من 108000 منزل. بدأت خدمات الإغاثة الكاثوليكية (CRS) وكاريتاس في برنامج مدته عامين لإعادة بناء 1300 منزل. شاركت المجتمعات المحلية في البناء، وأعطي لهم الطعام مقابل العمل، حيث هدف البرنامج الذي شمل بناء المدارس والمراكز الصحية والطرق إلى معالجة قضايا التنمية وتعزيز القدرات المجتمعية وتعزيز المشاركة المحلية. تم تنظيم هذه المجتمعات لضمان أنْ يتحمل جميع المقيمين مسؤولية بناء المنازل، وقد عزَّز هذا الجهد المشترك المجتمع، وبحسب المشاركين فقد خلق ذلك فَيْضًا من مشاعر التضامن المتبادل داخل المجتمع.

**المصدر:** Sultan Barakat, “Housing Reconstruction After Conflict and Disaster,” Humanitarian Practice Network, no. 43, 2003, at: https://bit.ly/3LC2Kj6

(1) Alcira Kreimer & Edward Echeverria, *Case Study*: *Housing Reconstruction in Mexico City* (Washington DC: World Bank, 1990).

**الإطار (2-2): زلزال باكستان 2005 وإشراك المجتمع المحلي:**

في زلزال كشمير 2005 كان واضحًا أنَّ إِشْرَاك المجتمعات المحلية المتضررة له أهميته في تدعيم عملية إعادة الإعمار وربطه برأس المال الاجتماعي، فقد نفَّذتِ الحكومة الباكستانية برنامج الدعم العام لإعادة بناء المساكن الذي قدم للمواطنين المساعدة الفنية والمالية. وبعد أنْ أصبح لهم نصيب واضح من إعادة بناء مساكنهم، كانت الأُسَر المتضررة تتأكد من أنَّ البناء الجديد آمن من الزلازل. أعيد خلال تلك العملية بناء حوالى 400 ألف مسكن، 90 في المئة منها يتقيد بكود الزلازل الجديد، وهي أفضل استعدادًا للصمود أمام الزلازل في المستقبل.

المصدر: البنك الدولي، «كيف تضع برامج التعافي من آثار الكوارث - دروس مستفادة من بلدان معرضة للكوارث»، 2014، في: https://bit.ly/2GcrG3g

من جهة أخرى، يُمكن القول بأنَّ غياب المجتمع وأفراده المؤثرين عن عملية إعادة الإعمار، يجعل من هذه العملية غير شاملة، على اعتبار أَنَّ التخطيط أو التقييم سيجعل مصير المجتمع الذي سيعاد إعماره وبناؤه في أيدي أشخاص ليست لديهم الكثير من الخبرة والكفاءة. فعلى سبيل المثال: في عملية إعادة إعمار غَزَّة عام 2014، وُضعت اتفاقية مؤقتة ثلاثية الأطراف بين السُّلْطَة الفلسطينية والحكومة الإسرائيلية والأمم المتحدة لإعادة إعمار غَزَّة، وقد كان من الواضح أَنَّ هذه الاتفاقية تُغيِّب أطرافًا مجتمعية مُهِمَّة داخل غَزَّة عن ترتيبات آلية إعادة الإعمار؛ إذ لم تتم استشارة أعضاء المجتمع المدني في غَزَّة أو ممثلين عن الجناح العسكري في حماس على المستوى الأساسي عند تطوير الآلية؛ وبالتالي، فهي لم تأخذ احتياجات سكان غَزَّة بالاعتبار على النحو اللازم، ولم تتم استشارة سكان غَزَّة بشأن جهود إعادة الإعمار إِلَّا بعد تحديد آلية إعادة الإعمار، وعليه؛ لم يكن لهم إِلَّا قبول ذلك البرنامج الذي تم وضعه دون موافقتهم. وهكذا، فإنَّ هذه الآلية بالنسبة لسكان قطاع غَزَّة، وُضعت من قبل مجموعة من الغرباء، وهي تجهل الاحتياجات الفعلية للمجتمعات المحلية[1]. في الإطار (6) مثال على غياب المشاركة المجتمعية في عملية إعادة إعمار أفغانستان، وفي الإطار (7) مثال على غياب الاهتمام بثقافة المجتمع المستفيد، وتهميش مشاركته في تصميم المأوى طويل الأمد - غير الدائم - في شمال إدلب - سوريا:

(1) سلطان بركات وفراس مصري، «إنعاش عملية إعادة إعمار غَزَّة المتعثرة: موجز السياسة»، مركز بروكنجز، الدوحة، آب/ أغسطس 2017، ص 7، في: https://brook.gs/3gPb8fJ

**الإطار (2-3): المشاركة المجتمعية في إعادة إعمار أفغانستان:**

يشير تقرير قدمه جون سوبكو (John F. Sopko) المراقب الخاص لإعادة إعمار أفغانستان إلى الكونغرس إلى أَنَّ هناك فجوة كبيرة بين المنظمات الراعية والمجتمعات المتأثرة في ما يخص إعادة إعمار المساكن، وأَنَّ جهود إعادة الإعمار غير فعَّالة بسبب نقص الدعم المجتمعي على الرغم من التمويل الكبير من قبل المجتمع الدولي. ويعود ضعف المشاركة المجتمعة في إعادة إعمار أفغانستان إلى مجموعة من العوامل من ضمنها نقص القدرات المجتمعية والسياسات والممارسات الحكومية، كما أن لكلٍّ من انعدام الكفاءة المهنية في المنظمات غير الحكومية وغياب الأمن دورًا في التأثير على نسب المشاركة المجتمعية في برامج إعادة الإعمار.

**المصدر:** Zabihullah Sadiqi, Bambang Trigunarsyah & Vaughan Coffey, "A Framework for Community Participation in Post-Disaster Housing Reconstruction Projects: A Case of Afghanistan," *International Journal of Project Management*, vol. 35, no. 5 (2017), p. 1.

**الإطار (2-4): ضعف المشاركة المجتمعية وأثر عدم الاهتمام بثقافة المجتمع في بعض مخيمات النازحين شمال سوريا:**

يُعَدُّ مخيم الضياء في منطقة سرمدا شمال إدلب- سوريا، أحد الأمثلة لمخيمات النازحين الذين طال أمد نزوحهم فتجاوزوا مرحلة الطوارئ ولم يصلوا مرحلة الاستقرار، وهو أحد المخيمات التي كان للمجتمع المستفيد اليد الطُّولَى في إنشائه، ورغم ذلك، فقد تسببت المشاركة المجتمعية الضعيفة -بعيدًا عن القيادة- وغير الشاملة بما يكفي، إضافةً إلى عدم وجود اهتمام كافٍ بالثقافة المجتمعية، بمشاكل عديدة، أحدها على سبيل المثال، هجران النساء لدورات المياه العامة المخصصة لهن؛ نظرًا لافتقادها للخصوصية الكافية، ولبعدها عن الخيمة وما لذلك من آثار وخطر أمني، بِخَاصَّةٍ ليلًا.

كما أفاد النازحون في مخيمات مختلفة في شمال إدلب بأنهم قد يفضلون البقاء في الخيمة بدلًا من الانتقال لمساكن أعدتها إحدى الجهات، بسبب أن تلك المساكن تحتوي على غرفة واحدة فقط، ولا توفر خصوصية الفصل بين غرفة الأطفال والأبوين؛ وهو ما يتسبب بمشاكل أخلاقية واجتماعية، ولا يتناسب مع الاحتياجات والثقافة المحلية، في حين أن الخيمة -الأسوأ في جوانب أخرى عديدة- تتيح توفير مساحتين خاصتين عبر إضافة حاجز في الوسط.

**المصدر:** مشاهدات وشهادات شخصية مباشرة للمؤلف -سلطان بركات- في شمال إدلب، ضمن زيارة بحثية ميدانية (18 تشرين الثاني/نوفمبر 2021).

### 2. السُّلْطَات المحلية (Local authorities):

عادةً ما يتم تمثيل السُّلْطَات المحلية من خلال حكومات المقاطعات والبلديات، وغالبًا ما تكون السُّلْطَات المحلية مسؤولة عن توفير الإسكان الاجتماعي وإدارة المرافق وتنظيم إجراءات استخدام الأراضي والتخطيط. وحيثما وُجدت السُّلْطَات المحلية، ينبغي أن تمثل أَيْضًا مستودعًا للمعلومات الإحصائية حول السكان المحليين والوثائق التي تثبت ملكيتهم للأرض، وهذا قد لا يكون مُمْكِنًا دائمًا خَاصَّةً أثناء الصراع أو بعده، حيث قد تفتقر السُّلْطَة الشرعية إلى مقومات العمل أو قد تكون السُّلْطَة المحلية غير موجودة إطلاقًا في الأساس. في غواتيمالا، على سبيل المثال، يُلزم قانون صدر في عام 1996 جميع الهيئات الْخَاصَّة والهيئات الحكومية بالتعاون مع نظام إدارة الكوارث في البلد»[1].

**الإطار (2-5): دور منظمات المجتمع المدني والمنظمات غير الحكومية:**

منظمات المجتمع المدني والمنظمات غير الحكومية لها دور مُهِمٌّ حيوي وديناميكي في إعادة الإعمار والتأهيل بعد الصراع والكوارث؛ إذ تلعب هذه المنظمات دورًا محوريًّا في مراحل الإعداد والصيانة والخدمات الأساسية، ومساعدة اللاجئين والنازحين داخليًّا في المناطق النائية والْمُهَمَّشَة. كل ذلك من خلال فَهْمِهَا العميق للاحتياجات والثقافة المحلية الذي يكون أهم محفز للمساعدة السريعة والفعالة. علاوة على ذلك، فإنها تملأ الفجوة التي تخلقها الظروف السياسية والاستقطابات المتعددة والثنائية داخل البلد المنكوب.

**المصدر:** "Post-Conflict Reconstruction and Rehabilitation," *Block-4 Peacebuilding* (New Delhi: Indira Gandhi Nation Open University, 2017), at: https://bit.ly/3IWTF2c

### 3. القطاع الخاص (Private sector):

يُمكن للقطاع الْخَاصِّ أن يُسْهِم إسهامًا مُهِمًّا في برنامج الإيواء وإعادة إعمار المساكن، فهو يمتلك المهارات والموارد التي تُغطي عجز خدمات القطاع الْعَامِّ، وتُقلل الحاجة للاستيراد وتساعد في تحفيز الاقتصاد المحلي؛ لذلك فمن الْمُهِمِّ تحديد شركاء القطاع الْخَاصِّ، حتى لا تصبح عملية إعادة إعمار المساكن مشاريع تجاريةً خالصةً؛ لأنَّ ذلك سيجعل من عملية الحصول على المأوى أو المسكن رهينة القدرة الشرائية، فيما يجب وضع ضمانات للحصول على سكن ملائم للمحتاجين وليس فقط للقادرين على دفع تكاليفه.

---

(1) Paul Harvey, "The Role of National Governments in International Humanitarian Response," *26th Annual Meeting* (Kuala Lumpur, 2010), p. 13.

**الإطار (2-6): شراكة بين القطاعين العام والخاص في أنغولا:**

تعد مبادرة البنك الدولي الأخيرة بين القطاعين العام والخاص في أنغولا التي مزقتها الحرب خير مثال على تلك الشراكة بين الحكومة والشركات متعددة الجنسيات والمجتمع المدني. حيث قام البنك بتقييم القطاع الْخَاصّ لتحديد ما إذا كان قد ساهم في تنمية أنغولا.

وجد البنك الدولي أن الشركات متعددة الجنسيات قد بذلت محاولات قليلة في أنشطة التنمية، وأن هناك محاولات قليلة من التحفيز للاستثمارات المجتمعية طويلة الأجل. فعندما تم القيام بأعمال التطوير كانت عبارة عن هبات وتبرعات لمؤسسات صحية وتعليمية؛ بهدف تحسين العلاقات مع الجمهور أو الحكومة.

بناءً على هذه النتائج، شجع البنك زيادة استثمارات الشركات متعددة الجنسيات من خلال التأكيد على الفوائد طويلة الأجل الناتجة لمجتمع صحي أفضل، ومجتمع متعلم وسيدعم الشركات متعددة الجنسيات بشكل أفضل من خلال العمل والطلب على المنتجات؛ ونتيجة لهذه العملية التشاورية، استطاعت الجمعيات العَامَّة والحكومية والشركات المتعددة الجنسيات الاضطلاع بجهود إعادة التأهيل عندما تم عرض فوائد الاستثمار لكلا الجانبين.

**المصدر:** "Conflict Prevention and Post-Conflict Reconstruction: Perspectives and Prospects April 20-21," the World Bank (August 1998).

### 4. الحكومة الوطنية (National government):

ينبغي إجراء إعادة إعمار المساكن بالتنسيق مع الحكومة الوطنية قدر الإمكان، فعلى الرغم من أَنَّ الحكومات قد لا تكون في وضع يسمح لها بتوفير تلك المساكن، إِلَّا أنها تبقى محتفظة بمسؤوليتها الكاملة في عملية وضع سياسات واستراتيجيات الإسكان طويلة المدى، وغالبًا ما يتم تنسيق الأنشطة من خلال وزارة الإسكان القائمة، أو وزارة الأشغال الْعَامَّة. ومع ذلك، قد تُنشئ الحكومات الخارجة من الصراع وزارة مخصصة لإعادة الإعمار، والتي تصبح بين ليلة وضحاها أفضل وزارة حاصلة على تمويل داخل الحكومة؛ وذلك في الغالب من قبل المانحين.

ومن الْمُهِمِّ أن تنظر المنظمات والوكالات -التي تفكر ببرامج إعادة الإعمار- من كَثَبٍ إلى مجمل المشهد المحلي، وأن تعمل على تحديد المؤسسات ومسؤوليتها، ومعرفة أين تتقاطع تلك المؤسسات، ومع من يمكن التواصل بداخلها. بالإضافة إلى أهمية التأكد من

وجود دعم سياسي للمشروع المتوقع على المستوى المحلي والوطني. وفي الحالات التي قد يكون فيها موضوع إعادة الإعمار محل جدل، فإنَّ هناك حاجة لجهود أكبر لتوضيح القضايا قبل أنْ يبدأ البرنامج.

**الإطار (2-7): عوامل نجاح إعادة الإعمار في سيريلانكا (التشاركية المجتمعية والدعم الحكومي):**

يرى البرنامج الأممي UN Habitat أن عملية إعادة الإعمار في شمال سريلانكا والمقاطعات الشرقية، والتي بدأت عقب ثلاثة عقود من الصراع في 2009 وانتهت في 2016، كانت ناجحة بسبب ثلاثة عناصر رئيسية:

الأول: مشاركة السكان المحليين من البداية حتى النهاية.

الثاني: الشراكات المتنوعة لتنفيذ المشاريع، بما في ذلك الجهات المانحة والمنظمات الحكومية والمجتمعية.

والثالث: استخدام التقنيات الحديثة والبرامج المختلفة لجعل برنامج إعادة الإعمار فعَّالًا من حيث التكلفة ومستدامًا.

أيضًا يعتقد البرنامج الأممي UN Habitat بأن إعادة الإعمار تلك لم تكن لتتحقق لو لَمْ يَتِمَّ دعمها من قبل الحكومة السريلانكية والمجتمعات المحلية؛ لأنها تتطلب القبول الكامل ومشاركة كليهما.

وقد تحقق في ذلك البرنامج عنصرا الاستدامة والفعالية، حيث كان قائمًا على عملية تشاركية للناس لإعادة بناء منازلهم وكذلك البنية التحتية، عبر لجان إعادة إعمار القرى -مثلًا- والتي كان لها دور أساسي في العملية، كما شمل البرنامج عملية التنمية، وتشييد المساكن لمختلف الفئات من الرجال والنساء وكبار السن والشباب، فضلًا عن ذوي الاحتياجات الخاصة. وقد تم كل ذلك عبر استخدام التقنيات الجديدة في البناء لخفض التكاليف والاستدامة. وكان على البرنامج أن يظل مرنًا وقابلًا للتكيف، فمثَّل فرصة لإنجاز أبنية مناسبة لذوي الاحتياجات الخاصة تمكنهم من الحركة بسلاسة، وتتضمن مرافق ملائمة للأطفال، كما تضمن الْحَدَّ من مخاطر الكوارث، ومراعاة الجندر، والحفاظ على البيئة، وتعزيز الاقتصاد المحلي.

**المصدر:** "Good Practices and Lessons Learned in Post-Conflict Reconstruction in Sri Lanka," UN-Habitat (2017), at: https://bit.ly/3L6GnCc

### 5. الفاعلون الخارجيون (External actors):

تأخذ المساعدة الخارجية شكلين، مَاليًّا وتقنيًّا، وقد تُقدم بعض المنظمات نوعًا واحدًا بينما تقدم الأخرى النوعين معًا، وفي أحيان نادرة يتم تقديم مساعدات ومِنَح دون شروط؛ ما قد يؤدي إلى تعقيد وتقليل فاعلية برامج إعادة الإعمار. وعلى الرغم من أنَّه في الغالب ما يتوفر التمويل بعد النزاع، فإنَّه يجب تحديد المانحين المحتملين. ويشمل المانحون الرئيسيون بنوك التنمية الدولية والإقليمية، والمانحين الثنائيين، والمانحين متعددي الأطراف، مثل: وكالات الأمم المتحدة، والمفوضية الأوروبية، والمنظمات غير الحكومية.

وينبغي أنْ تكون نقطة الانطلاق في هذا الأمر هي توضيح نوايا المانحين، وتحديد أيِّ جانب من جوانب البرنامج المقترح تمويله. وهذا الأمر ليس بالأمر السهل كما قد يبدو، حيث إِنَّ العديد من المانحين لديهم قواعد معقدة فيما يتعلق بما سيدعمونه، بالإضافة إلى أن ذلك قائم بشكل كبير على التمييز البيروقراطي بين التدخلات الإغاثية والبرامج التنموية.

إنَّ توضيح الجدول الزمني المتوخَّى من المانح أمرٌ مُهِمٌّ كذلك، بمعنى ما المدة الزمنية التي من المرجح أن تظل خلالها الجهات المانحة مساهمة، وما هي السرعة التي يجب أنْ يصرف فيها التمويل؟ ومرة أخرى، فإنَّ طبيعة عملية إعادة إعمار المساكن هو أنها طويلة المدى؛ ما يجعل هذا السؤال مُهِمًّا للغاية، خَاصَّةً أنه من الصعوبة بمكان تخطيط وتنفيذ مشاريع إسكان دائمة في فترة الطوارئ المباشرة بعد الكارثة؛ لأنَّ هذا النوع من المشاريع يحتاج إلى وقت أكثر للتنفيذ.

وتثير مسألة التمويل قضايا أخرى متعلقة بها، على سبيل المثال: هل ينبغي أنْ يأتي التمويل من مانحين خارجيين، أو من الحكومة الوطنية، أو من المجتمع المستهدف نفسه؟ وفي معظم الحالات، فإنَّه يتم دفع معظم تكاليف إعادة البناء من قبل المتضررين أنفسهم، وحكوماتهم. وفي حال كان المجتمع المحلي قادرًا على دفع تكاليف إعادة بناء المساكن، فهل من الممكن توظيف المساعدات الخارجية بشكل أفضل في مجالات أخرى؟ ربما لتمويل مشاريع تفوق قيمتها موارد المجتمع المحلي. بصورة عَامَّةٍ، فإنَّه من الممكن تقديم بعض أشكال المساعدة الخارجية لقطاع الإسكان؛ لذلك يتوجب أنْ يتمَّ ضخُّ وإدارة رأس المال بحرص شديد، وبطريقة تشجع على الاستقلالية والاستدامة ووفرة الموارد.

## ثالثًا - نماذج المساعدة في بناء المساكن:

لخصت الأمم المتحدة قضايا المأوى في كتاب يحمل عنوان **المأوى بعد الكوارث** (Shelter After Disaster)؛ وذلك في العام 1982. ومن أهم ما جاء في الكتاب هو تناوله لنظام المساعدة اللازم للمساكن، فعلى الرغم من أَنَّ المِنَح النقدية المباشرة هي الأكثر استخدامًا، إِلَّا أنها فَعَّالَة فقط على المدى القصير، وتُسْهِم في خلق علاقة تبعية بين الناجين والمنظمات المساعدة، خُصُوصًا مع أولئك الذين قد فقدوا جميع ممتلكاتهم وتعرضوا للهجرة القسرية ويحتاجون إلى المساعدة[1]. وبِنَاءً على ذلك فمن الأفضل للفرد والمجتمع معًا المشاركة في برامج السكن والمأوى الْخَاصَّة بهم، لا سيما برامج إعادة الإعمار طويلة المدى. وعلى نطاق واسع، تقع نماذج المساعدة في ثلاث فئات:

1. **منحة مباشرة (Outright gift)**.
2. **مساهمة جزئية من خلال المساعدة الذاتية (Partial contribution through self-help)**.
3. **قروض (Loans)**.

ويمكن القول: إِنَّ كل شكل من هذه الأشكال الثلاثة لا يخلو من مشكلات، وأيًّا كان الشكل المستخدم، فَلَا بُدَّ أنْ يكون ملائمًا للسياق المحلي، منفتحًا على الإدارة المتأنية والمحاسبة بشكل صحيح. يَعرض الجدول التالي بعض مزايا وعيوب هذه النماذج الثلاثة[2]:

---

(1) UNDRO, *Shelter after Disaster: Guidelines for Assistance* (Geneva: UNOCHA, 1982).

(2) Yasemin Aysan et al., *Developing Building Improvements for Safety Programmes: Guidelines for Organizing Safe Building Improvement Programmes in Disaster-prone Areas* (London: Intermediate Technology Publications, 1995), p. 55.

**الجدول (2-1): مزايا وعيوب خيارات تمويل إعادة بناء المساكن:**

| خيار التمويل | الوصف | المزايا | العيوب |
|---|---|---|---|
| **الْمِنْحَة المباشرة** | - يُعطى فيها المستفيدون منازل إذا ما توفرت فيهم شروط معينة للاستحقاق.<br>- المستفيد ليس مُلزمًا بإعادة دفع تكلفة المنزل. | - إلغاء الحاجة لوضع نظام لاسترداد التكاليف.<br>- يسمح للمستفيدين باستخدام أصولهم لتلبية احتياجاتهم الأخرى. | - يشجع على الاعتمادية، ويُقَوِّض آليات التكيف؛ وبالتالي يضعف المؤسسات المحلية.<br>- غالبًا ما يكون حلًّا مفروضًا.<br>- لا يمكن للوكالة المساعدة في استرداد الأموال لتمويل مشاريع جديدة.<br>- عدد المنازل المقدم محدود. |
| **مساهمة جزئية من خلال المساعدة الذاتية** | - قد يحصل المستفيدون على مواد بناء أو مشورة فنية أو مِنْحَة جزئية.<br>- يقومون ببناء منازلهم بأنفسهم، أو عن طريق التعاقد مع شركات مقاولة محلية. | - إلغاء الحاجة لوضع نظام لاسترداد التكاليف.<br>- يسمح للمستفيدين باستخدام أصولهم لتلبية احتياجاتهم الأخرى.<br>- يضاعف من انخراط المساهمين في المشروع. | - يمكن أنْ يُقَوِّض المؤسسات المحلية وقدرة المجتمع المحلي على التكيف.<br>- قد لا تلبي المواد المقدمة متطلبات أو طموحات المستفيدين.<br>- قد يتعارض الوقت المستغرق في البناء مع الأولويات الأخرى للمستفيدين مثل تحصيل الدخل الذي قد يكون عنصرًا حيويًّا تعتمد عليه الأسرة. |

| | | | |
|---|---|---|---|
| **القروض** | - هناك العديد من الاختلافات في برامج القروض.<br>- الأكثر شيوعًا لإعادة الإعمار هو القرض طويل الأجل.<br>- قد تكون بعض القروض دون فائدة، بينما قد يتطلب البعض الآخر فائدة عادية. | - الأشخاص الذين ليست لديهم موارد قادرون على إعادة بناء منازلهم وسداد القرض بمرور الوقت.<br>- يملك المستفيدون الحرية في البناء وَفْقًا لخُطَّة مدروسة من اختياراتهم الْخَاصَّة.<br>- يشجع على الاستقلالية والاستدامة. | - قد يشجع المستأجرين ليصبحوا مالكين.<br>- قد لا تكون أنظمة الائتمان موجودة وبالتالي تحتاج إلى عملية إنشاء.<br>- قد تشكل القروض عبئًا مَاليًّا كبيرًا على المستفيدين خَاصَّةً إذا لم يكن لديهم خبرة سابقة في الأنظمة الائتمانية.<br>- تكون إدارة القروض مكلفة بالنسبة للمانح.<br>- يفضل عدد من المؤسسات المالية أكثر مصادر الائتمان وثوقًا؛ وبالتالي قد تطلب منزل المدين كضمان. |

**المصدر:** Barakat, "Housing Reconstruction After Conflict and Disaster," p. 7.

## رابعًا: تقييم الاحتياجات والقدرات المحلية:

يُعَدُّ التقييم أحد أهم مراحل وأدوات التعامل مع إعادة بناء المساكن بعد الكوارث والنزاعات، فهي العملية التي تساعد على تحديد حجم الأضرار والخسائر والاحتياجات. إنَّ عملية التقييم قد تأتي في أشكال متعددة، قد تكون موجزة قصيرة، وقد تكون مفصلة وموسعة، ويعتمد ذلك على السياق والنداءات الأولية ومدى الحاجة إلى الاستجابة.

إنَّ التقييم الشامل للاحتياجات والقدرات والموارد هو جزءٌ أساسيٌّ من مرحلة التخطيط والإعداد لإعادة إعمار المساكن، واعتمادًا على حجم البرنامج، يمكن جمع فريق التقييم مع وجود أعضاء يمتلكون خبرات متعددة تعكس طبيعة الاحتياج للتخصصات المختلفة في مسألة إعادة إعمار المساكن، حيث يجب أنْ يتم تمثيل الأشخاص المحليين ذوي الخبرات

المتخصصة، ويمكن استخدام وسائل البحث الكمي والنوعي. والأهم من ذلك هو أَنَّ تقييم الاحتياجات ينبغي أنْ يراعي أولويات المجتمع المحلي قدر الإمكان.

تتعدد أدوات ومنهجيات التقييم والتحليل للاحتياجات قبل البدء في إعادة إعمار المساكن، وقد تضافرت جهود كثير من الخبراء العاملين في مجموعات الأمم المتحدة والوكالات الدولية الأخرى بما في ذلك البنك الدولي لتوحيد وتحسين أدوات التقييم والتحليل في جميع مراحل الطوارئ ووضع مؤشرات وتعريفات ومنهجيات مُحسَّنة، كما يجري بذل جهد مماثل لبناء شراكات من أجل عمليات التقييم المشتركة وتوحيد المعلومات، وهي في مجملها تهدف إلى وضع معايير وأدوات تقييم تُسْهِم في الحصول على معلومات أفضل لبرامج إعادة إعمار المساكن. ولعل أهم هذه الجهود مشروع تقييم وتصنيف حالات الطوارئ (ACE) الذي وضعه مكتب الأمم المتحدة لتنسيق الشؤون الإنسانية (UNOCHA)، حيث يُنظم المشروع مبادرات التقييم المختلفة في ثلاث فئات[1]:

- **أولًا، المبادرات ذات الصلة بالمعايير**: وهي تعمل كأساس لأدوات التقييم وجمع البيانات، على سبيل المثال، مشروع «اسفير».
- **ثانيًا، جمع البيانات الأولية**: وهي تتعلق بالتمييز بين التقييمات السريعة والمتعمقة، على سبيل المثال، التقدير المحلي لاحتياجات المأوى والمستوطنة (LENSS) الذي تقوم بتطويره اللجنة الدائمة المشتركة بين الوكالات (IASC) ومجموعة المأوى في حالات الطوارئ.
- **ثالثًا، أُطُر التحليل**: وفيها يتم دمج المعلومات والبيانات الناتجة عن الفئتين السابقتين في إطار للتحليل أو التخطيط، على سبيل المثال، مشروع تقييم احتياجات ما بعد الكوارث (PDNA) الذي يتم تنفيذه بواسطة الأمم المتحدة والبنك الدولي والمفوضية الأوروبية (الجماعة الأوروبية).

هذا وهناك عدد من القضايا الأساسية التي يجب أخذها بعين الاعتبار في عملية التقييم، منها:

أ. حجم ونطاق الدمار.

ب. عدد الأشخاص المتضررين.

---

(1) Abhas, p. 25.

ج. المخاطر المحلية.

د. مصادر الضعف (المادية والاجتماعية والاقتصادية والسياسية).

هـ. الإطار الزمني، بالنظر إلى عدد الأشخاص الذين ينبغي مساعدتهم والطقس (الشتاء/ الصيف).

و. تقنيات إعادة الإعمار المناسبة.

ز. مدى مساهمة نمط البناء المحلي في خلق مخاطر يواجهها المجتمع، والتدابير التي يمكن اتخاذها لجعل المباني أكثر أمانًا.

ح. الاحتياجات والمشاكل الأخرى التي تعتبر ذات أهمية ملحة للمجتمع.

ط. الاحتياجات الْخَاصَّة بمجموعات أو مجتمعات معينة، كالأقليات.

إنَّ تقييم الأضرار هو المفتاح الرئيس لعملية إعادة الإعمار، فمن المحتمل أن تحتاج تصنيفات معينة إلى تطوير لتلبي احتياجات السياق، ويتطلب تقييم الأضرار وجود فرق عمل متخصصة، لا سيما عندما لا يكون الهدف مجرد تحديد لحجم الضرر فقط، ولكن التعرف أَيْضًا على تأثير المخاطر على المباني، بحيث يُمكن إضافة تحسينات في المواد والتقنيات في برامج إعادة الإعمار. كما ينبغي أنْ يشمل ذلك إجراء مشاورات مع السكان المحليين من أجل الاستفادة من المعرفة المحلية بالمخاطر السابقة، ومن الْمُهِمِّ أَيْضًا الحصول على وجهات نظر المرأة والمجموعات الْمُهَمَّشَة، ولا يتم الاكتفاء بالتشاور مع قادة المجتمع فقط[1]. في الإطارين: (11)، و(12) مثالان واقعيان على المعايير التي وضعت لتقييم الأضرار في كوسوفو وغَزَّة.

(1) For further details on Capacity and Vulnerability Analysis, see: Mary Anderson & Peter J. Woodrow, *Rising from the Ashes*: *Development Strategies in Times of Disaster* (London: Intermediate Technology Publications, 1998).

On research methods in conflict areas, see: Sultan Barakat et al., *The Composite Approach*: *Research Design in the Context of War and Armed Conflict*, Third World Quarterly, vol. 23, October 2002, pp. 991–1003.

**الإطار (2-8): معايير تقييم الأضرار في كوسوفو:**

في كوسوفو، أجريت تقييمات للأضرار من أجل فرز المنازل والمباني بحسب مستوى الضرر الذي لحق بها. ساعدت هذه التقييمات في تحديد مدى الضرر والمواد والموارد اللازمة والتكاليف وتكاليف التوزيع. وقد أجرت المفوضة السامية للأمم المتحدة لشؤون اللاجئين بالاشتراك مع مجموعة الإدارة الدولية (IMG) تقييماتها الخاصة باستخدام منهجيات مختلفة؛ إذ استخدمت المفوضية خمسة تصنيفات بينما استخدمت IMG أربعة. وضعت كل منظمة تعريفات لتصنيفات الأضرار. وقد أدى استخدام النظامين في البداية إلى حصول ارتباك، إلا أنه لاحقًا أصبح توافق النظامين مقبولًا بشكل عام. وارتبطت تصنيفات المفوضية 2-5 بتصنيفات IMG من 1 إلى 4.

| الأقسام | 1 | 2 | 3 | 4 | 5 |
|---|---|---|---|---|---|
| | سليم | - النوافذ وأقفال الأبواب مكسورة.<br>- إمدادات المياه الكهربائية مقطوعة.<br>- قابل للصيانة. | - أضرار تصل إلى 30 في المئة من السقف.<br>- قصف خفيف.<br>- آثار على الجدران.<br>- حريق جزئي.<br>- قابل للصيانة. | - أضرار في السقف تتجاوز 30 في المئة.<br>- حريق شديد.<br>- بحاجة لاستبدال الأرضيات الأبواب والنوافذ المدمَّرة.<br>- قابل للصيانة. | - دُمِّرت.<br>- بحاجة إلى إعادة الإعمار.<br>- غير قابل للصيانة. |
| تصنيفات IMG | | 1 | 2 | 3 | 4 |
| | | ضرر بحجم يتجاوز نسبة 5 - 20 في المئة | ضرر بحجم يتجاوز 20 - 40 في المئة | ضرر بحجم يتجاوز 40 - 60 في المئة | ضرر يتجاوز 60 في المئة |

وما إنْ بدأت جهود مفوضية الأمم المتحدة لشؤون اللاجئين التعامل مع أكثر المباني تضررًا في التصنيف 5 للمفوضية والتصنيف 4 لمجموعة الإدارة الدولية، حتى انقسمت التصنيفات كالآتي:

أ) دُمِّر، لكن الأسس في حالة جَيِّدَة.     ب) دُمِّر، ويحتاج إلى إعادة إعمار بما في ذلك بناء أُسُس جديدة.

المصدر: مستقاة من: Peter Wiles et al., *Independent Evaluation of Expenditure of DEC Kosovo Appeal Funds* (London: ODI/Valid International, 2000); Sahar Rassam, “The Role of Municipalities in Post-Conflict Reconstruction: The Case of Kosovo”, BAU 2001 Conference on South Lebanon: Urban Challenges in the Era of Liberation, Beirut, 3–6 April 2001.

**الإطار (2-9): تقييم أضرار ومعايير التعويضات في غَزَّة 2009:**

تشكلت لجنة مشتركة من الأوتشا وجميع منظمات العمل الإنساني الدولية في قطاع غَزَّة لتقييم الأضرار الناتجة عن الحرب في نهاية ديسمبر 2008 وبداية 2009، وكان تقرير حجم الأضرار للمساكن كالآتي:

1. تضرر أكثر من 4000 منزل بشكل كامل.
2. تضرر العديد من المنازل الأخرى بشكل جزئي وهي بحاجة إلى إعادة تأهيل.
3. تضرر العديد من المباني العامة بما في ذلك المدارس بشكل جزئي أو كامل.

في ما يلي تفاصيل التدخلات التي اقترحت من قبل الأونروا وبرنامج الأمم المتحدة الإنمائي لتعويض المتضررين من حرب غَزَّة في ديسمبر 2008:

| | وصف الضرر | قيمة التعويضات |
|---|---|---|
| **تدخلات الأونروا (للاجئين الفلسطينيين)** | | |
| 1 | الأضرار الجزئية (القيم <5000 دولار أمريكي). | القيمة الفعلية للأضرار |
| 2 | الأضرار الجزئية (القيم> 5،000 دولار أمريكي). | 3000 دولار أمريكي كإغاثة عاجلة وستقوم الأونروا بإصلاح المنازل عند توفر المواد.<br>أو<br>القيمة الفعلية للأضرار. |
| 3 | تضرر كامل. | مبلغ 5000 دولار أمريكي كإغاثة عاجلة، وسيتم إعادة بناء المنازل من قبل الأونروا عندما تتوفر المواد. |
| **تدخل برنامج الأمم المتحدة الإنمائي (لغير اللاجئين الفلسطينيين)** | | |
| 1 | أضرار جزئية (تتراوح القيم بين 1 و100 دولار أمريكي). | 100 دولار أمريكي. |
| 2 | 2 الأضرار الجزئية (تتراوح القيم بين 100 و5000 دولار أمريكي). | القيمة الفعلية للأضرار. |
| 3 | الأضرار الجزئية (القيم> 5000 دولار أمريكي). | 3000 دولار أمريكي كإغاثة عاجلة، وسيتم إصلاح المنزل عند توفر المواد. |
| 4 | تضرر بالكامل. | 3000 دولار أمريكي كإغاثة عاجلة، وسيتم إعادة بناء المنزل عند توفر المواد. |

ولأنَّ المجتمع المحلي يمكن أنْ يقدم مساهمة حيوية في إعادة إعمار المساكن، فإنَّ تقييم الموارد المحلية يُعَدُّ أمرًا ضروريًا، ويجب ألَّا يقتصر على الأصول المالية فحسب، بل

ينبغي أنْ يأخذ في الحسبان جميع المدخلات الرئيسية المطلوبة للتنفيذ الناجح للمشروع السكني: الموارد البشرية (الْعَمَالَة الماهرة وغير الماهرة)، الموارد المؤسسية، موارد المجتمع، مواد البناء؛ والتكنولوجيا. وكلما زادت الموارد المتاحة محليًّا، كلما قلَّل ذلك من الحاجة إلى استيرادها؛ وهو ما يقلل من التكلفة، وَيُسْهِم في الاقتصاد المحلي، ويؤدي على الأرجح إلى أن يكون برنامج إعادة الإعمار مستدامًا، ولا يتعارض مع ثقافة المجتمع المحلي.

يؤكد الميثاق الإنساني للمعايير الدنيا في الاستجابة الإنسانية (دليل اسفير) أَنَّ خيارات عمليات إقامة المأوى والمستوطنات البشرية لا تقتصر على تسليم الأجهزة ومواد المعيشة أو بناء مأوى وحسب، بل تشمل تقديم الدعم اللازم للحصول على الأرض أو المأوى أو السكن أو اللوازم المنزلية، كما تشمل تقديم المساعدة التقنية وضمان الجودة لتمكين السكان المتضررين وحشدهم من أجل إعادة البناء بشكل أفضل وأكثر أمانًا. كما أنه من الضروري معرفة الإطار القانوني الوطني لقوانين الإسكان والأراضي والممتلكات، ومن الْمُهِمِّ أَيْضًا فَهْم التشريعات الوطنية للاجئين والإجراءات المرتبطة بها لتحديد وضع الأفراد واحترام هياكل المجتمع الموجودة وتعزيز التماسك الاجتماعي[1].

وفي هذا الخصوص، ينبغي النظر في سبع (07) فئات رئيسية للأصول[2]:

### 1. الأرض (Land):

تتطلب برامج إعادة إعمار المساكن توفر مواقع بناء آمنة، وضمان حيازة الأرض. ويجب استيفاء هذين الشرطين قبل الشروع في أي برنامج لإعادة الإعمار. إِنَّ ضمان الْحِيَازَة مُهِمٌّ خُصُوصًا عندما تكون إعادة التوطين جزءًا من أجندة الإسكان، ومن الأخطاء الشائعة البدء في إعادة بناء المنازل الدائمة دون ضمان الْحِيَازَة، على اعتبار أَنَّ هذه الْحِيَازَة ستأتي تِلْقَائِيًّا بعد البناء؛ ولذلك لَا بُدَّ للمقيمين فحص الأراضي والنظر في حقوق ملكيتها وإمكانية البناء فيها وفيما إذا كان هناك أراضٍ عَامَّةٌ متاحة يمكن الحصول عليها، وكيف يتم ذلك؟ وماذا عن تفضيلات المستفيدين والديناميكيات الاقتصادية والاجتماعية والسياسية الأساسية المتحكمة بهذا. وفي الإطارات (13 – 16) أمثلة على ذلك في كل من: أفغانستان، وإندونيسيا، ورواندا، وتوقعات ما سيحدث في سوريا لَاحِقًا عندما تخرج من الصراع.

---

(1) مشروع اسفير، الميثاق الإنساني والمعايير الدنيا في مجال الاستجابة الإنسانية 2018، ص 224.

(2) Aysan et al., *Developing Building Improvements for Safety Programmes*, pp. 52–53.

**الإطار (2–10): قضايا ملكية الأراضي وحيازتها في أفغانستان:**

في عملية إعادة إعمار المساكن في أفغانستان، كانت القضايا المتعلقة بالأراضي وحيازتها أكثر القضايا والمشاكل المستعصية في عملية التعافي بعد النزاع، حيث تشير الدلائل إلى أنَّ هذه المسألة قد تسببت في تأخر طويل في إنجاز مشروع إعادة الإعمار؛ كما أن عملية حيازة الأرض وتمليكها كانت عملية بطيئة ومرهقة في جميع الأماكن، ما خلق عائقًا كبيرًا أمام تقدم جهود إعادة الإعمار.

**المصدر:** Sadiqi, Trigunarsyah & Coffey, "A Framework for Community Participation in Post-Disaster Housing Reconstruction Projects," p. 11.

**الإطار (2–11): مشكلات الأراضي في زلزال إندونيسيا 2004:**

في إندونيسيا، جعلت الحكومة مسألة تخصيص الأراضي المنزلية والقرارات المتعلقة بحقوق الأراضي أولوية لها، لكن الحجم الهائل للدمار، وتلف سجلات ملكية الأراضي بسبب تسونامي جعل من ذلك عملية صعبة تتطلب الكثير من الوقت. كما كان للشاطئ الساحلي الذي تغير تغيرًا كبيرًا علاقة في ذلك، ففي بعض الحالات، تحولت الأرض إلى بحر والعكس؛ مما ساهم في تأخير عملية تحديد ملكية الأرض. وفي غضون ذلك، فإن بدء موسم الأمطار كان يعني أن المساكن المؤقتة يجب أن تتحسن، وخَاصَّةً لضحايا تسونامي الإندونيسيين الذين وصل عددهم إلى 67000 وظلوا يعيشون في الخيام.

**المصدر:** مجلة حركة الصليب الأحمر والهلال الأحمر، «زلزال جنوب آسيا». العدد 3 (2005)، ص 14.

**الإطار (2–12): قوانين الأراضي والممتلكات في رواندا:**

في أعقاب الإبادة الجماعية في رواندا عام 1994، أصبح العديد من النساء والفتيات ربَّات أُسَر. ومع ذلك، فإنَّ القوانين العرفية التقليدية تمنع النساء من المطالبة بأراضي وممتلكات أسرهن وأزواجهن. وهذا يعني أنهن بلا مأوى وبلا أرض يقيمون عليها مأواهم. في آذار/مارس 2000، مررت الجمعية الوطنية الرواندية قانونًا بشأن «الأنظمة الزوجية والحريات والتوريث». أعطى هذا القانون التاريخي النساء والفتيات الحق في وراثة الأرض والممتلكات، واعْتُرِفَ بهنَّ قانونًا كربَّات منازل.

**المصدر:** Rasnah Warah, "Rwanda Passes Succession Law," *Habitat Debate*, vol. 6, no. 2 (2000).

**الإطار (2-13): النزاعات على الأراضي والحيازة في البلدان الخارجة من الصراع:**

ترتبط الأرض ارتباطًا وثيقًا بالْهُويَّات الاجتماعية والثقافية. كما أنه أصل اقتصادي مُهِمٌّ ومصدر مباشر للدخل لكثير من الناس. غالبًا ما يجعل هذا الأرض هدفًا رئيسيًا للنزاع، خَاصَّةً في فترة ما بعد الصراع. وفي الوقت نفسه، تعتبر الأرض أمرًا بالغ الأهمية لتحقيق النمو الاقتصادي والْحَدِّ من الفقر بِشَكْلٍ خَاصٍّ، والتنمية المستدامة بِشَكْلٍ عَامٍّ.

بعد الصراع، غالبًا ما تؤدي الطلبات الجديدة على المساكن والأراضي من النازحين داخليًّا واللاجئين العائدين إلى زيادة المنافسة على الأرض. في الوقت نفسه، قد تكون الدولة ومؤسساتها ضعيفة: فقد تكون سجلات الأراضي قد ضاعت، أو تضررت، أو تم العبث بها؛ ربما يكون الموظفون الفنيون والمخططون قد ماتوا أو هاجروا.

ومثال واقعي سيكون في حالة انتهاء الصراع في سوريا الذي ما زال مستمرًا منذ العام 2011 حتى تاريخه وهناك تقارير موثقة بالاستيلاء على الأراضي والممتلكات وعمليات التغيير الديمغرافي المبني على الطائفية والْعِرْقِيَّة.

**المصدر:** UNDESA, *Developing National Sustainable Development Strategies in Post-Conflict Countries*, (June 2011), at: https://bit.ly/3ula5xp

### 2. الموارد البشرية (**Human resources**):

يتطلب تخصيص الأدوار والْمَهَامِّ اللازمة لبرامج إعادة الإعمار الاعتماد على تقييم الموارد المتاحة، سواء من حيث موظفو المشروع أو أولئك الذين هم ضمن المجتمع المحلي، وقد تختلف أنواع العمل المطلوبة، اعتمادًا على الطبيعة الْخَاصَّة للمشروع، لكن يمكن أنْ تشمل: الْعَمَالَة غير الماهرة، والبنائين المهرة، والمشرفين، والمقاولين، والمدربين ذوي الخبرة، والمديرين الماليين، والموظفين الفنيين. إذا تمَّ التخطيط لبرنامج البناء الذاتي كما سيأتي في الفصل الرابع المتعلق بالتنفيذ، فمن الْمُهِمِّ بِشَكْلٍ خَاصٍّ إجراء تقييم دقيق لقدرة المجتمع واستعداده لتوفير الْعَمَالَة للبناء. أَيْضًا، قد يرغب المجتمع المتأثر بالكارثة في بذل جهود إضافية في أنشطة أخرى، مثل الزراعة، أو إيجاد مصادر دخل، وقد يدخل في إطار ذلك: بعض العائلات الأمهات، والعازبات، أو الأزواج المسنين غير القادرين على العمل.

في كوسوفو، استُخدمت أنماط مثل تلك التي استخدمت أدناه لتقييم الاحتياجات السكنية، وتحديد المستفيدين، وسُئِلَ المستفيدون أَيْضًا عما إذا كان أفراد الأسرة يمتلكون

أي مهارات بناء[1]. يصف الإطار (18) المعايير التي استخدمت لتحديد المستفيدين في كوسوفو.

### 3. الموارد المؤسسية (Institutional resources):

إنَّ القدرة المؤسسية على القيام بالْمُهِمَّة المنوطة شرط أساسي وضروري؛ لما يتطلب ذلك من موارد إدارية، بالإضافة إلى مهارات الإدارة والقيادة، وَعَادَةً ما يكون هناك حاجة للتطوير المؤسسي. وعندما يتم استخدام المنظمات غير الحكومية ومنظمات المجتمع المحلي كمنفِّذين للبرامج، فإنَّ هذا سيكون بُعْدًا مُهِمًّا يجب أخذه في الاعتبار.

### 4. موارد المجتمع (Community resources):

تختلف المجتمعات على نطاق واسع من حيث قدرتها على الحشد وتنظيم نفسها للقيام بالبرامج والمشاريع المختلفة. ولا يتوقع -خُصُوصًا في سياق ما بعد النزاع- أَنَّ المشاركة المجتمعية ستنشأ بسهولة، حتى في البيئات المستقرة، فقد يكون للمجتمع خبرة أو رغبة قليلة في تكوين علاقة تشاركية.

لكن في المقابل، أَحْيَانًا ما تُظْهِر المجتمعات قدرتها على المساهمة بصورة عضوية حتى قبل الوصول لمرحلة إعادة الإعمار فعليًّا؛ وهو ما يجب أخذه بعين الاعتبار. نجد في كثير من الحالات أنه بمجرد توفُّر حالة من الاستقرار النسبي -حتى دون انتهاء الحرب- كما هي الحال في بعض مناطق الشريط الحدودي السوري مع تركيا، نجد أن المجتمع المتضرر يبدأ بتسخير أصوله الاجتماعية ومهاراته من أجل تحسين ظروف السكن، وجعله أكثر موائمة لاحتياجاته الحياتية وللمتطلبات الاجتماعية. انظر الإطار (17) حول المشاركة المجتمعية العضوية في شمال إدلب.

### 5. مواد البناء (Building materials):

يجب تقييم مواد البناء بعناية للتأكد من أنَّها متاحة بسهولة، وبأسعار معقولة، وذات نوعية كافية، وأنَّها مقبولة لدى المجتمع المحلي. كما يجب أن تتماشى مع تطلعات الناس، ومن الْمُهِمِّ النظر إلى الآثار الاقتصادية والبيئية لمختلف أنواع مواد البناء.

---

(1) UNMIK Department for Reconstruction, *Guidelines for Kosovo Reconstruction* (2000).

## 6. التكنولوجيا (Technology):

يجب أنْ يأخذ تقييم تقنيات البناء المحلي في الاعتبار الحاجة إلى تحسين مستوى الأمان. وحيث تتوفر الْعَمَالَة، يُمكن تقديم تدريب في تقنيات البناء المتخصصة القادمة من الخارج.

**الإطار (2-14): المساهمة المجتمعية في غوما الكونغو:**

في أعقاب ثوران جبل نيراغونغو في مدينة غوما الكونغولية في كانون الثاني/يناير 2002، عُقِدَتْ اجتماعات أولية مع المجتمع المتضرر لتحديد القدرات والموارد المحلية. وتم الاتفاق على أنْ تقوم هيئة الإغاثة والخدمات الاجتماعية «كاريتاس» بتوفير التدريب الأساسي وأدوات النجارة الأساسية لتمكين الأُسَر من القيام بأعمال الإنشاء، كما كانت الأُسَر مسؤولة عن إعداد قاعدة الوحدة السكنية والمساعدة في تفريغ المواد.

كانت الوحدة السكنية كبيرة بما يكفي لتوفير الأساس لمنزل أطول أجلًا، وقدمت جميع الأُسَر -باستثناء ذوي الاحتياجات الخاصة- مساهمات. كلَّف إنشاء الهيكل الخشبي للخرسانة 10 دولارات لكل وحدة، وكان العمل الذي ينطوي عليه إعداد القاعدة وتفريغ المواد وتثبيت الأغطية البلاستيكية يعادل عمل يومين بواقع دولارين في اليوم. حقق المشروع مساهمات قدرها 70.000 دولار، أو حوالى 10 في المئة من التكلفة المادية للوحدات. كما قدم المستفيدون وجيرانهم الأَرض وإمكانات الوصول إليها. ساهم المستفيدون وأعضاء أسرهم الممتدة وغيرهم من أفراد المجتمع المحلي بـ 11000 قطعة أرض.

كان من المفهوم أن الأُسَر ستقوم بعمل تحسينات لوحداتها السكنية في وقتها، باستخدام مواردها الْخَاصَّة، حيث تشمل هذه التحسينات توفير غلاف خارجي أكثر متانة بدلًا من الأغطية البلاستيكية، وإنشاء التقسيمات الداخلية وتركيب أرضية صُلْبَة. تراوحت مساهمات المستفيدين بين 30 إلى 50 دولارًا. وبالفعل فقد أجرت أكثر من 70 في المئة من الأُسَر تحسينات على منازلها.

**المصدر:** Graham Saunders, “Housing, Lives and Livelihoods: Lessons in Post-Disaster Assistance from Goma,” Catholic Relief Services, 2003.

**الإطار (2-15): المساهمة المجتمعية العضوية في حالات اللجوء طويل المدى (إدلب -شمال سوريا):**

في شمال إدلب قرب الحدود السورية- التركية، قامت هيئة الإغاثة الإنسانية والحقوق والحريات (IHH) بإنشاء قريتي: «أبواب الرحمة»، و«أطفالنا» للنازحين هناك، وكلاهما عبارة عن مخيم يضم مساكن صغيرة من الكونكريت، مع سور منخفض يصنع فناءً صغيرًا في الناحية الأمامية من المنزل.

وبالتجول في القريتين، نجد أن المستفيدين هناك بدؤوا بتطوير مآويهم/مساكنهم وتكييفها لخدمة احتياجاتهم، فمثلًا قامت ساكنات إحدى الوحدات من السيدات بتركيب أغطية قماشية ثقيلة في الواجهة الأمامية لتوفير مزيد من الخصوصية في منطقة الفناء، في ما قامت عدة أُسَر أخرى باستخدام الطوب أو الطين لرفع جدران السور وتوفير غرفة إضافية، أو حتى لمجرد الحصول على مساحة خاصة أخرى يمكن للنساء ممارسة أشغالهن المنزلية فيها بخصوصية كافية تناسب ثقافة المجتمع. أيضًا، نجد أن قاطني بعض المساكن قاموا بملء الفناء الأمامي بالتربة الزراعية، وزراعته بشكل كامل، سواء بالنباتات المثمرة بما يساعد بتوفير الغذاء أو الدخل، أو حتى بنباتات الزينة التي تُسْهِم في تحقيق قدر من الشعور بالاستقرار والسلام النفسي.

الأغطية القماشية لزيادة الخصوصية

تحويل الفناء إلى غرفة إضافية

تحويل الأفنية إلى حوض زراعي

**المصدر:** مشاهدات مباشرة للمؤلف -سلطان بركات- في شمال إدلب، ضمن زيارة بحثية ميدانية (18 تشرين الثاني/نوفمبر 2021).

## 7. الموارد المالية (Financial resources):

إنَّ التقييم الدقيق لمصادر التمويل الْعَامَّة والْخَاصَّة له أهمية كبيرة، بما في ذلك تعبئة موارد الأفراد (الفردية والجماعية)، من خلال خطط القروض أو الائتمان. هذا ويجب النظر في القضايا المتعلقة بنقاط القوة والضعف في الإدارة المالية للبرنامج.

## خامسًا - المساعدة المستهدفة واختيار المستفيدين:

تتعدد العوامل المؤثرة في اختيار المستفيدين، فالميزانية المرصودة وعدد الأشخاص الذين يُمكن استهدافهم بالمساعدة، وفرص العمل المحلية، والاستدامة، والتعرُّض للكوارث أو النزاعات في المستقبل، وتوافر الموارد المحلية، ومستوى المساعدة الخارجية، وإمكانية الوصول، كلها عوامل تساعدنا في كيفية استهداف المساعدة، واختيار المستفيدين؛ لذلك، فإنَّ التقييم الشامل للاحتياجات يساعد على تحديد المجتمع المستهدف والمجموعات التي ستستفيد أكثر من البرنامج المقترح. ولتقييم المجالات التي سيتم إعادة إعمارها ومدى العمل المطلوب، يجب وضع معايير لإنشاء أنظمة موحدة للتقييم. ومع استمرار عملية إعادة الإعمار، قد يكون من الضروري تنقيح هذه المعايير لضمان أنْ تستمر وتكون مفيدة وذات صلة. تعمل معايير التقييم على تسهيل الشفافية والمساءلة؛ مما يسهل تفسير القرارات الصعبة للمجتمع المحلي. في الحالة المثالية، يجب تطوير هذه المعايير بالتعاون مع ممثلي المجتمع أو المجتمع المحلي والجهات الفاعلة الرئيسية الأخرى، واستخدامها من قبل جميع الوكالات المعنية.

قد يؤدي استخدام معايير مختلفة في التقييم إلى حدوث إرباك في العملية، ويمكن أنْ يؤدي إلى تفاوت حقيقي في توزيع المساعدات. وَحْتَمًا، سيثير اختيار المناطق التي سيتم إعادة إعمارها نوعًا من المعارضة من قبل أهالي المناطق التي لَمْ يَتِمَّ اختيارها، وعلى الوكالات في مثل هذه المواقف أنْ تكون واضحة وثابتة، وأنْ تتخذ خياراتها بعناية وتستند إلى أكبر قدر ممكن من المعلومات. ومع ذلك، ينبغي أنْ يكون اتخاذ القرارات بطريقة تُقلل إلى أدنى حَدٍّ من العداء المترتب عليها؛ في رواندا ما بعد الإبادة الجماعية، على سبيل المثال، حَصَلَتْ قرية واحدة على مساعدة سكنية كاملة، بينما حَصَلَتْ قرية أخرى، على بعد 300 متر فقط، على أدوات تسقيف وعدد قليل من الأبواب والنوافذ[1]. وقد كان من الممكن توقع التأثير السلبي لهذا النمط من التوزيع.

(1) Chantal Laurent et al., *External Evaluation of the UNHCR Shelter Programme in Rwanda 1994–99*, RLSS Mission Report (Geneva: UNHCR, 1999).

**الإطار (2-16): تحديد المستفيدين وَفْقًا لمعيار الضعف في كوسوفو:**

تم تحديد المستفيدين باستخدام المعايير التالية:

- الأُسَر التي دُمِّرَتْ منازلها التي كان يعيش أفرادها في الخيام، أو الملاجئ الاجتماعية، أو المباني العَامَّة، أو الذين كانوا يقيمون مع عائلات أخرى.
- العائلات التي تضم أكثر من ثمانية أشخاص وأطفالًا أقل من 12 عامًا.
- العائلات التي لديها كبار في السن أو معوَّقين أو مصابين بأمراض مزمنة.
- العائلات التي لا تملك وسائل لإعادة بناء منازلها.
- الأُسَر التي تديرها نساء وتُوفي عائلها، أو تعرضت للإعاقة أثناء النزاع.
- الأُسَر المعرضة للخطر بسبب ظروفها المعيشية الحالية.

تم تطوير هذه المعايير من قبل لجان الإسكان البلدية المؤلفة من ممثلين من الحكومة المحلية والوطنية والوكالات الخارجية.

**المصدر:** *Guidelines for Kosovo Reconstruction*.

**الإطار (2-17): اختيار المستفيدين - برنامج إسكان المتضررين في رفح من الحرب:**

قام البرنامج الإنمائي للأمم المتحدة UNDP وبالتعاون مع وزارة الأشغال العَامَّة والإسكان واللجنة الممثلة للأُسَر المتضررة بتحديد قائمة المستفيدين والمكونة من 302 أسرة بناءً على أُسُس ومعايير متفق عليها، وتم تحديد الأسماء مع تحديد مساكنهم من خلال عمل القرعة العلنية في مبنى البرنامج في غَزَّة في 2014؛ ومن ثم تم اختيار المتضررين الأكثر حاجة من قائمة بحضور اللجنة الممثلة للمستفيدين وممثلين عن وزارة الأشغال العَامَّة والإسكان وعديد من الشخصيات والوجهاء من محافظة رفح. قد تم اختيار المتضررين الأكثر حاجة بِنَاءً على عدة معايير كالآتي:

1. سلامة الوضع القانوني للبيت المهدوم من حيث الملكية.
2. أن يكون المستفيد خاضعًا لمساعدات وكالة الغوث للاجئين الفلسطينيين، أو مواطنًا غير لاجئ محروم من الاستفادة من مشاريع وكالة الغوث الدولية.
3. أن يكون المبنى سكنيًا.
4. عدم الاستفادة سابقًا بتعويض عن البيت المتضرر من أي مشاريع إسكانية ممولة من جهات أخرى.
5. أولوية الاستفادة من المشروع حسب تاريخ الضرر، ويُستثنى من ذلك المواطنون الذين يسكنون في أوضاع مزرية.
6. أن تكون الاستفادة على أساس وحدة سكنية مقابل وحدة مهدومة.

**المصدر:** التقرير النهائي مشروع إنشاء 300 وحدة سكنية في رفح، حي إسكان الملك عبد الله بن عبد العزيز، تمويل اللجنة السعودية لإغاثة الشعب الفلسطيني تنفيذ برنامج الأمم المتحدة الإنمائي/برنامج مساعدة الشعب الفلسطيني (آب/أغسطس 2017).

ويبقى اختيار المستفيدين هو الشغل الشاغل لوكالات الإيواء. إنَّ ذلك يتطلب معرفة جيدة بالسياق، وفهم ديناميات المجتمع. ويمكن أنْ تؤثر وسيلة اختيار المستفيدين على نجاح برنامج إعادة الإعمار، كما يمكن أنْ تثير تساؤلات أخلاقية- على سبيل المثال، إلى أيِّ مدى تُسْهِم عملية إعادة الإعمار في إرجاع أوضاع عدم المساواة والظلم والضعف قبل وقوع الكارثة؟[1].

تُعد عملية تحديد المستفيدين مُهِمَّة جِدًّا، إلَّا أنَها ممكن أنْ تكون عملية مُكلِّفَة؛ فعلى سبيل المثال، فقد أنفقت منظمة غير حكومية ناشطة في منطقة كنين في كرواتيا 22 في المئة من ميزانيتها لبناء المساكن على تحديد المجموعة المستهدفة[2]. هذا، وتساعد المعرفة بالواقع المحلي في تحديد أكثر الفئات ضعفًا، وضمان الاستهداف الصحيح للبرنامج وقبوله مجتمعيًّا. وتختلف التصورات عن الفئات الضعيفة حسب الثقافة والتقاليد، فظروف بعض الأفراد في بعض المجتمعات تجعلهم أكثر ضعفًا مما سيكونون عليه في مجتمعات أخرى. كما يمكن تطوير المعايير من قبل الوكالات، المجتمع المضيف أو المستفيدين أنفسهم، حيث إن نوعية المعيار والفاعل الذي يقوم بتحديد هذا المعيار يعتمد على السياق.

ويمكن أَيْضًا تطوير المعايير الْخَاصَّة بتصنيف الفئات الأكثر ضعفًا، فالوكالات والمجتمعات المضيفة أو المستفيدون المحتملون يعتمدون معايير مختلفة في ذلك، ولعل السياق هو أكثر ما يحدد هذه المعايير. على سبيل المثال: ترى معايير اسفير أنَّه من المهم فَهْم أَنَّ كون الشخص شابًّا أو مُسِنًّا، امرأة أو شخصًا معوَّقًا أو مُصَابًا بفيروس الإيدز، لا يجعل منه شخصًا ضعيفًا أو أكثر عرضة للخطر، بل إنَّ تفاعل العوامل هو الذي يجعل الشخص ضعيفًا أو يزيد من إمكانية تعرضه للخطر. فيرجح أنْ يكون الشخص الذي تجاوزت سنه 70 عامًا ويعيش بمفرده ويعاني من صحة معتلة، أكثر ضعفًا من الشخص الذي له سنه نفسها ووضعه الصحي، إلا أنه يعيش ضمن أسرة ممتدة ويتمتع بدخل مريح. وبالمثل، تُعد الطفلة التي تبلغ سنها 3 سنوات أكثر ضعفًا بكثير إذا كانت بمفردها عما إذا كانت تعيش في كنف أبوين مسؤولين[3].

---

(1) مونيكا وولف موراي، **المأوى بعد الكوارث.. حقائق وأرقام**، SciDev، 19/1/2016، في: https://bit.ly/3gOtcGT

(2) Hans Skotte, *Reflections on Housing Reconstruction and Post-war Planning in BiH* (Trondheim: Norwegian University of Technology and Science, 2003).

(3) مشروع اسفير، **الميثاق الإنساني والمعايير الدنيا في مجال الاستجابة الإنسانية**، دار الشروق، عمان، الأردن، 2011، ص 238.

**الإطار (2-18): تعزيز حالات الضعف وعدم المساواة:**

في أعقاب إعصار تسونامي الذي ضرب المحيط الهندي في عام 2004 ذُكر أنَّ الاستجابة الدولية قد عززت في كثير من الأحيان من حال من كانوا أفضل حالًا و/أو كانت لديهم القدرة على التعبير بشكل أكثر وضوحًا، في حين هُمِّش من يمتلكون أصولًا محدودة وبخاصة النساء، وتم التعامل فقط مع مسؤولي القرية من قبل المنظمات غير الحكومية؛ أدى ما سبق -بالتالي- إلى تعزيز حالات الضعف، وعدم المساواة والتهميش لفئة الفقراء وخُصُوصًا النساء.

**المصدر:** John Telford & John Cosgrave, *Joint Evaluation of the International Response to the Indian Ocean Tsunami*: Synthesis Report (London: Tsunami Evaluation Coalition, 2006), p. 104.

يمكن أنْ يكون تطبيق معايير اختيار المستهدفين صعبًا مثل الموافقة عليها. على سبيل المثال، يُعد استخدام الدخل لتحديد ما إذا كانت الأسرة ضمن المستفيدين أمرًا إشكاليًّا، فغالبًا ما يكون من الصعب تحديد ما إذا كان الدخل كافيًا لتلبية الاحتياجات؛ إذ يمكن توظيف أفراد الأسرة في العمل الموسمي؛ لذلك من الصعب تقدير الدخل، كما أنَّه قد يكون إجمالي الدخل المشترك غير كافٍ لدعم الأقارب المعالين(1).

وهناك تَحَدٍّ من نوع آخر، يتمثل في مسألة العثور على النازحين؛ إذ إِنَّ هناك نازحين مخفيين اتخذوا ترتيبات طوارئ خَاصَّة بهم ولم يسجلوا لدى أيِّ وكالة للحصول على المساعدة. قد يكون هؤلاء النازحون قاموا ببناء مأوى الطوارئ الْخَاصِّ بهم، أو السكن مع الأصدقاء أو أفراد أسرهم الممتدة أو استخدام المباني الفارغة. إنَّ وجود «النازحين المخفيين» سيعني أَنَّ الوكالات غالبًا تخطط وتخصص ميزانية لبرامج الإسكان باستخدام أرقام غير دقيقة. وَوَفْقًا لمكتب الحكومة الكرواتية للنازحين واللاجئين، ففي عام 1995 تم استيعاب ما يقرب من 80 في المئة من اللاجئين البوسنيين في كرواتيا بِشَكْلٍ خَاصٍّ أو الذين يعيشون بشكل مستقل(2).

---

(1) Peter Wiles et al., *Independent Evaluation of Expenditure of DEC Kosovo Appeal Funds*; *phases 1 and 2*, *April 1999-Jauary 2000*, Overseas Development Institute in association with Valid International, (August 2000).

(2) Sue Ellis & Sultan Barakat, "From Relief to Development: The Long-term Effects of 'Temporary' Accommodation on Refugees and Displaced Persons in the Republic of Croatia," *Disasters*, vol. 20, no. 2 (1996), pp. 111–124.

في بعض الأحيان قد يتم تقديم ادعاءات كاذبة بخصوص الدخل والحاجة، على سبيل المثال، قد يطلب أصحاب المنازل المزيد من المواد مما يحتاجون إليه لإصلاح منازلهم وبيع الفائض، أو أَنَّ العديد من أفراد العائلة نفسها يتقدمون بطلب للحصول على سكن، على الرغم من أَنَّ منزلًا واحدًا سيكون مناسبًا لاحتياجات الأسرة. في حالة ما بعد الصراع أو الكارثة، قد يكون من الصعب التحقق من التفاصيل، ونادرًا ما يكون ذلك أولوية من أولويات الوكالة.

**الإطار (2-19): اختيار المستفيدين - برنامج المأوى الأساسي للفلبين:**

في 25 نوفمبر 1987، ضرب إعصار سيسانغ مقاطعة سورسوجون الساحلية الفلبينية. دَمَّرَ الإعصار ما يقرب من 200.000 منزل. بين عامي 1988 و1991 قامت وزارة الرعاية الاجتماعية والتنمية، بدعم من وكالات الأمم المتحدة للتنمية والإغاثة والمركز الآسيوي للتأهب للكوارث (ADPC)، بإعادة بناء 22.665 منزلًا أساسيًا مقاومًا للأعاصير. كان على المستفيدين من البرنامج استيفاء مجموعة من المتطلبات الصارمة لكي يكونوا مؤهلين. شملت المتطلبات:

- الحصول على سند ملكية للأرض- ضمان للملكية، أو دليل على شغل الأراضي لفترة طويلة.
- الإقامة في مسكن قائم.
- معايير الدخل بالنسبة لعائلة مكونة من ستة أفراد، لا يمكن أن يتجاوز الدخل الشهري 65 دولارًا لسكان الحضر، أو 55 دولارًا لسكان الريف.
- افتقار الأسرة إلى الموارد اللازمة لإعادة البناء.
- عدم حصول العائلة على أي مساعدة في المأوى من وكالة أخرى.

**المصدر:** Alistair Cory, “The Philippines Core Shelter Housing Programme,” in Aysan et al., *Developing Building Improvements for Safety Programmes*.

في كوسوفو، كان الريف مليئًا بالمنازل غير المكتملة قبل الحرب. وبعد الحرب، احتلت هذه الأُسَر من قبل العائلات التي ادعت أنها تضررت أثناء القتال؛ وذلك للاستفادة من مساعدة الإصلاح وإعادة الإعمار[1]. استفادت أُسَر أخرى من برنامج إعادة الإعمار، لكنها استمرت في احتلالها أو تأجيرها بطريقة غير قانونية.

(1) Wiles et al., *Independent Evaluation of Expenditure of DEC Kosovo Appeal Funds*.

**الإطار (2-20) إعصار جيري في ميانمار 2010 وآليات اختيار المستفيدين:**

في العام 2010 ضرب ميانمار إعصار جيري، حيث أدى إلى دمار هائل. أصبح بموجبه أكثر من 100.000 شخص بلا مأوى؛ إذ دَمَّرَ الإعصار ما لا يقل عن 20380 منزلًا بالكامل، وبحسب التقارير الرسمية فقد تضررت 51944 أسرة بسبب الإعصار. أعلنت وكالات دولية استجابتها للكارثة، من ضمنها منظمة كير؛ إذ كانت من أوائل الوكالات التي ركزت على الكارثة واستجابت لها، فأطلقت مشروع الاستجابة بالشراكة مع مؤسسة سواني للتطوير لتلبية احتياجات المأوى لـ 600 أسرة متضررة في 15 قرية في بلدة مايبون في ميانمار.

استندت منظمة كير في مناقشة عملية إلى تحديد المستفيدين على لجان محلية تسمى لجان التنمية القروية المتواجدة في معظم القرى، فعمل فريق المشروع مع اللجان لضمان مشاركة المرأة في المشروع، حيث ضمت اللجنة مجموعة من 80 رجلًا و28 امرأة كأعضاء في 15 قرية. عقد فريق المشروع منتديات مجتمعية في جميع القرى لإطلاع المجتمع على المشروع والتشاور معهم بشأن عملية اختيار المستفيدين. وقد تم تطوير عملية تقييم، ومعايير اختيار المستفيدين بالتشاور مع اللجان المجتمعية وأفراد المجتمع.

تم استخدام نتائج التقييم والإفادة من اجتماعات المجتمع لتطوير معايير اختيار المستفيدين، ثم تم الإعلان عن أسماء المستفيدين المختارين في الاجتماعات على مستوى القرية، وعرضها في مواقع بارزة في القرى، مثل مكتب سلطة القرية، أو محطة الحافلات. كما تم وضع آلية «صندوق الشكاوى» في جميع القرى لتسوية الخلافات المتعلقة باختيار المستفيدين، وتم وضعها بجانب قوائم المستفيدين في جميع القرى. تم تشكيل لجنة لإدارة الشكاوى تضم أعضاءً من مجلس إدارة المشروع، وأفراد المجتمع ذوي المكانة الخاصة في كل قرية. وقد تم تلقي عدد قليل جِدًا من الشكاوى، والتي تمت تسويتها بطريقة مُرْضِيَة من قبل اللجنة المعنية.

**المصدر:** *Reconstructing Houses: Rebuilding Lives*, CARE Myanmar (December 2010 – April 2011), p. 24, at: https://bit.ly/304V83u.

**الإطار (2-21): معايير اختيار المستهدفين في زلزال تسونامي سريلانكا 2004 التي وضعها الصليب الأحمر البلجيكي (CRB):**

وضع الصليب الأحمر البلجيكي في عملية إعادة إعمار المساكن التي نفذها في منطقة كالوتارا في سريلانكا معايير منها:

- منح منزل واحد فقط لمقدم الطلب الواحد.
- يحتفظ الصليب الأحمر البلجيكي CRB بالحق في رفض الطلب إذا كان مقدم الطلب يعيش حَالِيًّا في بلد آخر، ولذلك يجب أنْ يكون: (في مأوى مؤقت/يعيش مع صديق أو قريب منذ حدوث تسونامي/مستأجرًا منزلًا ليس له).
- يجب أن يكون المنزل قد تعرض للتلف الكامل، أو أصبح غير قابل للسكن (يتم التحقق منه من قبل CRB).
- يتم منح منزل جديد بديل من المنزل التالف، ولا تدخل الأماكن التجارية في ذلك.
- يجب ألا يكون مقدم الطلب أو أي فرد من أسرته قد تلقى أي مساعدة من أي منظمة أخرى، باستثناء الْمِنْحَة المقدمة من الحكومة.
- يجب أنْ تتم الموافقة على الطلب من قبل المسؤولين عن القرية (village officers أو بالسريلانكية Grama Nilidari )، ومن قبل أمين القسم.
- يجب أن يكون المستلم على استعداد للخروج من مقر إقامته الحالي.
- يجب أن يكون لدى المستفيد قطعة أرض خاصة به، أو أن يتم التبرع بها من قبل الحكومة، ويجب أن تكون كبيرة بما يكفي للتوافق مع لوائح السلطة المحلية بشأن حجم قطعة الأرض الضرورية لبناء المنازل.
- إذا لم يكن لدى المرشح عمل، يجب عليه/عليها تقديم مستندات بديلة لإثبات إقامته الدائمة قبل حدوث تسونامي. ومن أمثلة المستندات البديلة: التقارير المدرسية، وتقارير الشرطة، والبطاقات الانتخابية، وبطاقة الحكومة لضحايا تسونامي، وفواتير الضرائب.

**المصدر:** Lily Ryan Collins, *Post-tsunami Housing Reconstruction Kalutara district, Sri Lanka Retrieved from Adore* (Belgian Red Cross Society, 2009, p. 14.

## سادسًا - مسائل قانونية:

كثيرًا ما يواجه البدء في إعادة الإعمار مشكلة تتعلق بالإجراءات القانونية المتعلقة بالحصول على اعتماد بالملكية والحصول على الوثائق اللازمة، وهناك اقتراحات وإجراءات معينة تعاونت فيها المنظمات الإنسانية مع الحكومات من أجل إيجاد طرق سريعة لضمان اعتراف مؤقت بالملكية أو استخدام تلك الحقوق استنادًا إلى وثائق تتسم بالمرونة وبمشاركة مباشرة من المجتمع المحلي[1].

**الإطار (2-22): الدروس المستفادة من مناهج الأمم المتحدة لحقوق السكن والأرض والملكية في حالات ما بعد النزاع:**

- تضمين حقوق السكن والأرض والملكية بصورة مباشرة في اتفاقيات السلام وقرارات مجلس الأمن، اتفاقيات العودة الطوعية ووثائق السياسة الأخرى.
- تضمين كفالات حقوق الإسكان والأرض والملكية ضمن عمليات السلام المؤسسية والهياكل الإدارية.
- أهمية معالجة حقوق السكن والأرض والملكية ليست أمرًا خاضعًا للتقدير إذا كانت حماية حقوق الإنسان وتعزيزها من السمات الرئيسية لعملية السلام.
- تجاهل حقوق الإسكان والأرض والملكية لن يؤدي إلى حل المشاكل.
- تعيين المحامين المحليين وخبراء الإسكان في البداية.
- حل نزاعات الإسكان والأرض والملكية يعزز الاستقرار الاقتصادي والاجتماعي.
- معاملة حقوق الإسكان والأرض والملكية على أنها حقوق إنسان يمكن أن تعزز المصالحة.
- لا تحتاج عمليات السلام إلى بناء كل المساكن الجديدة لأخذ حقوق السكن والأرض والملكية على مَحْمَلِ الْجِدِّ.

**المصدر:** Scott Leckie, “LEGAL AND PROTECTION POLICY RESEARCH SERIES Housing, Land and Property Rights in Post-Conflict Societies: Proposals for a New United Nations Institutional and Policy Framework,” UNHCR, at: https://bit.ly/3gK8Akt

---

(1) «معالجة الحواجز التنظيمية التي تعوق توفير مأوى الطوارئ والمأوى الانتقالي على نحو سريع ومتكافئ إثر وقوع الكوارث الطبيعية»، المؤتمر الدولي الحادي والثلاثون للصليب الأحمر والهلال الأحمر الدولي، جنيف، سويسرا، 28 تشرين الثاني/ نوفمبر - 1 كانون الأول/ ديسمبر 2011، في: https://bit.ly/3uLMwhB

إنَّ المسائل القانونية المتعلقة بالملكية وحيازة الأراضي لها أهمية خَاصَّة في قطاع إعادة إعمار المساكن، وتختلف القوانين المتعلقة بهذا الأمر من بلد إلى آخر ومن منطقة إلى أخرى؛ لأنها تميل لأنْ تكون قائمة على الأعراف والتقاليد القديمة التي يمكن أنْ تكون غامضة متناقضة أو غير كافية. في أجزاء كثيرة من العالم، ينال المستأجرون حقوقًا قليلة، فالعقود الرسمية نادرة، وفي حالات ما بعد الكارثة، لا سيما بعد انتهاء النزاع، يكون الإطار القانوني قد انهار كليًّا، كما أَنَّ الوضع القانوني لملكية الأراضي والممتلكات قد يكون من

**الإطار (2-23): التحقق من ملكية الأراضي بعد الزلزال في بيرو:**

بعد زلزال بيسكو الذي ضرب بيرو عام 2007، كان أحد التحديات الرئيسية التي واجهت الاتحاد الدولي لجمعيات الصليب الأحمر والهلال الأحمر هو توضيح وجود مستندات ملكية للأراضي التي سيقطنها المستفيدون المحتملون. وللقيام بذلك، وضع الاتحاد الدولي لجمعيات الصليب الأحمر والهلال الأحمر والصليب الأحمر الأمريكي إجراءات معينة لاختيار المستفيدين كالاعتماد على معيار الاستضعاف (أي المسنُّون، ذوو الاحتياجات الخاصة، الأطفال وغيرهم)، ووضع كذلك معايير تتعلق بحيازة الأرض والممتلكات المبنية عليها. طلب الاتحاد الدولي لجمعيات الصليب الأحمر والهلال الأحمر، من خلال الصليب الأحمر البيروفي توفير أيٍّ من الوثائق التالية: شهادة ملكية/ مذكرة أو نسخة من عقد الشراء، أو شهادة تحقق في السجل العقاري. بالنسبة لأولئك الذين لا يستطيعون تقديم مثل هذه الوثائق، تم إدخالهم مرحلة ثانية من مراحل إعادة الإعمار، حيث يمكن أنْ تقدم لهم خدمة المساعدة القانونية ليجمعوا الوثائق اللازمة. كان النهج الذي اتبعه الصليب الأحمر الأمريكي أكثر شمولًا، حيث قام بإجراء تعداد مناسب للمنطقة، وجمع المعلومات حول الأُسَر المستفيدة، وكذلك طلب إثبات الحيازة بأي شكل من الأشكال. وقد كانت المستندات التي طلبها الصليب الأحمر الأمريكي متشابهة: شهادة الملكية؛ محضر عقد الشراء، إعلان الأب بأنه يعتزم منح الأرض لأولاده وشهادة الحيازة للممتلكات. أما بالنسبة للصليب الأحمر الألماني فقد اعتمد أساسًا على الصليب الأحمر البيروفي، وعلى السلطات المحلية في اختيار المستفيدين. فيما تم التعرف إلى المستفيدين بواسطة الصليب الأحمر في بيرو بالاتفاق مع البلديات، أو لجان الطوارئ. في حين اقتصر طلب الصليب الأحمر الألماني من السلطات البلدية على موافاته بضمانات في هذا الصدد، ولكن دون التحقق من صحة المستندات المقدمة.

**المصدر:** Scott Leckie, «Housing, Land and Property (HLP) Rights in Post-Disaster Settings: Proposals for IFRC Shelter Policy and Response,» International Federation of Red Cross and Red Crescent societies, 1 October 2008, p. 14.

الصعب التحقق منه. وفي النزاعات الممتدة لفترات طويلة، تنهار الإجراءات العادية ويمكن شراء الأراضي أو الممتلكات وبيعها دون تسجيل التغيرات التي طرأت على الملكية. بعد انتهاء النزاع، قد يواجه المالكون الجددُ صعوبةً في إثبات حقهم في الأرض أو العقار، حتى إذا كان الشراء قد تم بموافقة المالك الأصلي. يمكن أنْ تتسبب النزاعات والكوارث في نزوح جماعي، وَعَادَةً ما تشغل العائلات التي تبحث عن ملجأ أي ممتلكات أو أراضٍ شاغرة يمكن أن تجدها بغض النظر عن أي استحقاق قانوني.

هذا، ويذكر أنه في أعقاب الصراع في كوسوفو، تم إدخال قوانين مؤقتة للسماح بإسكان المشردين، وتم وضع آليات خَاصَّة لتسوية النزاعات. وكُلِّفَتْ مديرية الإسكان والممتلكات «بالإشراف على استخدام الممتلكات المهجورة بشكل مؤقت لأغراض إنسانية». فيما تمّ تطوير إطار تنظيمي وتشغيلي لاستخدام المنازل المهجورة بشكل مؤقت للمحتجين دون الإضرار بالحقوق القانونية للمالك[1].

(1) Hans Das, "Regularizing Housing and Property Rights in Kosovo," *Habitat Debate*, vol. 6, no. 2 (2000).

**الإطار (2-24): أشكال الْحِيَازَة:**

تشمل الأشكال النموذجية للحيازة ما يلي:

- **اتفاقيات تأجير:**

تستخدم بين المستأجرين والمواطنين العاديين، والشركات الخاصة أو الهيئات العامة. يُسمح فيها للمستأجرين باستخدام العقار لفترة محددة مقابل دفعات منتظمة متفق عليها. وإذا تم الاتفاق مع هيئة عَامَّةٍ، غالبًا ما يتم تخفيض الإيجارات أو يغطيها التمويل العام جُزْئِيًّا. وعادة ما تسكن العائلات ذات الدخل المنخفض الممتلكات المستأجرة، من المرجح عادة أنْ يؤدي هذا الشكل من أشكال الْحِيَازَة إلى الاستثمار الرأسمالي في العقار.

- **إيجار:**

للمستأجر الحق في الوصول والسيطرة على الممتلكات لفترة متفق عليها. يتمتع المالك بالتحكم المطلق فيها، وعندما ينتهي عقد الإيجار، يمكنه تحريره إلى المستأجر الحالي، أو نقله لمستأجر آخر.

- **التملك الْحُرُّ:**

بحسب هذا الشكل، يتم نقل الملكية إلى المالك الجديد، الذي تصبح له سيطرة كاملة على الأرض والممتلكات ويمكن أنْ يورثها أو يستخدمها كملكية. إنه شكل الْحِيَازَة الأكثر ارتباطًا بالاستثمار.

- **التملك الْحُرُّ المشروط:**

وهو شكل من أشكال الإيجار الذي يمكن تحويله إلى التملك الْحُرِّ إذا تم استيفاء شروط معينة. ومع ذلك، يمكن أنْ تعني الشروط الصارمة أنَّ أي تقصير في دفعات الإيجار يمكن أنْ يؤدي إلى مصادرة جميع المدفوعات السابقة، ويجب على المستأجر إعادة الشروع في عملية الدفع من البداية.

- **الملكية الجماعية:**

تضمن أشكال الْحِيَازَة الجماعية ضمان الْحِيَازَة على أساس الوصول المشترك المتفق عليه. يمكن أنْ تكون الملكية الجماعية لهيئة اعتبارية، أو شركة خَاصَّة، أو جمعية إسكان أو تعاونية. ولكي تكون هذه الْحِيَازَة مُجْدِيَّة وناجحة، يجب على المشتركين أنْ يشتركوا في مستوى عَالٍ من الاهتمام المشترك وأنْ يكونوا قادرين على إدارة وترتيب شؤونهم المشتركة.

- **الملكية المشتركة:**

هذا أمر شائع في المجتمعات ذات التاريخ الطويل والْهُوِيَّة الثقافية القوية. قد يكون الوصول إلى الأرض محكومًا بالْعُرْف، وقد يشمل الحق في الشغل، ولكن ليس النقل أو الفصل.

**المصدر:** *Global Campaign for Secure Tenure*, UN Habitat (2002).

# الفصل الثالث
# اتجاهات ومنهجيات الإيواء وإعادة إعمار المساكن

## مدخل:

يتناول هذا الفصل الاتجاهات والمنهجيات المختلفة في عملية الإيواء وإعادة إعمار المساكن التي تتطلب عددًا كبيرًا من الوسائل التي تستند إلى فلسفات مختلفة، تتطلب كل منها مجموعة واسعة من الموارد والخبرات. وكذلك ضمن عملية إعادة إعمار السكن تسعى بعض البرامج إلى تحقيق أهداف إضافية ذات طابع اجتماعي أو سياسي أو اقتصادي؛ وهو ما قد يؤثر على آلية اختيار مَنْهَجِيَّة إعادة الإعمار.

في الواقع، لا يوجد نهج صحيح تمامًا أو نهج خاطئ تمامًا، ولكنْ هناك نهج أكثر تلبية للأهداف والسياق والاحتياجات للمجتمع المعني. وقد يكون من المفيد الجمع بين أفضل جوانب منهجيات الإسكان المختلفة وطرق تمويلها. إنَّ تبني عدد متنوع من المنهجيات قد يُمَكِّن عملية إعادة إعمار المساكن من الحصول على مجموعة واسعة من الفوائد، حيث يُمكِّن ذلك من الاعتراف بالتنوع بين المتلقين المحتملين للمساعدات، ويساعد في الحفاظ على التنوع المجتمعي، ويوزع الاستثمار للحد من عوامل الضعف المستقبلية.

ويمكن القول: إن ثمة خمس منهجيات متميزة لإعادة إعمار المساكن بعد الكوارث والنزاعات، مع الأخذ بعين الاعتبار أنَّه من الممكن دمج عدة منهجيات في نَهْج تدخل واحد، وهي:

1. توفير السكن المؤقت.
2. ترميم المساكن الْمُدَمَّرَة.
3. بناء مساكن جديدة.
4. منهجية «البناء الذاتي»، حيث تقوم المجتمعات نفسها بإعادة البناء، وعلى المنظمات والوكالات الخارجية أنْ تعمل على توفير المواد والمهارات المتاحة بأسعار معقولة.
5. منهجية «تسهيل التمويل»، حيث تقوم المجتمعات بإعادة البناء، بمساعدة مالية من الوكالات الخارجية.

ضمن هذا النطاق، تفرض الخيارات المختلفة تحدياتها الْخَاصَّة وطرق تلبية مجموعاتها المختلفة من الاحتياجات، ولكل منها مزاياها وعيوبها، كما أن الأساليب التي تثبت نجاحها في سِيَاقٍ ما، قد لا تنجح في سِيَاقٍ آخر.

## أولًا - اتجاهات إعادة الإعمار بعد النزاعات والكوارث:

توجد اتجاهات كثيرة للتعامل مع إعادة الإعمار لما بعد النزاعات والكوارث، بعضها يركز على الناحية العملية الوظيفية، والبعض الآخر يركز على الناحية الرمزية للذاكرة الجماعية والْهُوِيَّة الوطنية؛ لذلك فإنَّ لكل حالة من حالات إعادة الإعمار تفاصيلها الْخَاصَّة في التنفيذ[1]، ومن بين هذه الاتجاهات:

### 1. اتجاه التحديث والتجديد (المستحدث):

يهتم هذا الاتجاه بإيجاد عمارة جديدة لم تكن موجودة قبل وقوع النزاع أو الكارثة، وليس لها ارتباط وثيق بتاريخ وهُوِيَّة المجتمع؛ أي ليس لها علاقة بِهُوِيَّة المكان وتراثه الذي لحق به الدمار، وينتشر هذا النوع من المباني الذي يتبع طراز عمارة الحداثة غالبًا في أعقاب الحروب والكوارث؛ وذلك لتلبية احتياجات السكن الفعال والسريع وقليل التكلفة ذي النمط الواحد؛ بهدف إيواء المشردين، وقد شاع هذا الاتجاه بشكل كبير بعد الحرب العالمية الثانية في الدول الأوروبية[2]، انظر الشكل (5).

(1) عكاشة عالية، عمارة ما بعد الحرب: حالة دراسية مدينة نابلس، رسالة ماجيستير في الهندسة المعمارية، جامعة القاهرة: (2004).

(2) حمودة الدهدار، «أثر الحروب في إعادة تشكيل المباني ذات القيمة: دراسة حالة مبنى المجلس التشريعي الفلسطيني- غزة»، رسالة ماجستير في الهندسة، جامعة القاهرة، 2010.

**الشكل (3-1): مدينة فرانكفورت- ألمانيا: بعد التدمير، وبعد إعادة الإعمار[1]:**

**المصدر**: معهد التراث العلمي العربي، جامعة حلب (2014).

**الشكل (3-2): شقق هانسافيرتل Hansaviertel:**

**المصدر**: Hansaviertel Apartments (Case Study), (October 2010), at: https://bit.ly/3faDEGU

(1) دمرت مدينة فرانكفورت نتيجة قصف الحلفاء في الحرب العالمية الثانية ولم يتبقَّ منها سوى القليل عند توقف القصف، وتمت إعادة إعمارها وأصبحت عاصمة ألمانيا المالية التي تتباهى بخط سمائها الذي تهيمن عليه المباني المرتفعة، فقد تم بناء القليل جِدًّا منها على طِرَاز ما قبل الحرب.

**الإطار (3-1): نموذج عمارات الإسكان المستحدثة في برلين بعد الحرب العالمية الثانية:**

كانت شقق Hansaviertel الواقعة في برلين بألمانيا، أول مشروع إسكان لشركة ألتو (Alvar Alto)، ويمكن القول إنَّه الأكثر نجاحًا، حيث تم تشييده كجزء من معرض برلين الدولي للبناء في عام 1957 على موقع تضرر من القنابل، ووضع المبنى في حديقة وكان التصميم مبتكرًا؛ إذ قامت ألتو بتدوير 10 وحدات سكنية لكل طابق حول درجين مركزيين ومصاعد في مجمعين سكنيين منفصلين ومترابطين في آن، وقد استندت الْخُطَط إلى منازل ذات فناء تضم مساحات معيشة متعددة الأغراض في الوسط، كما تم دمج الشرفات كوسيلة لتوسيع مساحة المعيشة إلى الخارج.

المصدر: Hansaviertel Apartments (Case Study), (October 2010), at: https://bit.ly/3faDEGU

لكن، هنا لَا بُدَّ من التنبُّه إلى ضرورة دراسة مخاطر هذا الاتجاه بالنسبة إلى السياق المراد تنفيذه فيه، سيما في حال كانت المنازل الْمُدَمَّرَة تحمل صبغة تراثية وحضارية واضحة، ففي تلك الحالة يُعد تجاهل طبيعتها هذه مضاعفةً لآثار الحرب في نطاق الإسكان، بحيث تتجاوز تدمير المباني الفيزيائية إلى طمس الْهُوِيَّة الْحَضَارِيَّة أَيْضًا. ينطبق هذا بصورة خَاصَّةٍ على حالات إعادة إعمار المساكن في المناطق التي تعرضت للاحتلال/ الاستعمار أو التطهير العرقي أو الاستهداف المبني على الْهُوِيَّة. في تلك الحالات، يجب تشديد الحرص على الحفاظ على مدى كون الأسلوب المتبع لإعادة إعمار المساكن، وحتى المواد المستخدمة فيها، تعبر عن الْهُوِيَّة الثقافية للمجتمع المستفيد، ولا تُضَحِّي بهذا البعد لصالح التكنولوجيا الحديثة -مع أهميتها- لأن في ذلك ترسيخًا للاستعمار أو لديناميات النزاع وجذوره؛ وهو ما يعمل في اتجاه معاكس للمرجو تحقيقه من عمليات إعادة الإعمار وبناء السلام[1]. وتكتسب هذه الفكرة أهمية إضافية لدى التفكير بالعلاقة بين إعادة إعمار المساكن ومفاهيم الخصوصية والكرامة والفخر واحترام الذات لدى السكان، ولما قد يؤدي إليه تجنبها من تعطيل الهياكل الاجتماعية، أو تهديد الأمن، أو تقويض الاقتصاد (في حال كانت المساكن

(1) Krisanthi Seneviratne, Dilanthi Amaratunga & Richard Haigh, "Post Conflict Housing Reconstruction: Housing Needs and Expectations of Conflict Affected Communities," International Conference on Building Resilience (ICBR) (2011), p. 9.

التراثية مثلًا جاذبة للسياح)[1]. أَيْضًا، من ناحية أخرى، في حالة عدم انسجام أنماط الإسكان هذه مع المتطلبات التقليدية للمجتمع المستهدف إلى جانب الأبعاد الثقافية الْخَاصَّة به، فقد يؤدي ذلك في نهاية المطاف إلى نزوح ثانٍ لسكانه. على سبيل المثال، نجد مشروعات إعادة الإعمار في غَزَّة، مثل مشروع إسكان الكرامة الذي أنشئ في قطاع غَزَّة بين عامي 1993-2000، عَادَةً ما تقوم على بناء عمارات سكنية متعددة الطوابق كثيرة الشقق، حيث يتكون إسكان الكرامة مثلًا من مجمع من العمارات ذات الثمانية طوابق، وقد وَجَدَتْ دراسةٌ أن 65.23 في المئة من سكان ذلك المجمع يرغبون في مغادرته يومًا ما؛ نظرًا لعدم تلاؤمه مع متطلباتهم ولرغبتهم التقليدية في السكن في منزل خاص منفصل، لا شقق صغيرة متكدسة من دون محيط خَاصٍّ كَافٍ، خَاصَّةً مع كون كثير من العائلات في غَزَّة هي عائلات ممتدة أو ذات عدد أفراد كبير[2].

### 2. اتجاه إعادة إحياء القديم (الإحيائي):

يهتم هذا الاتجاه بإعادة بناء ما تم تدميره من المباني بفعل الكارثة أو النزاع كما كانت في السابق؛ بهدف المحافظة على وجودها؛ أي إعادة الإحياء الشكلي للعمارة التاريخية الْمُدَمَّرَة، وحفظ ذاكرة وهُوِيَّة المكان. ويحتاج هذا التوجه إلى توثيق مُسْبَق ودقيق وشامل لحالة وشكل العمران قبل التدمير. ورغم صعوبة تنفيذ هذا الاتجاه إلا أنه يُعد إحياءً ضروريًّا؛ ويتركز بشكلٍ أساسيٍّ في حالة المناطق والمباني التاريخية ذات القيمة الاعتبارية والرمزية الْخَاصَّة، والتي يمثل وجودها أهمية في ذاكرة الجماعة ويرتبط بِهُوِيَّتِهِم[3]، انظر الشكل (7).

(1) Sultan Barakat, "Housing Reconstruction After Conflict and Disaster," Humanitarian Practice Network, no. 43, 2003, pp. 1-2.

(2) Sultan Barakat, Ghasan Elkahlout & Tim Jacoby, "The Reconstruction of Housing in Palestine 1993–2000: A Case Study from the Gaza Strip," Housing Studies, vol. 19, issue 3 (2003), pp. 175-192, 185, at: https://bit.ly/34zXoUy

(3) Marah Al Aloul, "The Destruction of Cultural Heritages by Warfare and Reconstruction Strategies: Lessons Learned from Case studies of Rebuilt cities," MA Thesis, University of Florida, 2007.

الشكل (3-3): ترميم الجسر الواصل بين طرفي مدينة موستار، البوسنة والهرسك:

المصدر: معهد التراث العربي، جامعة حلب (2014).

الإطار (3-2): ترميم الجسر الواصل بين طرفي مدينة موستار، البوسنة والهرسك:

ستاري موست أو الجسر القديم (بالسلوفانية stari most) جِسْرٌ قَوْسِيٌّ أثري على نهر نرتفا في مدينة موستار في البوسنة والهرسك، يعود بناؤه إلى القرن السادس عشر وتحديدًا عام 1566، ويعتبر من أعظم الجسور التي خلفتها الدولة العثمانية في منطقة البلقان، قام بتصميمه المعماري خير الدين أحد تلاميذ المعماري سنان آغا. يبلغ طول الجسر 130 مترًا وبعرض 4 أمتار، ويرتفع عن النهر بحوالي 24 مترًا، متضمنًا برجين يتخذان شكل الحصن على طرفي الجسر ويقع الحصن الأول في اتجاه الشمال الشرقي ويلقب ببرج هيليبيجا Helebija، بينما يقع البرج الثاني المعروف بتارا جهة الجنوب الغربي.

كان التفكير في البداية في إعادة بناء الجسر التاريخي في موستار، وتكفلت بهذه العملية مؤسسة الأغا خان للتنمية، ثم تبين أنَّ إعادة بناء الجسر دون تأهيل وإعمار الوسط التاريخي المحيط هو عملية قاصرة، لذلك قررت الأغا خان إجراء دراسة متكاملة للمنطقة ككل، حيث تم اختيار 21 موقعًا تاريخيًّا بحاجة إلى إعادة تأهيل وتم إعداد الدراسات التفصيلية الْخَاصَّة بكل منها وفق دراسة متكاملة. كان العائق يتمثل في التمويل اللازم لعملية إعادة البناء والتأهيل، وقد تمت عمليات إعادة الإعمار بحسب المخططات التاريخية.

المصدر: *The Aga khan Trust for Culture, Conservation and Revitalisation of Historic Mostar, Historic Cities Support Programm* (2004).

### 3. اتجاه المزج بين القديم والحديث (المتطور):

هذا الاتجاه هو محاولة للمزج بين الْهُوِيَّة والتراث القديم وبين إضافة بصمة الزمن المعاصر، وإضافة التطور الملائم الذي يمثل التطور الحاصل في فنِّ العمارة دون التأثير على الْهُوِيَّة وذاكرة المكان الفعلية. فمن غير المنطقي بناء عمارة في العصر الحديث بنفس أسلوب وتكنولوجيا وشكل العمارة القديمة؛ إذ يعد محوًا وتخليًا عن فكر الإحياء المعماري والحضري بِشَكْلٍ خَاصٍّ، فمن الصعب أن نؤمن بأنه هو الأصل، بل يُصْبِح أَحْيَانًا نسخة مشوهة منه وليس هو ذاته؛ لذا ظهر هذا الاتجاه الذي يحاول حلَّ هذه المعادلة الصعبة بتحقيق الفكر المتطور دون التخلي عن الْهُوِيَّة المحلية للمدينة؛ من خلال عملية المزاوجة في استخدام أساليب البناء القديمة وإحياء الطراز القديم، إلى جانب استخدام الأساليب الحديثة؛ وذلك للمحافظة على العمارة التاريخية إِضَافَةً إلى مسايرة روح العصر وملاءمة الاحتياجات السريعة والملحَّة والتطور الحاصل ولصعوبة استخدام الأساليب والأنماط القديمة بشكل مطلق[1]، انظر الشكل (8)، والإطار (30).

**الشكل (3-4): المتحف الكندي للطبيعة:**

**المصدر**: الدهدار، ص 32.

---

(1) Al Aloul.

### 4. الاتجاه الرمزي (شاهد على الأحداث):

يركز هذا النسق على أهمية ورمزية الحدث أكثر من أهمية البناء في حد ذاته، فهو يعمل على الحفاظ على حال المبنى وإبقائه كما هو شاهدًا على الدمار الذي حدث دون المساس به؛ لحفظ الذاكرة ولإظهار بشاعة ما ترتكبه الحروب في حق الْقِيَم الإنسانية والتاريخية، ولا يصلح هذا الاتجاه للتطبيق إلا في مبانٍ ذات رمزية خَاصَّةٍ ولها سبب وجيه للمحافظة عليها كما هي؛ نظرًا لتناقص مساحة الأرض وزيادة الكثافة السكانية، ويتم اختيارها بواسطة العديد من المختصين والخبراء من مُخْتَلِف المجالات[1].

**الشكل (3-5): كنيسة الذكريات برلين- ألمانيا قبل التدمير، وبعد الحفاظ عليها كمَعْلَمٍ أَثَرِيٍّ**

**المصدر**: معهد التراث العلمي العربي، جامعة حلب (2014).

(1) عمر سرحان، **دور المنظمات والمؤسسات الدولية في عملية ترميم وصيانة الموروث الثقافي بعد زمن انتهاء النزاع المسلح في سوريا، دورة منهجيات التعامل مع المدينة القديمة**، معهد التراث العلمي العربي، جامعة حلب (2014).

**الإطار (3-3): المتحف الكندي للطبيعة Canadian Museum of Nature:**

هذا المتحف هو متحف للتاريخ الطبيعي يقع في مدينة أوتاوا بمقاطعة أونتاريو الكندية، وقد تم بناء المبنى المعروف باسم مبنى متحف فيكتوريا التذكاري، وغالبًا ما يشار إليه باسم القلعة، في حقول زراعية سابقة تعرف باسم أبين بلايس، ويعد البناء الحجري الضخم مثالًا ممتازًا على الهندسة المعمارية التي تعود إلى أوائل القرن العشرين في أوتاوا، وقد تم بناؤه من قبل المهندس المعماري ديفيد إيوارت (David Ewart)، ويوصف هذا النمط المعماري أَحْيَانًا باسم البارون الاسكتلندي. ونظرًا لوجود طين غير مستقر في جيولوجيا الموقع، كان من الضروري إزالة البرج الطويل القديم الذي يقع في الجزء الأمامي من المبنى عام 1915 بسبب القلق من عدم القدرة على دعم الوزن، وبدأت عملية تجديد رئيسية لجميع أجزاء المبنى، عام 2004 وتم الانتهاء منها عام 2010، حيث تم بناء الفانون الزجاجي الأمامي ليأخذ مكان البرج الأصلي الذي تمت إزالته عام 1915، وقد تم تعليق وزن الفانون على أعمدة المصاعد الجديدة؛ ليصبح المبنى نموذجًا فريدًا لدمج نمط مِعْمَارِيٍّ قديم مع وجود بصمة معاصرة.

**المصدر:** الدهدار، ص 31.

**الإطار (3-4): كنيسة الذكريات، برلين-ألمانيا:**

بنيت كنيسة القيصر فيلهلم «كنيسة الذكريات» بين عامي 1771 و1775 م بناءً على أوامر القيصر فيلهلم الثاني.

وتصميمها هو عبارة عن بناء من عدة أبراج على الطراز الروماني، وقد كان برجه الذي يبلغ ارتفاعه 113 مترًا هو الأعلى في المدينة. دُمِّرَتِ الكنيسة بشكل كبير، حيث تعرضت لأضرار بالغة جراء انفجار قنبلة في غارة خلال الحرب العالمية الثانية سنة 1943، ولم يبقَ منها إلا بقايا البرج الذي يُعرف أيضًا بهولار تسان. في السنوات التي تلت نهاية الحرب العالمية الثانية تحولت بقايا الكنيسة إلى رمز لنهوض برلين من تحت الأنقاض وتحول هيكل البرج المتبقي البالغ ارتفاعه 68 مترًا إلى نصب تذكاري ضد الحرب، وتم الحفاظ على ما تبقى من الكنيسة منذ ذلك الحين كتذكار للخراب الذي تسببه الحرب.

**المصدر:** معهد التراث العلمي العربي، جامعة حلب، (2014).

## ثانيًا: منهجيات إعادة إعمار البنية الفيزيائية للمساكن:

### 1. توفير السكن المؤقت/ الانتقالي:

من أهم الاستجابات بعد النزاعات والكوارث توفير الملاجئ المؤقتة خَاصَّةً عند وجود أضرار كبيرة للمساكن والمباني، وعدد كبير من النازحين، وتصمم هذه المساكن للاستخدام خلال الفترة الأولى للكارثة التي قد تصل إلى عدة أشهر، ويتم اختيار المسكن المؤقت بحسب الظروف من بين البدائل التالية[1]:

أ. **المباني الْعَامَّة**: هي بِشَكْلٍ عَامٍّ المدارس، أو المؤسسات الدينية كالمساجد والكنائس، أو المستشفيات، أو أي مبنى آخر من الممكن أنْ يتمَّ استخدامه كمأوى/ مسكن مؤقت، بعد التأكد من عدم وجود احتمالات الخطر اللاحقة.

**الشكل (3-6): مركز إيواء في مبنى عام:**

**المصدر**: صباح الحلبية وأحمد سعيد قصاب، «استراتيجيات إعادة الإعمار بعد الحروب والكوارث: مدينة حماة نموذجًا»، مجلة جامعة حماة، المجلد الأول، العدد الثاني (2018).

(1) صباح الحلبية وأحمد سعيد قصاب، «استراتيجيات إعادة الإعمار بعد الحروب والكوارث: مدينة حماة نموذجًا»، مجلة **جامعة حماة**، المجلد الأول، العدد الثاني (2018)، ص 106.

ب. **منازل بسيطة (مؤقتة)**: يتم إنشاؤها من مواد خفيفة كالأغطية البلاستيكية والقماش والأخشاب أو ألواح الزينكو (صفائح حديدية خفيفة)، أو أي مواد أخرى متوفرة وسهلة البناء والتركيب، وقد تكون منظمة إذا كانت هناك جهة مُشْرِفَة، أو تكون عشوائية إذا ترك إعدادها للناس بدون مخطط. أو قد تصنع من الْقِبَاب الجيوديسية التي تعد مرنة وسهلة التركيب، إِضَافَةً إلى أنها تصنع عَادَةً من مواد متوفرة، كالخشب والحديد أو البلاستيك وبإمكان الجميع صناعتها بأنفسهم.

**الشكل (3-7): البيوت البسيطة التي تم بناؤها عقب زلزال هايتي:**

**المصدر**: المرجع نفسه.

ج. **منازل جاهزة مُسْبَقَة الصُّنْع (الجاهزة)**: كالخيام أو الكرفانات التي يتم استيرادها وتخزينها بهدف استخدامها وقت الحاجة، أو المنازل الأخرى مُسْبَقَة الصُّنْع.

الشكل (3-8): الخيام التي تم بناؤها عقب إعصار كاترينا:

المصدر: المرجع نفسه.

د. **المخيمات الجماعية**: وتهدف هذه المخيمات إلى إيواء النازحين لفترة معينة وتقيمها مراكز إدارة الكوارث في الدولة، أو المؤسسات العالمية التابعة للأمم المتحدة، أو المنظمات غير الحكومية، أو الجهات الأخرى كالدفاع المدني، أو الهلال الأحمر.

الشكل (3-9) المخيمات الجماعية لإيواء النازحين:

المصدر: المرجع نفسه.

تقليديًّا، اتخذ المأوى الطارئ أو المؤقت شكل صفائح بلاستيكية أو خيام أو مراكز طوارئ أُنْشِئَتْ في مبانٍ مشتركة، أو مخيمات إغاثة، وَعَادَةً ما يكون الدافع وراء اتباع هذه الْمَنْهَجِيَّة هو الشعور بوجود طارئ مُلِحٍّ يتمثل في إيواء الناس قبل حلول فصل الشتاء؛ وهو ما يطلق عليه اسم المأوى الشتوي. تُصمم هذه الملاجئ المؤقتة للاستخدام في الأشهر الأولى عقب وقوع الكارثة أو النزاع، وَعَادَةً ما تكون مصنوعة مُسْبَقًا ومستوردة من الخارج بهدف استخدامها في أي مكان في العالم، دون إعطاء اعتبار للعامل الثقافي أو المناخ.

ومن المحتمل أن تظل الحاجة إلى مثل هذ النوع من المساعدة سمة أساسية للاستجابات في حالات الطوارئ بعد الصراع والكوارث، لا سيما عندما يحتاج عدد كبير من الناس إلى المساعدة في ظل كون المناخ غير مُوَاتٍ. ومع ذلك، هناك عيوب في عملية توفير هذا النوع من السكن المؤقت؛ نظرًا لأن المواد التي يتم إنتاجها بكميات كبيرة، عَادَةً ما تأتي من بلد آخر؛ وبالتالي فمن المحتمل أَلَّا تتلاءم مع المناخ أو الثقافة الْخَاصَّة بالمجتمع المستفيد. إِنَّ توفير المأوى المؤقت يُسْهِم في التخفيف من الاحتياج الفوري للإقامة؛ وهو ما يعني أَنَّ مشاريع الإسكان الدائمة في وضع الطوارئ قد ينظر إليها على أنها ذات أولوية أقل؛ ونتيجة لذلك، فإن تدابير السكن قصيرة المدى غالبًا ما تتحول إلى مستوطنات دائمة ذات جودة رديئة يعيش فيها الفقراء.

كما يُطرح في هذا السياق أَيْضًا قضايا التكلفة؛ فمن المقبول على نطاق واسع أن توفير المأوى في حالات الطوارئ يمكن أنْ يكون باهظ التكلفة مثله مثل السكن الدائم؛ إذ من المرجح أنْ يؤدي إنفاق الأموال على مخصصات الطوارئ إلى تقليل المبلغ المتاح لمزيد من الحلول الدائمة[1]. وتعود التكلفة العالية للسكن أو المأوى المؤقت لكون مواد بنائه غالبًا ما تكون مستوردة؛ مما يزيد التكاليف اللوجستية لتوفيرها. ولا ننسى هنا الإشارة إلى أن فائدة هذه النوعية من المشروعات تكون محدودة على الصعيد المحلي؛ إذ إن الاقتصاد المحلي لا يجني فائدة -أو تكون فائدته ضئيلة- من هذا الإنفاق، كما يمكن أن يؤثر ذلك على المزودين المحليين والمصانع المحلية ذات الصلة الذين قد يخسرون أو تتأثر تجارتهم في هذا المجال.

إِنَّ عملية التزويد يمكن أنْ تستغرق وقتًا كذلك. كما أَنَّ الحاجة إلى استيراد المواد الْخَاصَّة ببناء المساكن تعني أَنَّه يجب تنظيم عملية نقلها، والحصول على التخليص الجمركي

---

(1) Ian Davis, *Shelter After Disaster* (Oxford: Oxford Polytechnic Press, 1978).

للمواد المقدمة إلى المجتمع المستهدف، كما يجب الحصول على الأرض للإقامة والتشييد، بما يتطلبه ذلك من اتخاذ الترتيبات القانونية اللازمة. وإذا كان المقصود من السكن المؤقت توفير المأوى على المدى المتوسط، فإنه لا تمكن إقامته في المواقع المقرر إقامتها للإسكان الدائم؛ ما يعني أنَّه يجب تحديد الأراضي الإضافية التي سيتم البناء عليها بشكل دائم، التي قد يكون لها ميزة زراعية أو لم تستغل سابقًا، وفي هذه الحالة فإنَّ هذه الأراضي من المرجح أن تعود إلى حالتها الطبيعية بعد أنْ تتم إزالة المساكن الطارئة منها. وعلى الرغم من ذلك، فإنَّه يمكن استعمال هذه المواقع لإيواء السكان المنكوبين غير القادرين على العودة إلى مواقع سكناهم الأصلية، أو غير الراغبين في العودة إليها[1]. قد لا تكون هناك ضرورة لتزويد المواد من الخارج، على الأقل تلك غير المتوفرة بكميات كبيرة والتي تصل أَحْيَانًا إلى منطقة الكارثة.

ووفقًا لمعايير اسفير Sphere الْخَاصَّة بالمعايير الدنيا في مجال المأوى والمستوطنات البشرية واللوازم غير الغذائية[2]، فإنَّ هناك مجموعة من المعايير الدنيا والتدابير الأساسية والملاحظات الإرشادية التي ينبغي الأخذ بها في عملية الاستجابة في مجال المأوى وبناء الإسكان، وهي تهدف في نهايتها إلى مساعدة السكان المتضررين من الكارثة أو النزاع الذين لم ينزحوا، في مواقع إقامتهم الأصلية؛ وذلك عبر تزويدهم بمأوى عائلي مؤقت أو انتقالي، أو بالموارد اللازمة لترميم أو بناء مآوٍ مناسبة. ويمكن أنْ تكون المآوي العائلية المنفصلة الموفرة لهؤلاء السكان مؤقتة أو دائمة رهنًا بعوامل منها مستوى المساعدة التي يحصل عليها السكان، وحقوق استعمال الأرض أو ملكيتها، ومدى توفر الخدمات الأساسية، وإِمْكَانَات تحسين المنازل القائمة وتوسيعها. وكثيرًا ما يفضل السكان النازحون الذين تتعذر عليهم العودة إلى منازلهم الأصلية البقاء مع أفراد العائلة الآخرين، أو مع مجتمعات تربطهم بها الأواصر التاريخية والدينية نفسُها، وتنبغي مساعدتهم على تحقيق ذلك. وفي حال تعذر

(1) The Sphere Project, “Humanitarian charter and minimum standards in disaster response” (2004), p. 213.

(2) وللتذكير، من المهم هنا التأكيد على كون معايير اسفير تمثل الحد الأدنى فقط، وأنها تناسب مرحلة الاستجابة الطارئة والإيواء المؤقت، أما بعد مضي سنوات في حالة النزوح/اللجوء -كما هي الحال في سوريا مثلًا- فلا يمكن التذرع بهذه المعايير فيما يخص عدم توفير مساكن ذات مواصفات إضافية تحفظ الكرامة البشرية لقاطنيها، وتراعي الجوانب الاجتماعية والثقافية لهم.

توطين السكان بهذه الصورة المشتتة، ينبغي إيواؤهم جماعيًّا في مآوٍ عَامَّة مؤقتة في مخيمات مخططة أو مرتجلة، إلى جانب المآوي العائلية المؤقتة أو الانتقالية، أو في مبانٍ عَامَّة كبيرة تستعمل كمراكز مشتركة[1].

أَيْضًا، قد لا تكون هناك حاجة إلى توفير ملاجئ من الخارج في كل حالة، على الأقل ليس بكميات كبيرة يتم إيصالها إلى منطقة الكارثة. وقد لا يكون النزوح بالنطاق المتوقع، وقد يوفر المتضررون احتياجاتهم ولا يطلبون مساعدات خارجية. كذلك، قد تبني العائلات ملاجئ مؤقتة لها بأي مواد متوفرة، أو قد تلجأ إلى الأقارب أو الأصدقاء. في أعقاب زلزال غوجارات في كانون الثاني/ يناير 2001 -مثلًا- تلقت المجتمعات المتضررة مساعدة خارجية في الإقامة المؤقتة فقط بعد أن اتخذت خطوات لتوفير احتياجاتها الْخَاصَّة.

**الإطار (3-5): المأوى في حالات الطوارئ والإسكان شبه الدائم: تجارب من ولاية غوجارات في الهند:**

بعد زلزال كانون الثاني/يناير 2001 في ولاية غوجارات الهندية، تلقى العديد من الأشخاص مأوى طارئًا ومؤقتًا فقط بعد أنْ بدؤوا في بناء مساكن دائمة لأنفسهم. أصبح لبعض العائلات ثلاثة منازل -واحد مؤقت، وثاني شبه دائم، وثالث دائم. وبعض الناس مزج كل هذه الإنشاءات في محاولة لاستخدامها جميعًا، في حين شجَّع التأخير في توفير السكن الدائم العائلات على تحويل مساكنهم شبه الدائمة إلى مساكن دائمة عن طريق بناء جدران من الحجر، لكن من غير المرجح أن تؤدي الإنشاءات الهجينة أداءً جِيِّدًا في أي زلزال قادم.

المصدر: Rohit Jigyasu, “From Marathawda to Gujarat: Emerging Challenges in Post-earthquake Rehabilitation for Sustainable Eco-development in South Asia,” Conference on Improving Disaster Reconstruction in Developing Countries, Montreal University, 2002.

إنَّ توفير السكن الطارئ والمأوى «الجاهز» يمكن أنْ يُقَوِّض آليات مواجهة المجتمع للكارثة أو النزاع، كما يمكن أنْ يكون غير مناسب ثقافيًّا ويتسبب في عملية تأخير الانتعاش على المدى الطويل، فقد تخشى المجتمعات المتضررة من أنْ يُصْبِح الإسكان المؤقت تدبيرًا

(1) مشروع اسفير (2011)، ص 239.

طويل المدى؛ ولذلك فَهُم يفضلون السكن الدائم نتيجة شعورهم بمزيد من الأمان من جهة، والقدرة على استئناف الحياة الطبيعية بسرعة أكبر من جهة أخرى. وعلى العكس من ذلك، فقد يُصْبِح الإسكان المؤقت على المستوى الظاهر سكنًا دائمًا، وقد يكون من الصعب إقناع الناس بالانتقال منه على اعتبار أنه قد يكون للانتقال القسري إلى السكن الدائم ثمن سياسي، كما يتضح من دراسة حالة زلزال مرمرة، انظر الإطار (**33**)، يضاعف نقل العائلات المتضررة من السكن الطارئ إلى السكن المؤقت ثم أخيرًا إلى السكن الدائم من التعرض للصدمات النفسية، ويُرْبِك عملية التعافي كما يُضْعِف الروابط الاجتماعية.

**الإطار (3-6): السياسة والمأوى بعد زلزال مرمرة تركيا:**

تسبَّبَ زلزال مرمرة في تركيا شهر آب/أغسطس 1999 في مقتل أكثر من 15000 شخص كما دمر نحو 75000 مبنى. وكجزء من استجابتها للكارثة، قدمت الحكومة التركية مأوى للطوارئ للمشردين على ضواحي المدن في المنطقة. وعلى الرغم من أنَّ الغرض من الإقامة كان مؤقتًا، فإنَّ من المرجح أنْ يكون لذلك تأثير دائم. لقد بنيت المستوطنات المؤقتة على أراضٍ لم تُستخدم من قبل، ومن غير المرجح أنْ تُستعاد حتى بعد هدم المستوطنات المؤقتة في نهاية المطاف. بدأت المستوطنات تتشابه مع الضواحي الأخرى، من حيث احتواؤها على مرافق ومحلات تجارية ووسائل النقل العام. أصبح السكان يشعرون بالملكية، وشرعوا في تعديل ملاجئهم وإنشاء أعمال خاصة بهم. وهذا يعني أنَّ هدم المستوطنات من الناحية السياسية غير مرغوب فيه. ومن غير المرجح أنْ تنتقل العائلات بشكل طوعي، إلا إذا كانت البدائل الدائمة أفضل بكثير من أماكن إقامتهم الحالية.

**المصدر:** Cassidy Johnson, “What’s the Big Deal about Temporary Housing? Planning Considerations for Temporary Accommodation after Disasters,” Conference on Improving Disaster Reconstruction in Developing Countries, Montreal University, 2002.

ويعتقد الاتحاد الدولي لجمعيات الصليب الأحمر والهلال الأحمر أَنَّ برامجه لتوفير ملاجئ متوسطة المدى لم تحقق إلا نجاحًا محدودًا؛ ولذلك، فإنه يتطلب البحث عن طرق أخرى لتوفير إسكان طارئ بجودة أفضل بما من شأنه سد الفجوة بين توفير السكن في حالات الطوارئ والإمداد الدائم، وتوفير استخدام أكثر فعَّاليَّة للموارد[1].

(1) Carl-Michael Coyet et al., *Towards Better Practices in Housing and Construction: A Review of Experiences and Practices in the Red Cross and Red Crescent Movement* (Geneva: IFRC, 2002).

إذن، ففي كثير من الحالات تلجأ الوكالات المعنية بإعادة إعمار الإسكان إلى خيار إنشاء المسكن/ المأوى المؤقت باعتبارها حاجة مُلِحَّة ومستعجلة، وينفقون في ذلك أموالًا طائلة -كما أسلفنا- من تلك التي يمكن تخصيصها للإسكان بغرض توفير المأوى بصورة عاجلة، وتلك العجلة تشتت تركيز العاملين والمانحين عن النظر في الْخُطَط بعيدة المدى للإسكان، كما تؤدي إلى إنشاء منازل غير مستدامة ومنشأة بمعزل عن بيئتها السياسية والاجتماعية والاقتصادية، ولا تلبي الاحتياجات كَافَّةً؛ وذلك لعدم تخصيص الوقت والجهد الكافيين لمرحلة التقييم والتخطيط وسائر المراحل الأخرى، وتلك المنازل/ المآوي كثيرًا ما ينتهي بها المطاف للاستمرارية. وفي الواقع، في كثير من تلك الحالات، لو أن تلك الوكالات قامت أولًا بتقييم الوضع ميدانيًّا، لوجدت أن معظم النازحين قد تمكنوا بالفعل من إيجاد مأوى لهم للطوارئ (مثلًا عن طريق تشارك السكن مع ذويهم وأصدقائهم، أو عبر اللجوء إلى المدارس ودور العبادة أو نصب الخيام)؛ وهو الأمر الذي يتيح أمام الوكالات مزيدًا من الوقت للتفكير والانتقال للعمل مباشرة على تنفيذ مشروعات الإسكان المستدامة، دون إهدار الوقت والمال في الاستجابة الطارئة، ودون الحاجة للعجلة. ومن شأن ذلك تحقيق فعالية أكبر لجهودهم، حيث يتطلب هذا الأمر مشاركة مجتمعية واسعة، ومشاركة مُخْتَلِف أصحاب المصلحة، وهي بدورها تتطلب وقتًا غير قليل للتنظيم والتخطيط[1].

---

(1) Zabihullah Sadiqi, Vaughan Coffey & Bambang Trigunarsyah, "Post-Disaster Housing Reconstruction: Challenges for Community Participation," in: R. Haigh et al. (eds.), *Proceedings of the International Conference on Building Re-silience. Interdisciplinary Approaches to Disaster Risk Reduction, and The Development of Sustainable Communities and Cities* (2011), at: https://bit.ly/3uwx7kQ

**الإطار (3-7): المساكن أو الملاجئ الانتقالية:**

هي عبارة عن مساكن منزلية سريعة الإعداد بعد الكوارث، مصنوعة من مواد تمكن إعادة استخدامها في مساكن أو مبانٍ أكثر ديمومة، أو يمكن نقلها من مواقع مؤقتة إلى مواقع دائمة. وهي مصممة لتسهيل انتقال السكان المتضررين إلى مَآوٍ أكثر ديمومة، حيث تستجيب الملاجئ الانتقالية لحقيقة أن المأوى بعد وقوع الكارثة غالبًا ما يبنيه السكان المتضررون أنفُسُهم، وأنه ينبغي دعم هذا العمل كمشاركة وإدارة ذاتية من المتضررين من الكوارث.

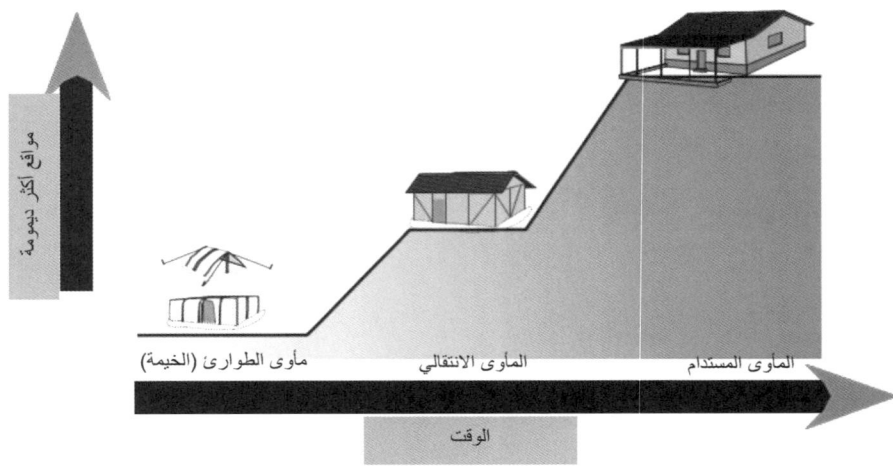

**المصدر:** M. Martinez, "Transitional Shelters, Eight designs," Paper Presented at International Federation of Red Crossand Red Crescent Societies, Geneva, IFRC, 2011.

قد تكون هناك إجابة واحدة لتوفير المواد التي تمكن إعادة استخدامها؛ وذلك عن طريق إعادة تدوير المساكن المؤقتة، فعلى سبيل المثال، في أعقاب زلزال مكسيكو سيتي في عام 1985 قامت العديد من الأُسَر بالتناوب على إعادة البناء في أجزاء مختلفة من المدينة[1]. هناك خيار آخر مؤقت تبنته الوكالة الألمانية للتعاون التقني في كرواتيا في عام 1992، ويتمثل في إعادة البناء أو إعادة تأهيل المرافق المملوكة للمجتمع المحلي التي يمكن أنْ تستوعب مجموعة من العائلات، انظر الإطار (35). قد يمثل هذا الحل إشكالية في حال كانت المنشأة المعنية مُهِمَّة بعد التعافي الكُلِّيّ للمجتمع، مثل المدرسة؛ وبالتالي سيكون هناك حاجة إلى

---

(1) Kreimer & Echeverria.

عودة المرفق للاستخدام الأصلي بشكل سريع بعد حالة الطوارئ؛ ولذلك، فإنَّ من الأفضل اختيار المنشآت التي لم يعد لها استخدام أو تلك التي أصبحت مهجورة لوقت طويل قبل أنْ تحل الكارثة أو النزاع.

**الإطار (3-8): إعادة تأهيل المرافق المجتمعية في كرواتيا:**

في عام 1992، قامت (جي تي زد GTZ) الوكالة الألمانية للتعاون التقني بإعادة تأهيل وبناء عدد من المباني المجتمعية والتجارية التي تضررت بسبب الحرب في كرواتيا؛ من أجل استيعاب اللاجئين القادمين من منطقة البوسنة المجاورة. أعيد بناء 39 مبنى وتم تحويلها إلى ملاجئ جماعية، مزودة بالصرف الصحي والأثاث الأساسي والتدفئة، بما يكفي لاستيعاب 12000 شخص. وشملت المباني التي أعيد تأهيلها الفنادق والمدارس والمباني المجتمعية والمستشفيات والثكنات ومنازل المسنين، بالإضافة إلى مصنع ومتحف ودار للأيتام. بلغت التكلفة لكل لاجئ 600 يورو، بما في ذلك المصاريف الطارئة والنفقات العامة.

**المصدر:** Kay Sharp, “Between Relief and Development: Targeting Food Aid Fordisaster Prevention in Ethiopia,” Relief and Rehabilitation Network Papers, 1998.

بصفة عَامَّةٍ، عندما تواجه الوكالاتُ أعدادًا كبيرة من النازحين المشردين الذين لا مأوى لهم والذين يحتاجون إلى تزويدهم بالسكن بشكل سريع، ينبغي أنْ يكون من الممكن تطوير وحدة سكنية انتقالية أكثر استدامة، بحيث يمكن للمستفيدين أنفسِهم أنْ يشعروا بالتحسن التدريجي بمجرد انتهاء المرحلة وعودتهم إلى أعمالهم، وهذا في الأساس حل وسط؛ إذ يمكن أنْ يكون خيارًا أسرع وأرخص ثمنًا من الاستمرار في البحث عن سكن دائم. إلّا أنَّ تقديم إِمْكَانَات الاستمرارية لَاحِقًا قد يتسبب في تأخير أكثر. تتغلب هذه الْمَنْهَجِيَّة على القيود المفروضة على التمويل الطارئ أو التنموي التي تستدعي تدخلات مثل الإسكان؛

**الإطار (9-3):** نماذج الملاجئ المؤقتة المستخدمة من قبل فرق الصليب والهلال الأحمر:

قامت فرق الصليب والهلال الأحمر بتصميم ثمانية نماذج للملاجئ المؤقتة لعديد من الكوارث في آسيا وأمريكا اللاتينية، حيث حاكت هذه الملاجئ البيئة المحيطة والمواد المستخدمة والمقاييس حسب المكون المحلي.

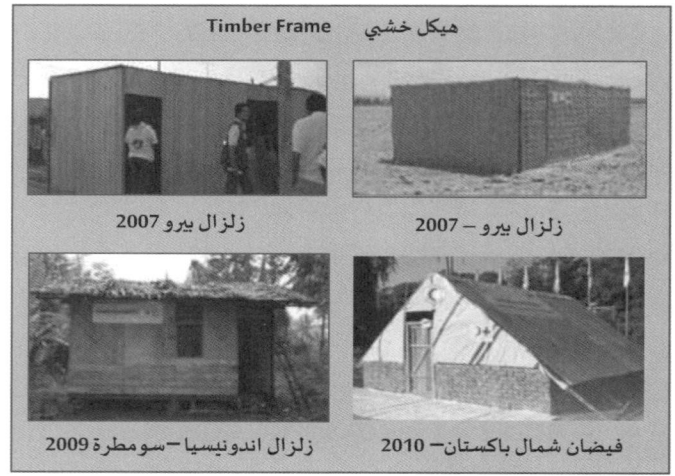

**المصدر:** Martinez, "Transitional Shelters, Eight designs".

وعلى سبيل المثال، قدمت الوكالة الأمريكية للتنمية الدولية ما كان يسمى مساعدات الإغاثة في أعقاب بركان نيراغونغو في غوما. وبموجب قواعد التمويل الخَاصَّة بها، كان هذا يعني أنَّه يمكن توفير السقوف البلاستيكية فقط للتسقيف، والذي سيكون مؤقتًا، بدلًا من البلاط لإنشاء سقف دائم. ومع ذلك، تم بناء إطار السقف بما يسمح بتحمله لوزن البلاطة. في وقت لاحق، كان يمكن لأصحاب المنازل استبدال السقوف البلاستيكية بالبلاط، باستخدام الأساسات ذاتها وأبعاد السقف، انظر الإطار (37).

**الإطار (3-10): الإسكان الانتقالي في غوما - الكونغو:**

دَمَّرَ بركان نيراغونغو في الكونغو في كانون الثاني/يناير 2002، 15000 منزل في غضون يومين. تم تطوير حل للإسكان تمكن إقامته بسرعة، ولكنه سيصبح مع الوقت متينًا بشكل كافٍ بما يؤهله ليكون سكنًا دائمًا. اعتمدت أبعاد الوحدة السكنية وعناصرها على الأحجام المعيارية المتوفرة في السوق، بحيث يمكن الحصول على المواد من السوق المحلي. وتم تحديد الْحَدِّ الأدنى لحجم المأوى بحسب حجم الأسرة. وبما أنَّ الطهي يتم خارج المنزل، فلم يكن من الضروري أنْ يكون سكن الإيواء كبيرًا بما يكفي لاستيعاب المطبخ.

تم تصميم الوحدات السكنية لتكون أكثر استقرارًا وقوة من حلول المأوى المعتادة؛ نظرًا لوجود القليل من الأراضي المسطحة لبناء تلك الوحدات. وكان المقصود أيضًا أن تتمكن الأُسَر من أن تترك المنازل وتنتقل إلى موقع منازلها الأصلية حينما تستقر المناطق التي ضربها البركان. في البداية، اشتكى المستفيدون من أنَّ السقوف البلاستيكية التي تم توفيرها للجدران لا توفر خصوصية بشكل كاف. ومع ذلك، استخدمت العديد من الأُسَر أغطية كدعائم تضيف عليها مواد أخرى. وضع الناس سقوفًا معدنية ثم غلفوها بالخشب لجعل الجدران أكثر متانة؛ ثم قام آخرون بوضع أعمدة خشبية عموديًا على السقوف البلاستيكية. غطيت السطوح بالطوب الطيني والصخور البركانية. خلال فترة البرنامج، قامت 69 في المئة من الأُسَر بتحديث منازلها. شُيدت أولى الوحدات السكنية الانتقالية بعد ستة أسابيع من اندلاع البركان، وبحلول نهاية سبتمبر 2002، تم وضع 11307 وحدات سكنية.

**المصدر:** Graham Saunders, “Housing, Lives and Livelihoods: Lessons in Post-Disaster Assistance from Goma,” Catholic Relief Services, 2003.

يستعرض الجدول التالي بعْضًا من نقاط القوة ونقاط الضعف الْخَاصَّة بالمساكن المؤقتة أو الانتقالية:

**الجدول (3-1):**

## نقاط القوة والضعف لحلول الإسكان المؤقتة والانتقالية:

| نقاط القوة | نقاط الضعف |
|---|---|
| - توفر المأوى.<br>- تعيد المباني الْعَامَّة لاستخدامها الأصلي (على سبيل المثال، المدارس).<br>- تدعم العائلات «المضيفة».<br>- يمكن استخدامها لخفض مستوى التوتر.<br>- تمكن إعادة تدوير بعض مواد الطوارئ (مثل الصفائح الحديدية المضطجعة). | - باهظة الثمن.<br>- تحد من المشاركة.<br>- دخيلة ثقافيًا.<br>- تفتقر إلى الفردية.<br>- قد تصبح دائمة.<br>- من الصعب استهداف المستفيدين.<br>- قد يكون المناخ غير ملائم. |

**المصدر:** Sultan Barakat, "Housing Reconstruction After Conflict and Disaster," Humanitarian Practice Network Paper, Overseas Development Institute, London. no. 43. 2003, p. 17, at: https://bit.ly/3LC2Kj6

### 2. إصلاح المساكن (المتضررة):

في بعض الحالات، تعتبر عملية إصلاح المباني أسرع وأرخص طريقة لتوفير السكن الكافي والملائم للمشردين بفعل الكارثة أو النزاع، فهي عملية فَعَّالَة بِشَكْلٍ خَاصٍ في الحالات التي لم يحدث فيها نزوح كبير للسكان. يختلف مستوى الدمار من حالة إلى أخرى؛ وعليه تصبح عملية التقييم ضرورية لتحديد الاحتياجات سواء كانت مواد أو خبرات في إصلاح المساكن. يُعَدُّ الإصلاح -كبديل للانتقال إلى الملاجئ الطارئة أو المراكز الجماعية أو القيام بإعادة إعمار شاملة- أقل ضررًا فيما يتعلق بأحداث صدمة نفسية للناجين الذين غالبًا ما يكونون قادرين على الاستمرار بالبقاء في منازلهم. بِنَاءً على نطاق الدمار والخبرات المتوفرة، يقوم الناس بإجراء عمليات الإصلاح لمنازلهم، والعودة إلى الحياة الطبيعية بسرعة نِسْبِيَّة، أو تُمَكِّن من إعادة تأهيل المنازل عن طريق المقاولين باستخدام أموال المساعدة المقدمة.

في حالة كان الضرر الذي لحق بمنطقة ما طفيفًا، وللمجتمع المحلي قدرة على توفير المواد والموارد اللازمة، فمن الأفضل للوكالات دعم هذه الأنشطة من خلال تقديم المشورة، أو تقديم الدعم لتوفير المواد، بدلًا من المشاركة المباشرة. وهي بهذه الطريقة تعزز القدرات المحلية للمجتمع، بدلًا من تقويضها، ويجب أن تذهب المساعدات إلى المناطق الأكثر احتياجًا.

وإذا كان من الممكن إصلاح المساكن المتضررة، فعلى الوكالات أنْ تختار توفير المواد اللازمة في شكل حُزَم إصلاحات سكنية، كما هي الحال مع عدد من المشاريع المنفذة بعد الحرب في كوسوفو. انظر الإطار (38)، حيث يمكن استخدام هذه الْحُزَم في حالات الطوارئ والإصلاحات الدائمة، واستهداف أجزاء محددة بعينها، مثل الأسطح والنوافذ. وبالاعتماد على قدرات المجتمع المحلي، يمكن للوكالات أنْ تختار تقديم المساعدات عن طريق توفير الْعَمَالَة، بالإضافة إلى توفير حُزْمَة المواد. وتكون هذه الْحُزَم عبارة عن وسيلة تحتوي بداخلها المساعدة المقدمة، لكن لا يمكن للحلول الجاهزة أن تفي بتنوع الاحتياجات المحتملة؛ لذلك يجب الحرص على التأكد من أنها مناسبة وموجهة.

**الإطار (3-11): حُزَم مساعدات إصلاح المساكن في كوسوفو:**

في كوسوفو في مرحلة ما بعد النزاع، اختارت عدة وكالات توفير مساعدات لإصلاح الأسقف، بعضها يحتوي على مواد لإصلاحات دائمة وبعضها لإصلاحات مؤقتة. كان البلاط المخصص للإصلاحات الدائمة أكثر تكلفة من الأسقف البلاستيكية المؤقتة، إلا أنَّ البلاط الدائم أثبت كفاءته من ناحية الوقت والعمل لأنه يتفادى الحاجة إلى إعادة البناء أكثر من مرة. استطاعت الوكالات التي ركزت على توفير الأسقف البلاستيكية أن تساعد ضعف عدد الأشخاص الذين كان بالإمكان تزويدهم بالبلاط الأكثر كُلْفَة. وفي بعض الحالات، كان قرار توفير الأسقف هو من قبل المانح؛ لأنَّ المانحين لديهم كميات مخزنة من الأسقف البلاستيكية. وعلى الرغم من أنَّ التقييم المستقل قد خَلَصَ إلى أنَّ الجهود الرامية إلى توفير مواد سكنية دائمة ومؤقتة كانت ذات صلاحية متساوية، فإنها انتقدت تقييمات الاحتياجات الأولية التي لم تلاحظ أنَّ العديد من المنازل قد تعرض لأضرار بالغة بحيث لا يمكن إصلاحها بأدوات إصلاح السقوف، وأنَّ تلك التي يمكن إصلاحها تتطلب مَوَادَّ أكثر من تلك التي تم تقديمها.

**المصدر:** Wiles et al., *Independent Evaluation of Expenditure of DEC Kosovo Appeal Funds.*

إنَّ القاعدة المتعارف عليها في إصلاح السكن هي أنَّه تجب إعادة الوضع إلى حالة ما قبل الكارثة، حيث يجب إجراء تحسين على الممتلكات على نفقة المالك، ومع ذلك، فإنَّ الإصلاح غالبًا ما يقتصر على الأعمال الضرورية لضمان أَنَّ المنزل قابل للسكن والعيش، بمعنى التركيز على أعمال لا يمكن الاستغناء عنها (أسقف، جدران، هياكل)، الصرف

الصحي (الحمام، المرحاض)، ومساحة الطبخ أو المطبخ. وبالاعتماد على المناخ يمكن اعتبار النوافذ والأبواب البسيطة والتجصيص الداخلي أعمالًا أساسية.

كما قد تكون عملية إصلاح المساكن مشروطة على مالكها من أجل استيعاب أرقام إضافية من النازحين لفترة محددة من الوقت قد تكون غالبًا من سنتين إلى ثلاث مجانًا. ومن الواضح أَنَّ هذه الشروط يمكن تنفيذها بسهولة أكبر عندما يتم اعتماد مخصصات لتطوير الممتلكات.

يستعرض الجدول التالي بعْضًا من إيجابيات وسلبيات إصلاح المساكن:

**الجدول (3-2)**

**نقاط القوة والضعف لمنهجية إصلاح المساكن:**

| نقاط القوة | نقاط الضعف |
|---|---|
| - تسرع من عملية إعادة الإعمار.<br>- تمكن من إصلاح المزيد من المنازل بأقل تكلفة.<br>- تتطلب تكيفًا اجتماعيًا بحده الأدنى.<br>- تسمح للسكان المتضررين بلعب دور رئيسي.<br>- فَعَّالَة في المناطق الريفية والمعزولة.<br>- يمكن أن تؤدي إلى حلول دائمة ملائمة ثقافيًا.<br>- يمكن استخدامها للتخفيف من التوتر. | - الْحُزَم تندرج ضمن مجموعة الحلول الجاهزة.<br>- قد ينتهي المآل لتباع في السوق.<br>- تتطلب مستوًى معينًا من المهارات.<br>- قد يكون من الصعب أن تتلاءم مع تدابير السلامة.<br>- يمكن أن تؤدي إلى فقدان الْهُوِيَّة في الإنشاءات ذات الأهمية الثقافية/ التاريخية.<br>- من الصعب توزيعها والمساءلة بخصوصها. |

**المصدر:** Barakat, “Housing Reconstruction After Conflict and Disaster,” p. 18.

## 3. بناء مساكن ومستوطنات جديدة:

تحتاج عملية إعمار مستوطنات سكنية جديدة قدرًا كبيرًا من الجهد وتتطلب أعلى مستوى من الاستثمار، بالمقارنة مع منهجيات البناء التي تقتضي وجود مسكن بالفعل لكل

شخص بصورة مُسْبَقَة[1]. يستغرق بناء المستوطنات الجديدة فترة أطول من الوقت، ويتطلب مشاركة كاملة من السُلْطَات المحلية، وقد يرغمها ذلك على تحمل التكاليف الجزئية، أو في بعض الحالات التكاليف الكاملة. عند التخطيط لبناء مستوطنات جديدة، يجب أخذ الاعتبارات التالية بالحسبان:

**أ. اختيار المكان أو الموقع:**

يُعَدُّ اختيار موقع البناء من أهم عوامل تحديد نجاح أو فشل برامج بناء المساكن الجديدة، فعملية تحديد الموقع واختياره تستهلك الكثير من الوقت والجهد؛ وذلك نظرًا للأبعاد العديدة التي يجب أخذها في الاعتبار (حقوق الملكية، خطط استخدام الأراضي، التعرض للمخاطر، البنية التحتية، البيئة، العلاقة بالمجتمعات المضيفة وفرص الدخل/ التوظيف). يمكن للمرء أنْ يتعلم الكثير عن اختيار الموقع؛ وذلك من خلال مراقبة الأماكن التي يستقر فيها الناس في العادة، فإلى جانب الأمن المادي، يتم التركيز أَيْضًا على الأماكن التي يمكن الوصول فيها إلى فرص اقتصادية وفرص عمل. هذه الحال تنطبق بصفة خَاصَّةٍ حينما يكون هناك النزوح دَاخِلِيًّا، بحيث يسمح للناس بالعمل وتسبب بهذا النزوح كارثة طبيعية، حيث تكون في هذه الحالة العوائق السياسية التي تمنع الناس من العمل أقل. كما أَنَّ من المرجح أنْ يتوجه الناس إلى المدن أو المناطق العشوائية المحيطة بمراكز المدن حينما تحدث الكارثة أو النزاع في المناطق الْحَضَرِيَّة أو المناطق الْحَضَرِيَّة الفقيرة.

تخضع عملية اختيار الموقع لمجموعة من الاعتبارات؛ إذ يجب في البداية التحقق من ملاءمة الموقع لإعادة الإعمار والسكن، كما يجب وضع إجراءات كافية لاختيار المواقع لضمان الوصول إلى الخدمات وسبل العيش وتحديد قابلية التعرض للأخطار الطبيعية. ويجب الأخذ بالاعتبار أَيْضًا الحاجة المستمرة إلى إجراء المزيد من الدراسات الاستقصائية التفصيلية؛ وذلك من أجل تحديد متطلبات محددة لحماية البيئة، وتمكين الأعمال والبنية التحتية قبل أنْ يبدأ بناء المساكن. إنَّ عملية التخطيط العمراني المفصل تعتمد على عمليات مسح أولية دقيقة، وتكتسي هذه المسوحات الفيزيائية الطوبوغرافية والجيو- تقنية والهيدرولوجية أهمية خَاصَّةً عند تحديد المساكن والبنية التحتية لضمان أن

(1) Horst Valentine Kreutner, Brigit Kundermann, and Kiran Mukerji, *Guidelines for Building Measures after Disasters and Conflicts*, GTZ (2003), p. 55.

الأراضي مناسبة لإعادة الإعمار، حيث سَيُمَكِّن ذلك من تسليط الضوء على المناطق المعرضة لمخاطر مثل الانهيارات الأرضية أو المناطق ذات التربة، أو عدم الاستقرار الجيولوجي أو المناطق ذات الجداول المائية العالية. بالإضافة إلى ذلك، ففهم التضاريس أمر مُهِمٌّ؛ لأنه يحدد أنماط الصرف الصحي الواجب اتباعها، وهناك حاجة إلى تقدير نوع الأرض لتحديد نوع الأُسُس، والقيود المفروضة على الحفر وعمليات البناء(1).

إن من أحد خيارات بناء السكن للنازحين هو إقامتها على المناطق التي يستقرون فيها بالأصل، وهذا بطبيعة الحال هو أكثر الخيارات المرغوبة بالنسبة للنازحين، إلا أنه خيار إشكالي؛ وذلك للأسباب الآتية:

**أولًا:** لَا بُدَّ أن يستقر النازحون في مناطق متفرقة اعتمادًا على مدى توافر مساحة الأرض واستعداد المجتمع المضيف لمشاركة الموارد معهم.

**ثانيًا:** هناك احتمال كبير بأن تكون هناك آثار قانونية تتعلق بملكية الأراضي واستخدامها، حتى لو كانت المناطق قد استقر الناس فيها بالفعل قبل وقوع الكارثة أو النزاع. وقد تعارض الحكومة المحلية إنشاء مرافق سكنية دائمة في مناطق معينة.

**ثالثًا:** يُصْبِح من الصعب للغاية التمييز بين النازحين من الكوارث والمجتمعات الضعيفة التي استقبلت هؤلاء النازحين؛ وبالتالي كلاهما بحاجة إلى المساعدة بالرغم من أن هناك عددًا من الوكالات التنموية الوطنية والخارجية قد بدأت العمل مع هذه المجتمعات المضيفة.

**رابعًا:** من المرجح أن تكون البنية التحتية للمنطقة الجديدة (إذا كانت موجودة أصلًا) سيئة للغاية، وتفوق قدرتها على الاستيعاب.

يتمثل الخيار الآخر في بناء سكن النازحين في توفير مسكن عن طريق توسيع مستوطنة موجودة، وإذا ثبت أَنَّ هذا مقبول من الناحية السياسية للسُلْطَات المحلية والمجتمعات المضيفة، سيكون لها عدد من المزايا في تسهيل عملية الاندماج بين مجتمعات النزوح والمجتمعات المضيفة. كما أنها ستساعد في عملية استعادة سبل العيش والحياة وتوسيع

(1) Jo Da Silva , Zygmunt Lubkowski & Victoria Batchelor, *Lessons from Aceh*: *key Considerations in Post-Disaster Reconstruction* (Rugby: Practical Action, 2010), p. 15.

فرص الدخل لتشمل القادمين الجدد، وعليه؛ فإنَّ عملية توسيع المستوطنات القائمة تمثل استخدامًا أكثر كفاءة للبنية التحتية الموجودة مسبقًا.

أما الخيار الثالث فيتمثل ببناء مستوطنة سكنية جديدة تمامًا. وهنا مرة أخرى يجب التعامل مع اختيار الموقع بعناية من أجل ضمان وصول السكان المقيمين فيها إلى أسواق العمل المحلية، فكلما صغر حجم المستوطنة، كلما كانت إعادة البناء وتوفير البنية التحتية الأساسية أكثر سهولة. وفي الحالات التي يكون فيها الخيار الوحيد لبناء المستوطنات هو بناءها في أماكن معزولة، قد يكون بناء المستوطنات الأكبر هو الخيار الأفضل، حيث يمكن أن توفر فرص كسب الرزق، وقد تصبح مكتفية ذاتيًّا من ناحية الوظائف وفرص العمل. لكن، يمكن القول: إنَّ المجتمعات التي اعتادت أنْ تعيش في مستوطنات صغيرة ومتنوعة ثقافيًّا في مستعمرة واحدة كبيرة -أو أكبر- أثبتت عدم نجاحها، فالناس تستقر عَادَةً لأجل مجموعة واسعة من الأسباب تتجاوز مجرد توفر الخدمات وسبل العيش؛ ولذلك، يجب أخذ التركيبة الثقافية والقبلية والعشائرية والدينية بعين الاعتبار عند التخطيط لبناء مستوطنات أكبر حجمًا. وبالإضافة إلى ذلك، تزيد المستوطنات الكبيرة من خطر التدهور البيئي والتوتر الاجتماعي، كما تزيد من مشاكل الصيانة والإدارة. وفي الجدول التالي بعض العوامل المؤثرة في اختيار موقع البناء:

**الجدول (3-3):**

**العوامل التي تؤثر على اختيار مواقع البناء:**

| الوصول | إلى أي مدًى يقترب الموقع من مركز اقتصادي ومركز خدمات؟ ما مدى جودة الطريق؟ هل تختلف إمكانية الوصول في أوقات مختلفة من السنة؟ |
|---|---|
| الأمن | ما هي المخاطر الأمنية؟ ما مدى قرب المستوطنة الجديدة من الحدود أو غيرها من النقاط الساخنة المحتملة؟ |
| المناخ | هل الموقع عرضة للأخطار (الفيضانات، الرياح العاتية، النشاط الزلزالي)؟ هل من المحتمل تآكل التربة؟ هل الموقع محاط بشكل كثيف؟ ما هو اتجاه الرياح السائدة؟ هل منسوب المياه مرتفع للغاية (أقل من 3 أمتار تحت الأرض)؟ |

| | |
|---|---|
| البنية التحتية | هل تصل البنية التحتية إلى الموقع؟ ما هي السعة الإضافية التي يمكن للبنية التحتية اتخاذها قبل طلب التحديث؟ مَن المسؤول عن إدارتها وصيانتها؟ |
| الملكية | من يملك الأرض؟ هل هي ملكية فردية أو جماعية؟ على أي أساس (قَبَلِيٍّ، حُكُومِيٍّ)؟ |
| القبول | ما هو مستوى قبول الْخُطَط والمواقع بين المجموعات المستهدفة والمجتمع المضيف والسُّلْطَات المحلية؟ هل هناك أي محظور ديني أو ثقافي يرتبط باستخدام هذا الموقع المعين (على سبيل المثال، هل يعتبر مقبرة)؟ |
| المجال أو المساحة | هل هناك مجال كافٍ لاستيعاب الإسكان المطلوب؟ هل هناك مجال لتوفير سبل العيش وفرص العمل؟ التجارة؟ الزراعة؟ هل هناك مجال للتوسع في المستقبل؟ |
| البيئة | كيف يتم استخدام الأرض حَالِيًّا؟ ما هي مواد البناء المتاحة؟ هل يمكن استخدامها بدون تهديد البيئة؟ هل البيئة المحيطة قَيِّمَة أو ضعيفة بِشَكْلٍ خَاصٍّ؟ ما هي الآثار المحتملة لزيادة عملية الإسكان على الزراعة والثروة الحيوانية؟ هل يتأثر الموقع بالتلوث البيئي؟ |

**المصدر:** Barakat, "Housing Reconstruction After Conflict and Disaster," p. 20.

**الإطار (3-12): زلزال تسونامي في سريلانكا وأشكال مساعدة الوكالات الدولية في ما يخص المساكن:**

في أعقاب زلزال تسونامي الذي ضرب المحيط الهندي، كانت سريلانكا إحدى أكثر الدول المتضررة من الزلزال، فقد صُنفت باعتبارها ثاني أسوأ بلد تضرر من الزلزال، إذ فُقد أكثر من 36000 شخص، بالإضافة إلى تضرر الممتلكات والبنية التحتية، والذي قدر بتكلفة تصل إلى حوالى مليار دولار أمريكي، حيث تأثر أكثر من ثلاثة أرباع الساحل الوطني، ما ألحق أضرارًا بحوالي 120،000 منزل، وشُرد حوالي نصف مليون سريلانكي من ديارهم[1].

حشدت بعض الوكالات الدولية إمكاناتها لإعادة بناء المساكن التي دُمِّرَتْ هناك، حيث بدأ الصليب الأحمر البلجيكي (CRB) عملياته في سريلانكا في آذار/مارس 2005. كان هدف CRB هو بناء مساكن دائمة للعائلات التي فقدت منازلها، فعملت بالاشتراك مع الحكومة السريلانكية والاتحاد الدولي لجمعيات الصليب الأحمر والهلال الأحمر، وبدرجة أقل مع جمعية الصليب الأحمر السريلانكي، لتزويد ضحايا تسونامي بمنازل ذات نوعية جَيِّدَة، وتمكينهم من استئناف حياتهم.

استمر مشروع إعادة بناء المساكن حتى أيار/مايو 2009 في منطقة كالوتارا، على الساحل الجنوبي الغربي لسريلانكا. وقد تم الانتهاء من بناء 496 منزلًا، حيث تم تنفيذ 455 مباشرة من قبل CRB، كما بني 41 منزلًا آخر من قبل أطراف أخرى. ومن بين الـ 455 مسكنًا التي نفذتها CRB، تم بناء 220 منها على قطعة الأرض الأصلية للمالك أو الأراضي الأخرى المملوكة ملكية خَاصَّة له، في حين تم بناء 235 في مواقع إعادة التوطين على الأرض المتبرع بها من قِبَل الحكومة السريلانكية. وتم تشييد جميع المنازل باستثناء اثنين وخمسين منزلًا باستخدام نموذج «النقد مقابل السكن»، حيث يتلقى المستفيدون مبالغَ نقدية على أقساط لبناء مسكنهم، مع الدعم والإشراف الفني من موظفي CRB. وفي مواقع إعادة التوطين، قامت CRB أيضًا ببناء البنية التحتية مثل: الطرق، والمصارف، والبنية التحتية المجتمعية مثل: المراكز المجتمعية، وملاعب ألعاب الأطفال [2].

**المصدر:**

1. Ted Yu Shen Chen, "Habitat for Humanity's Post-Tsunami Housing Reconstruction Approaches in Sri Lanka," *International Journal of Mass Emergencies & Disasters*, vol. 33, no. 1 (2015), p. 98.
2. Collins, p. 8.

عمومًا، عندما يتعلق الأمر باختيار مواقع جديدة، من الْمُهِمِّ ألا نتصرف كما لو كنا نعمل في فراغ. سيكون لدى معظم سُلْطَات التخطيط المحلية خطط ومفاهيم لتوسيع المستوطنات، واستخدام الأراضي قبل أنْ تحل الحرب أو الكارثة، كما أن السُّلْطَات المحلية عَادَةً ما تنظر إلى إعادة الإعمار باعتبارها فرصة لإحياء مثل تلك الخُطَط، مع الأخذ في الاعتبار أنها كانت ستستند إلى دراسات أكثر تفصيلًا وشمولية، وأنَّ أيَّ مستوطنة جديدة ستتطلب موافقة السُّلْطَات المحلية في نهاية المطاف.

**ب. اختيار طريقة ومواد البناء:**

من الأفضل استخدام المواد والموارد المحلية في البناء وكذلك المهارات، يسمح هذا بعمل صيانة أفضل؛ وبالتالي استدامة أكبر، فضلًا عن إمكانية التطوير والتوسع التدريجيين فيما بعد. كما أن هذا يجعل من المرجح أنْ تكون المواد المستخدمة ملائمة ثقافيًّا واجتماعيًّا، بالإضافة إلى كونها موائمة اجتماعيًّا. وتعتبر المواد والتقنيات التقليدية أكثر ملاءمة ودَيْمُومَة في المناخ المحلي (الباردة، الجافة، الرطبة). كذلك، يسمح استخدام التقنيات التقليدية بمشاركة الْمُلَّاك والبنائين المحليين وصغار المقاولين في البناء؛ ما يؤدي إلى رفع مستوى القيمة الاقتصادية المحلية لبرنامج إعادة الإعمار. وفي الوقت نفسه، يمكن أن يؤدي شراء كميات كبيرة من المواد المحلية الصنع إلى رفع أو تضخم في الأسعار إلى مستوى يحول دون قدرة الأفراد على شراء المواد اللازمة للقيام بأعمال الإصلاح الْخَاصَّة بهم أو إعادة بنائها، ولا يمكن للأسواق المحلية أن تتعامل دائمًا مع الطلب المتزايد وقد تصبح المخازن مستنزفة.

وبشكل مُخْتَلِف إلى حد كبير، فإنَّ منهجيات البناء الجديدة عُمُومًا لا تستمر لأكثر من نهاية المشروع، إلَّا أَنَّ البِنَاءَ على القدرات الموجودة سوف يسمح للمستفيدين بمواصلة العمل بأنفسهم. إنَّ إعادة بناء الأشكال التقليدية، لا سيما في الإسكان، يساعد الناس في مرحلة ما بعد الكارثة من خلال منحهم مزيدًا من الاستمرارية. هذا مُهِمٌّ بِشَكْلٍ خَاصٍّ في المستوطنات ذات القيمة المعمارية أو التاريخية الْخَاصَّة. يمكن استخدام المواد المعاد تدويرها من المستوطنات الْمُدَمَّرَة، طالما أنها مقبولة ثقافيًّا للقيام بذلك، وبحيث إنَّ الناس لا يربطون هذه المواد بوفاة أقربائهم (وقد يكون البعض منهم قد دُفن تحتها)، وبشرط أنْ تكون الملكية لهذه الموادِّ واضحة.

في بعض الحالات، قد تكون مواد وتقنيات البناء المحلية مرتبطة بالتخلف أو انعدام الحداثة، وقد تكون مرتبطة بالمخاطر التي أدت إلى الكارثة في المقام الأول. لقد أظهرت التَّجَارِب أنه في حين قد يعرف الناس كيفية بناء منازل أكثر أمانًا، فإنَّ الاستثمار في المنزل يتراجع مع مرور الوقت -ربما لأسباب اقتصادية- إذ يُصْبِح البناء أكثر ضعفًا.

مثال على ذلك، البنية التحتية في مدينة ذمار في اليمن، ففي الوقت الذي نجا فيه العديد من المباني القديمة من الزلزال الذي ضرب المدينة في ديسمبر 1982، انهارت غالبية الهياكل الحديثة، على الرغم من أَنَّ كلًّا منها كان مصنوعًا من البناء المتين، إِلَّا أَنَّ المباني القديمة كانت تمتلك أعمدة تسليح خشبية مبنية من الداخل.

**الجدول (3-4):**

**نقاط القوة والضعف في التقنيات التقليدية:**

| نقاط القوة | نقاط الضعف |
|---|---|
| - مقبول ثقافيًّا<br>- الاستمرارية<br>- وفرة<br>- المرونة<br>- تكاليف نقل منخفضة | - ضعف (قابل للتأثر)<br>- من المرجح أن تكون معرفة الوكالات الخارجية بالمجتمع وتقنيات البناء التقليدية محدودة |

**المصدر:** Barakat, ibid, p. 20.

**الإطار (3-13): الحلول المجتمعية بعد زلزال غوجارات في الهند:**

بدأ برنامج إعادة بناء المساكن التابع لمؤسسة الكاثوليكية للإغاثة (CRS) في أعقاب زلزال كانون الثاني/يناير 2001 في ولاية غوجارات بالتركيز على المواد التي ينتجها المجتمع المحلي، وتم تطوير برنامج الإيواء كالآتي:

- القيام بأعمال إنشاء واسعة النطاق بِنَاءً على القدرات المحلية.

  تشكيل ثلاثين فريقًا من العمال المحترفين في مجال البناء وتقنيات البناء المحلي وتدريبهم.

  الإنتاج المحلي واسع النطاق، حيث كان يعمل خمسمائة موظف محلي بدوام كامل لإنتاج ما يكفي من الطوب المضغوط لـ 200 وحدة سكنية كل شهر. وعادة ما تكون المنازل المبنية من الطوب المضغوط أرخص بنسبة 50-40 في المئة من الطوب الأسمنتي الحامل أو المنازل ذات الهياكل الخرسانية.

- تطوير حلول إسكان عالية الجودة وملائمة ودائمة، فقد ساعد البرنامج على تطوير معيار للطوب الترابي المضغوط بالتشاور مع المكتب الهندي للمعايير.

وتتوافق مواصفات تلك الوحدات السكنية المنشأة مع معايير الحكومة لمقاومة الزلازل، كما تتماشى مع نمط الإسكان المحلي، وتسمح للعائلات بتكييف المنازل حسب احتياجاتها الفردية؛ وهو ما خلق بيئة معيشية متنوعة وأكثر إثارة للاهتمام. لقد حددت لجان القرية الأشخاص المستفيدين، وأُنشئت أنظمة إدارية ومالية لتيسير شراء المواد والإجراءات اللوجستية.

**المصدر:** Graham Saunders, *Gujarat Earthquake Relief Initiative: Shelter Programme Review*, Catholic Relief Services, (September 2002).

**الإطار (3-14): بناء بيوت انتقالية/مؤقتة من قبل المستفيدين في الهند 2007:**

بعد فيضانات عام 2007 في الهند، قامت الأُسَر المستفيدة من بناء بيوتها المؤقتة بمساعدة عمال البناء المهرة، حيث تم توفير المال مقابل العمل وتزويدهم بإرشادات حول ممارسات السلامة في عملية البناء. تم بناء 145 منزلًا انتقاليًا صغيرًا يشتمل على قواعد وأحزمة أرضية من الطوب، وسقف وجدران من البامبو (الخيزران)، وشرفة صغيرة، ومرحاض. بحيث من المفترض أن تعمل هذه المنازل على:

- زيادة مقاومة الفيضانات من خلال رفع المنازل على قواعد.
- توفر حزامًا متينًا قويًا بما يكفي لتحمل الفيضانات والرياح العاتية.
- توفير سقف متين وقابل للصيانة يحافظ على بيئة داخلية مقبولة.
- توفير جدران مؤقتة تمكن صيانتها أو استبدالها من قبل شاغليها.
- تجنب التغوط (التبرز) في العراء حيث كانت عادة يمارسها الناس في المنطقة.

وكان أحد أكثر عناصر المشروع أهمية هو قابليته للصيانة، كما أنه بعد 7 سنوات من إنجازه نال إشادة الناس -عبر استقصاء ميداني- بكون البيوت التي تم بناؤها خلاله أقل عرضة للمخاطر.

**المصدر:** *Post-Disaster Shelter in India: A Study of the Long-Term Outcomes of Post-Disaster Shelter Projects* (Noida: CARE India, 2016), at: https://bit.ly/3JcpzaX

**ج. المساكن المصنعة مُسْبَقًا:**

يمكن بناء المساكن المصنعة مُسْبَقًا بسرعة، ويمكن أنْ توفر المأوى لأعداد كبيرة من الناس. يُصْبِح هذا مُهِمًّا عندما يكون هناك كثير من المشردين/ النازحين، ومن الفئات الضعيفة في المجتمع. ورغم ذلك، ليس بالضرورة اعتبار المساكن المصنعة مُسْبَقًا الحل المثالي، وَعَادَةً ما يتم استيراد هذا النوع من المساكن جاهزًا من الخارج؛ وبالتالي فهو لا يفيد الاقتصاد المحلي، كما أنه يفرض تصاميم للمساكن قد لا تتفق مع الواقع الثقافي والاجتماعي السائد. أَيْضًا، فإن عمر هذه المساكن المصنعة قصير نِسْبِيًّا، وغالبًا ما تكون أجزاؤها ثقيلة ويصعب جمعها من دون معرفة ماهرة.

تم تطوير عدة تقنيات لمعالجة بعض أوجه القصور في توفير المساكن الجاهزة، ولتفادي مشاكل الملاءمة الثقافية والفردية، فإنَّ بعض أجزاء المساكن الجاهزة أصبحت تمكن الأُسَر من إنشاء منزل بشكل سريع، ومع سماحها بإمكانية التعديل اللاحق بحسب احتياجات ورغبات العائلة.

كما أَنَّ ثمة نموذجًا آخر مماثلًا، يتمثل بتوفير «المنزل الأساسي» الجاهز. والهدف من هذا النوع هو تزويد أكبر عدد ممكن من الناس بأساس لإعادة بناء منازلهم بأنفسهم؛ وذلك في أسرع وقت ممكن. يقتصر هذا النوع من المساكن عَادَةً على غرفة واحدة أو غرفتين، مزودة بالبنية التحتية الأساسية مثل توصيلات الكهرباء. ويمكن أنْ يكون هذا المسكن عبارة عن غرفة خرسانية كبيرة الحجم يمكن صُنْعُها بسرعة من قبل مقاولين محليين وتوزيعها على المجموعات المستهدفة، أو أنْ يتم إنشاؤها في الموقع باستخدام أجزاء مُسْبَقَة الصُّنْع (استخدمت الوكالة الألمانية للتعاون الدولي GTZ هذه التقنية في التجهيز الْمُسْبَق للمستوطنات السكنية في أذربيجان في 1993 - 1996(، انظر الإطار (42). وبصفة عَامَّةٍ، يجب أنْ يسمح التصميم للمتملكين بتوسيع الغرفة وَفْقًا للترتيبات المختلفة المخطط لها مُسْبَقًا. فالافتراض بأنَّ السكان سيكونون راضين عن المستوطنة الجديدة، وسوف يستثمرون في تطويرها، هو أمر لا يحدث دائمًا، كما أَنَّ توسيع المباني قد لا يتم كما هو مخطط له.

**الإطار (3-15): المنازل الأساسية الجاهزة في أذربيجان:**

بعد تفكك الاتحاد السوفيتي، أدت الأعمال العدائية بين أذربيجان وأرمينيا إلى احتلال الجيش الأرميني لناغورني كاراباخ، وهي منطقة في أذربيجان يسكن في معظمها الأرمن؛ وأدى ذلك بدوره إلى نزوح حوالى 1.4 مليون شخص إلى المنطقة.

وبين عامي 1993 و1996، قامت الوكالة الألمانية للتنمية الدولية (GTZ) ببناء 16 مستوطنة تتضمن 3280 منزلًا سكنيًا جاهزًا (كل منزل يتكون من غرفتين)، واستهدفت هذه المنازل حوالى 36000 نسمة. وبعد تقديم العطاءات، تم استيراد المباني الجاهزة من فنلندا وتركيا، حيث تم تجهيز هذه الوحدات السكنية بشبكة إضاءة واحدة وأثاث أساسي، كما تم بناء مراحيض مهوَّاة في الموقع، وتم تخصيصها لكل وحدة سكنية. أيضًا فقد تم بناء غرف الغسيل والاستحمام المشتركة في منتصف الموقع وفقًا لمعايير النظافة «الدنيا».

جرت مراحل تحديد مواقع المستوطنات بالتوازي مع التخطيط والمناقصات، واستغرقت كل منها حوالى شهر. وقد استغرق بناء البنية التحتية الأساسية، وكذلك توفير وبناء المنازل الأساسية الجاهزة لكل مستوطنة حوالى أربعة أشهر؛ بنيت غالبية الوحدات السكنية قبل بداية الشتاء. وبلغت التكلفة الإجمالية للمشروع 16.6 مليون يورو؛ أي أن متوسط كُلْفَة إنشاء سكن لكل شخص كانت يعادل 600 يورو.

**المصدر:** Barakat, "Housing Reconstruction After Conflict and Disaster," p. 22.

**الجدول (3-5):**

**نقاط القوة والضعف للإسكان الجاهز:**

| نقاط القوة | نقاط الضعف |
|---|---|
| - من الممكن تخزينها. | - تسليم بطيء. |
| - يمكن توفيرها كأجزاء منفصلة. | - غير مرن. |
| - سرعة البناء. | - غير ملائم ثقافيًّا. |
| - يمكن استخدامها كسكن انتقالي. | - تكلفة عالية لكل وحدة. |
| - قد يكون لها استخدامات بديلة في المستقبل. | - مشكلة النقل (قد يتطلب شحنًا، وقد يتضرر أثناء الشحن). |
| | - صيانته مُكلِّفة. |
| | - عملية التجميع تتطلب عَمالة ماهرة. |
| | - يحتاج قواعد متينة قد تكون باهظة الثمن. |

**المصدر:** Ibid., p. 23.

**الإطار (3-16): مستوطنات اللاجئين الجاهزة في كرواتيا**

على الرغم من أنه غالبًا ما ينظر إلى السكن المُصنَّع مُسبَقًا كإجراء مؤقت للمجتمعات النازحة، إلا أنه ينتهي دائمًا كحل نهائي. في تشرين الأول/أكتوبر 1992، بدأت الوكالة الألمانية للتنمية الدولية (GTZ) بتشييد ثلاث مستوطنات في كارلوفاك، بالقرب من زغرب، وروكوفتشي، وسيبين في شرق سلوفينيا، لإيواء حوالي 9600 نازح من البوسنة. تم التعاقد مع اتحاد إنشائي ألماني تركي لبناء 1600 وحدة سكنية باستخدام مواد مُسَبَقَة الصُنع وخفيفة الوزن، تستوعب كل وحدة سكنية ستة أشخاص. بالإضافة إلى تشييد 14 مبنًى اجتماعيًّا (مدارس، رياض الأطفال، مراكز صحية، ومبانٍ إدارية).

تم توفير الوحدات على شكل 800 ثنائي من المنازل شبه المندمجة. لدى كل ثنائي حمام مشترك، مزود بغاز الطهي وأثاث أساسي. غطى البرنامج أكثر من 50000 متر مربع من المساحة المبنية بتكلفة 18.4 مليون يورو أو 349 يورو للمتر المربع. وبلغت التكلفة الإجمالية لإسكان كل لاجئ حوالي 2000 يورو (بما في ذلك النفقات الإدارية العامة).

بعد مضي عشر سنوات من الانتهاء، كانت المستوطنات الثلاث جميعها ما تزال تعمل، وفي بعض الحالات تم توسيعها وتوطيدها جُزئيًّا. في أحد المواقع، تم بناء كنيسة ومدرسة إضافية. إن عدم البت في شأن عودة اللاجئين إلى البوسنة والنقص العام في المساكن في المنطقة جعل من الضروري الاحتفاظ بهذه المستوطنات؛ لذلك فما بدا وكأنه مستوطنة مؤقتة سريعًا ما أخذ طابع السكن الدائم.

**المصدر:** *Guidelines for Building Measures after Disasters and Conflicts*, GTZ, p. 64.

**د. خيار التصميم:**

يمكن تصميم مبانٍ سكنية جديدة بخدمات تهوية وصرف صحي أفضل من البيوت الأصلية. وتساعد برامج إعادة الإعمار والمساعدات المالية في إتاحة فرص تطوير البنية التحتية على نطاق واسع. في تصميم المساكن، يجب أنْ تكون نقطة الانطلاق هي السعي للمزج بين أشكال السكن المحلية وتلبية تطلعات المستفيدين؛ وذلك حتى تعكس نمط البناء المحلي من جهة، والقيم الثقافية المرتبطة بها من جهة أخرى. ولعل العامل الرئيسي في ذلك هو حجم الأسرة، ففي العديد من المجتمعات الريفية، لا يزال السكن في العائلات الممتدة هو الأساس، حيث يعتبر البعض أَنَّ هذا نوع من المثالية الثقافية، بينما هو بالنسبة للآخرين ضرورة اقتصادية. وفي الحالتين، من المحتمل أن يستوعب تصميم المساكن المحلية هذا النمط من خلال أشكال التقسيم الفرعي التي تسمح بالخصوصية. ومع ذلك، فعندما يتعلق الأمر بإعادة البناء بكفاءة، غالبًا ما تقدم البرامج نموذجًا أوليًّا، يعتمد دائمًا على افتراض تمليك المنزل لعائلة نووية أو أولية (أسرة)؛ وذلك قد يؤدي إلى إشكالية لدى العائلة الممتدة، والتي سيكون أمامها خياران: إما أن تعيش في منزل غير ملائم لاحتياجاتها، أو أنْ تنقسم إلى وحدات عديدة منعزلة بعضها عن بعض؛ وهو ما يعرض المسنين والأمهات العازبات بِشَكْلٍ خَاصٍّ للضعف. من جهة أخرى، قد ترحب بعض العائلات بفرصة الانفصال، ولا سيما الأزواج الشباب الذين يعيشون في أُسَر ممتدة كنتيجة للضغوط الاقتصادية[1].

وهناك اعتبار رئيسي آخر هو طريقة استخدام المساحة داخل المنزل. في بعض الثقافات، تستخدم المساحات المتوفرة داخل المنزل استخدامات مختلفة خلال النهار والليل، وحتى حسب الموسم. وتعتبر مسألة الصرف الصحي وموقع المراحيض حساسة بِشَكْلٍ خَاصٍّ. وفي هذا السياق، يجب مقاومة محاولات تحديث الطريقة التي تعيش بها هذه المجتمعات من خلال تحديد مكان المرحاض داخل المنزل، ولا سيما في المناطق التي لا توجد فيها مياه جارية، أو حيث تملي الثقافة المحلية أو الدين أَنَّ المراحيض لَا بُدَّ أنْ تكون في مكان بعيد عن بيوت الناس، وتشيع هذه المخاطرة بِشَكْلٍ خَاصٍّ في المناطق الريفية، في حين يختلف الأمر بالنسبة لتصميم المنازل للناس القادمين من المدينة والذين لديهم تصور مُخْتَلِف للطريقة التي يجب أن يكون عليها المنزل. من المرجح أنْ يكون للبيت وظيفة اقتصادية

(1) Aysan et al., *Developing Building Improvements for Safety Programmes*, p. 20.

مُهِمَّة، أو أنْ يكون له دور رئيسي في توفير سبل للعيش. في المناطق الريفية، قد يتطلب ذلك توفير أماكن للماشية ومساحة تخزين للأغذية والمعدات. أما في المناطق الْحَضَرِيَّة، قد تكون هناك حاجة إلى مساحة ورشة صغيرة، أو لتخزين البضائع التي يتم بيعها في الأسواق. كما ثمة بعد آخر تجب دراسته وهو يتمثل بحجم قطعة الأرض، وما إذا كان المستفيدون من السكن الجديد قادرين على توسيع نطاقها والتكيف معها.

ومما يجب الانتباه له في التصميم العام للمسكن، ضرورة أنْ تنعكس الأنماط الاجتماعية والثقافية والسكنية المحلية قدر الإمكان في تصميم المستوطنات والمساكن الجديدة. فمن المرجح أنْ تنجم هذه الأنماط عن مجموعة من العوامل، مثل القرابة والعلاقات السياسية، والحالة الاجتماعية الاقتصادية، وتوزيع المجموعات الْعِرْقِيَّة، والأنشطة الاقتصادية، والحصول على الإمدادات والخدمات مثل: المياه، والطرق، والصحة، والتعليم. كما ينبغي النظر في الأنماط المحلية لاستخدام الأراضي والْحِيَازَة. ويجب أَيْضًا أن يستوعب تصميم المساكن والمستوطنات الاحتياجات الاقتصادية والاجتماعية والدينية للمجتمع، حيث يمكن أنْ تكون المباني المجتمعية مثل المدارس والمراكز الصحية والمباني الدينية والسوق ضرورية لتحقيق الرفاهية الاجتماعية وتنمية المجتمع.

**الإطار (3-17): مراعاة تصميم المساكن في زلزال تسونامي سريلانكا 2004:**

في زلزال تسونامي الذي ضرب سريلانكا عام 2004، لم يُعْطِ الصليب الأحمر البلجيكي (CRB) المستفيدين أثناء تصميم مساكنهم حرية تصميم مطابخ خارجية؛ وذلك نظرًا للاختلاف الكبير في تكلفتها مقارنة بالمطابخ الداخلية، ولكون ذلك التصميم أصعب في الحصول على موافقة السلطة المحلية. لكن، في الوقت ذاته، عمل الصليب في تصميمه للمساكن على وضع أُسُس وأعمدة كافية لتحتمل بناء طابق ثاني. هذه الميزة عادة ما تعتبر ذات قيمة كبيرة بالنسبة للمستفيدين؛ لأنها تتيح لهم استيعاب العائلات الآخذة في التوسع في المستقبل دون الحاجة إلى شراء أرض جديدة.

**المصدر:** Collins, p. 33.

**الإطار (3-18): معايير التصميم التي اعتمدتها وكالة كير لتصميم المساكن في إعصار ميانمار:**

اقترح فريق مشروع إعادة بناء المساكن الخاص بوكالة كير الامتثال لمعايير اسفير SPHERE المشهورة، حيث تم تطوير التصميم لإعادة الإعمار الكامل للمنزل المتضرر من قبل فريق المشروع، وكانت أبعاد الملجأ '17×14' (خطة التصميم)، وهو يلبي معيار SPHERE للحد الأدنى من الاحتياجات الفردية لأفراد العائلة. وبحسب معايير SPHERE يجب ألا تقل المساحة عن 3.5 متر مربع للشخص الواحد، لكن تصميم المشروع وفَّر 5 أمتار مربعة للشخص الواحد. كان الهيكل الرئيسي للمسكن مصنوعًا من الخيزران ومغطًى بأشجار نيبا على الجدران والسقف، وبعد التشاور مع الفريق العامل التقني -المعني بالمأوى- لضمان الجودة التقنية للهيكل، عقد فريق المشروع اجتماعًا تشاوريًا مع ممثل الأمم المتحدة، ورئيس الفريق العامل التقني للإيواء لمراجعة التصميم، فكانت التوصيات الرئيسية من قبل ممثل الأمم المتحدة تتلخص في وجوب أن يشتمل تصميم المأوى على المواصفات الخاصة بالْحَدِّ من مخاطر الكوارث disaster risk reduction (DRR)، ووجوب أن يكون تصميم المأوى مناسبًا للثقافة والسياق المحليين، وأن يقود المجتمع بأكمله عملية تنفيذ المشروع.

بعد ذلك، جرى التشاور حول التصميم مع المجتمع ومشاركتهم التصاميم الخاصة بالمساكن، فوافقوا على هيكل التصميم، وتم تسجيل تلك الموافقة. كما حاز المستفيدون حرية إجراء مزيد من التعديلات في المنزل لتناسب متطلباتهم، فقاموا ببناء منازلهم على أساس هذا، بما في ذلك ميزات DRR المقترحة أثناء بناء النموذج. حيث أضافوا غرفًا إضافية، وغيروا ارتفاع الأرضية، وشكل التكتلات... إلخ. كما قاموا أيضًا بإجراء بعض التغييرات تماشيًا مع ممارساتهم التقليدية.

**المصدر:** CARE Myanmar, pp. 25-26.

**الإطار (3-19): عدم التشاور مع ضحايا فيضانات نيجيريا:**

في عملية إعادة إعمار المساكن المتضررة بعد كارثة فيضانات نيجيريا عام 2012، لَمْ يَتِمَّ التشاور مع أفراد المجتمع المتضرر حول تصميم المساكن المقررة إعادة بنائها، فقد تم عرض تصاميم البناء وحجمها أثناء التنفيذ، ولم يتمَّ منح المستفيدين أي خيار سوى قبول ما قدمته الحكومة، وبرر المستهدفون قبولهم بذلك لأنهم سيحصلون عليه مجانًا.

**المصدر:** Collins, p. 33.

### 4. منهجية «بناء الفناء» (الساحة الخارجية) (Building - Yard approach):

تتمثل فلسفة هذه الْمَنْهَجِيَّة لإعادة الإعمار في أن المجتمعات المحلية المتضررة قادرة على إعادة بناء منازلها، إما بنفسها أو عن طريق التعاقد مع بنائين محليين، ويجب في هذا الإطار أن تركز المساعدات الخارجية على تسهيل هذه العملية من خلال التأكد من أَنَّ مواد البناء والمهارات متوفرة محليًا بأسعار معقولة، أو مجانية. وهذه الْمَنْهَجِيَّة مناسبة للتطبيق بِشَكْلٍ خَاصٍّ في المناطق الريفية والضواحي، حيث لا يزال من المرجح أنْ يبني الناس منازلهم بأنفسهم بطبيعة الحال. ينصبُّ التركيز في هذه الْمَنْهَجِيَّة على تطوير إنتاج وتوزيع مواد البناء، وتحسين جودة المواد، وكذلك تدريب وإعداد بناة محليين. وتعد هذه الْمَنْهَجِيَّة ذات قيمة خَاصَّة في المناطق الخطرة، كمناطق الزلازل مثلًا، حيث أُثبِت أن توفر مواد وتقنيات البناء فيها هي المكمن الرئيسي للضعف فيما يخص إعادة الإعمار. إِنَّ نقاط القوة والضعف في هذه الْمَنْهَجِيَّة موضحة بشكل جَيِّد في مشروع بناء مدرسة بناء التعليم في مدينة ذمار في اليمن، انظر الإطار (47).

**الإطار (20-3): تدريب البناة المحليين- مشروع بناء التعليم مدينة ذمار في اليمن:**

بدأ مشروع بناء التعليم في مدينة ذمار اليمنية من قِبَل كل من منظمة أوكسفام، كنسرن، ووريد بارنا (منظمة إنقاذ الطفولة النرويجية). اتخذت هذه الوكالات قرار المشاركة في بناء التعليم (التدريب) على أساس معرفتها بالمجتمعات والثقافات المحلية التي تم الحصول عليها خلال برامج المساعدة الإغاثية بعد زلزال عام 1982. كان المشروع مميزًا لأنه صُمم كعملية، وليس كبرنامج جاهز. وقد كان الهدف من هذا المشروع هو الترويج لمجموعة من التوجيهات التقنية البسيطة للبنائين المحليين الذين يمكنهم بعد ذلك دمج هذه التقنيات في أعمالهم الإنشائية المعتادة، بهدف المساعدة في إعادة بناء المنازل الآمنة. استندت التحسينات التي تم تدريسهم إياها إلى تحليل مستوى الدمار والتحقيق في وسائل وطرق البناء القائمة.

بِشَكْلٍ عَامٍّ، اعتبرت أساليب التدريب المستخدمة فَعَّالَة وجعلت الناس أكثر إدراكًا للبناء السيئ ومكامن الضعف. تم إجراء تحسينات على العديد من المباني، وكان ثمة تأثير إيجابي للمشروع فيما يخص جودة وسلامة البناء.

ومع ذلك، كان التأثير الكلي للبرنامج محدودًا، وذلك لعدة أسباب، فلم يُحَسِّن التدريب من احتمالية الحصول على فرص عمل، كما أنه كان من الصعب على عمال البناء العثور على عمل مستمر، لم يكن باستطاعة معظم الناس تحمل نفقات إعادة البناء بتحسينات

جديدة، لذلك لم يُعِد الكثير منهم عمليات البناء وإنما كانوا ينتظرون المساكن التي كانت تُبْنَى من قبل مقاولين بتمويل من الحكومة التي قدمت وعدًا بهذا قبل 15 شهرًا. وتشمل الدروس المستفادة من هذه التَّجْرِبَة ما يلي:

- كان وجود برنامج موازٍ لتمويل تحسينات البناء يفترض أن يُحَسِّن من أثر المشروع، إلا أن الحد الأدنى من التحسينات كان يعد غاليًا بالنسبة لكثيرين.
- كان من شأن التنسيق بين برامج إعادة الإعمار الحكومية وبرنامج بناء التعليم (التدريب) أن يساعد على تلبية توقعات الناس.
- يجب أن تكون المساءلة مع المجتمعات نفسها، فهي التي تقدم كل شيء عمليًا (التمويل والمواد واليد العاملة) باستثناء تكاليف التدريب تماشيًا مع ممارساتهم التقليدية.

**المصدر:** Alistair Cory, "The Dhamar Building Education Project, Yemen," in: Aysan et al., *Developing Building Improvements for Safety Programmes.*

**الجدول (3-6):**

**نقاط القوة والضعف لنهج بناء الفناء:**

| نقاط القوة | نقاط الضعف |
|---|---|
| - البِنَاء على قدرات المجتمع الموجودة.<br>- يساعد في توفير مواد البناء.<br>- يمكن تحسين مواد البناء.<br>- يمكن تدريب عمال البناء.<br>- يمكن أن يساعد في تطوير مقاولين صغار. | - إعطاء مواد البناء مجانًا قد يسبب إشكاليات في السوق المحلي.<br>- تمكن إعادة بيع المواد أو عدم استخدامها في البناء.<br>- قد يتم نهب المخزونات.<br>- يستغرق وقتًا طويلًا لرؤية النتائج.<br>- من الصعب تبريره لوكالات التمويل.<br>- من الصعب استهداف المستفيدين. |

**المصدر:** Barakat, "Housing Reconstruction After Conflict and Disaster," p. 25.

**الإطار (3–21): إعادة تأهيل المساكن والمدارس للسكان العائدين في جافنا، سريلانكا:**

نفذت الوكالة الألمانية للتنمية الدولية (GTZ) منهجية «بناء الفناء» في جافنا بين عامي 1996 و2003، بالتعاون مع هيئة إعادة التوطين والتأهيل في الشمال (RRAN)، ووكالة حكومة سريلانكا في جافنا. كان الهدف هو إتاحة مواد البناء مجانًا للعائلات التي تعتزم إعادة بناء منازلها ومدارسها المجتمعية.

- تم إنشاء ساحة مركزية في جافنا، والتي كانت بمثابة مخزن ونقطة تنسيق للبرامج.
- تم شراء مواد البناء، بشكل رئيسي من كولومبو.
- كان يتم بناء المنازل بشكل عام من قبل العائلات نفسها.
- تم بناء المدارس من قبل جمعيات التنمية المدرسية (مجموعات مصالح المدرسة والآباء).
- قام قسم الإنشاء داخل وزارة التربية والتعليم بتقديم مشورة الخبراء في إعادة تأهيل المدارس.

قدمت الوكالة الألمانية للتنمية الدولية GTZ المشورة للعائلات، وعملت كمنسق شامل. أدى البرنامج إلى إعادة بناء 24 مدرسة و1000 منزل. غير أنه كانت ثمة صعوبات في الإمدادات نتيجة لارتفاع معدلات العنف والقيود الحكومية على الواردات، فضلًا عن التعرض لعمليات النهب بين حين وآخر.

**المصدر:** مستقاة من: *Guidelines for Building Measures after Disasters and Conflicts*, GTZ، ومن التَّجْرِبَة الشخصية للمؤلف.

**الإطار (3–22): تدريب العاملين في إقليم أتشيه:**

غالبًا ما يكون هناك تشجيع لإشراك المجتمعات المتأثرة في دفع عجلة تعافيها من خلال مشاركتها المباشرة في برامج إعادة الإعمار بالتوازي مع الحصول على فرص التدريب. في إقليم أتشيه تم تطبيق هذا النهج على نطاق واسع وتم توفير التدريب العملي للسماح للمجتمعات المتضررة بالمشاركة في إعادة إعمار مساكنها. في الوقت نفسه، تم تزويدهم بالسكن وسبل العيش لبدء أعمال البناء. ولزيادة تشجيع المشاركة المجتمعية، تم تشكيل لجان خَاصَّة بالمنازل، وتم السماح للمجتمعات المتضررة باختيار العامل الماهر الذي يفضلون العمل معه؛ ليساعدهم في بناء منازلهم.

**المصدر:** Bilau Abdulquadri, Emlyn Witt & Irene Lill, *A framework for managing post-disaster housing reconstruction. Procedia Economics and Finance* (2015), p. 317.

## 5. منهجية تيسير التمويل:

كما هي الحال في مَنْهَجِيَّة إعادة البناء، يستند منهج تيسير التمويل على افتراض أن المجتمعات المتضررة قادرة تمامًا على تخطيط وإدارة إعادة بناء منازلهم واستعادة سبل العيش، فعلى الرغم من توفر مواد البناء والْعَمَالَة الماهرة، إلا أن مصادر التمويل والقدرة الشرائية مفقودة؛ ولذلك تجادل هذه الْمَنْهَجِيَّة بأن أكثر التدخلات فاعلية يجب أن توفر تمويل وتيسر القروض لمن يحتاجون إليها لإعادة البناء. إن الفكرة من هذه الْمَنْهَجِيَّة تتمثل في تعزيز العمليات التي بدأها المجتمع بدلًا من التدخل ببرامج موازية لها، ففي أعقاب الكوارث والصراع، غالبًا ما تكون مصادر التمويل الخارجية لإصلاح المساكن والبناء متوفرة، رغم أن السُّلْطَة المحلية والناجين يتحملون الكثير من التكاليف أَيْضًا. ويساعد مثل هذا النهج في البِنَاء على تعزيز آليات التكيف المجتمعي ودعم استجابة المجتمع. وبهذه الطريقة، لا يؤدي التدخل إلى ازدواج في الجهود المجتمعية، ويمكن بدلًا من ذلك التركيز على توفير الموارد، التي قد لا تكون متوفرة بطرق أخرى، كالاستشارة الفنية.

إن العامل الأول الحاسم في هذه الْمَنْهَجِيَّة هو اختبار كيفية تمويل الإسكان قبل الكارثة. على سبيل المثال، هل كان هناك تمويل مقدم من الحكومة، أم أنه ترك للسوق والمصادر الْخَاصَّة؟ فإذا كان من الحكومة، فمن أين أتت الأموال؟ من الضرائب؟ من المنح والقروض الدولية؟ هل كانت المؤسسات في القطاع الرسمي تقدم قروضًا معتمدة من السُّلْطَات؟ قد يشمل هذا البنوك، الجمعيات والمنظمات المشتركة التي أُنْشِئَتْ خصيصًا لإقراض المحتاجين لبناء مساكنهم. ثم هل ثمة صندوق أو بنك مخصص للإسكان؟ هل هو ناجح؟ هل تأثر بالحرب أو بالكارثة؟ هل له ديون كبيرة مستحقة من قبل المقترضين؟ هل هو قادر على سداد قروض ما قبل الكارثة أو الحرب؟ هل هناك دور للمجتمع الدولي في تعزيز هذه المؤسسات ومساعدتها للاستمرار في دعم توفير السكن من خلال توسيع نطاق أنشطتها للتغلب على الطلب المتزايد بعد الكارثة أو النزاع؟ كيف تعاملت مع الفقراء قبل الكارثة؟ ما الذي قدموه كضمان حصولها على القروض؟

على المستوى المحلي، هناك عامل محدد آخر هو مستوى الأصول والممتلكات التي يمتلكها المجتمع، فهناك عدد قليل من العائلات التي لديها وصول إلى كميات كبيرة من المال في الظروف الطبيعية، كما قد يكون لديها مدخرات أو أصول قابلة للنقل، مثل المجوهرات والسجاد أو العقارات، والتي قد تكون راغبة في بيعها. إنَّ غالبية الأُسَر تبني

منازلها بشكل تدريجي، وتبدأ بتخزين مواد البناء، كما أن القروض متاحة لها في كثير من الأحيان من خلال الشبكات غير الرسمية، بما في ذلك العائلة والأصدقاء. إذا لَمْ يَتِمَّ إعداد المستندات لتسجيل اتفاقات الاقتراض فسيتم الاتفاق على تفاصيل جداول السداد وأسعار الفائدة شفهيًا. هناك العديد من النماذج المتاحة لتحديد مقدار ما يمكن اقتراضه، وما ينبغي أن يكون عليه جدول السداد. وهناك أَيْضًا نماذج للتنبؤ بتكاليف برنامج الإسكان التي تأخذ في الاعتبار النفقات الْعَامَّة ذات الصلة، مثل التخطيط والْعَمَالَة وتوفير البنية التحتية والأرض والنقل والتكاليف القانونية، فضلًا عن النفقات المتكبدة من خلال المواد والْعَمَالَة. في مرحلة التخطيط، يجب فحص مصادر التمويل، وحجم الميزانية الإجمالية، والتكاليف الإجمالية بدقة لضمان وجود أموال كافية لتغطية جميع النفقات، وأن يكون المشروع مستدامًا مَالِيًّا[1].

**الإطار (3-23): مساهمة تنظيم حزب الله بعمليات إعادة إعمار لبنان بعد حرب 2006:**

في عملية إعادة إعمار المساكن في لبنان عقب حرب تموز/يوليو 2006 مع إسرائيل، قدمت منظمة عقارية غير حكومية اسمها «جهاد البناء» تابعة لتنظيم حزب الله مساعدات أكثر مما قدمته جميع الوكالات والجهات المانحة الأخرى، لكن هذه المنظمة لم تنخرط في أي نوع من المساءلة الخارجية الرسمية، واستخدمت المبادئ الإسلامية للجمعيات الخيرية (الزكاة) لتجنب اتهامات اختلاس الأموال.

وَفْقًا للإحصائيات، فقد قدمت دعمًا بما يقارب 6221.53 دولارًا أمريكيًا لكل وحدة سكنية، استفادت منه 100 ألف أسرة، ليصل إجمالي المساعدات إلى أكثر من 600 مليون دولار أمريكي في مجموعها. لا يزال مصدر هذه الأموال غير معلوم، لكن العديد من المعلقين والمحللين خَلَصُوا إلى أنَّ إيران هي الممول الرئيسي للمنظمة.

**المصدر:** Sultan Barakat & Steven A. Zyck, "Housing Reconstruction as Socio-Economic Recovery and State Building: Evidence from Southern Lebanon," Housing Studies, 2011, p. 140.

(1) Barbar Mumtaz, *Meeting the Demand for Housing: A Model for Establishing Affordable Parameters*, Working Paper 73 (London: University College London, Developmental Planning Unit, 1996).

وتشمل القنوات الممكنة لتيسير التمويل المنظمات غير الحكومية الدولية والمحلية، والحكومات الوطنية، والسُلْطَات المحلية، والبنى الاجتماعية التقليدية مثل القادة المجتمعيين في القرى، أو الهيئات التي أُنْشِئَتْ خصيصًا لتنسيق إعادة بناء المساكن. ويمكن الأخذ بالاعتبار أن المنظمات ليست موجودة جميعًا في كل الحالات؛ إذ إن بعضها قد يكون غير مؤهل لإدارة وتوزيع الأموال. على سبيل المثال، بعد الحرب الأهلية، ربما تكون الحكومة قد انهارت، أو ربما يُنظر إليها على أنها تعمل لصالح جزء من السكان على حساب الجزء الآخر.

**الجدول (3-7):**

**نقاط القوة والضعف لنهج تيسير التمويل:**

| نقاط القوة | نقاط الضعف |
|---|---|
| - تُبْنَى على قدرات المجتمعات.<br>- يجعل التمويل أكثر سهولة.<br>- يمكن أن يوفر فرصًا للمجتمعات الأكثر فقرًا.<br>- يساعد في بناء أنظمة مالية.<br>- يمكن ربط المنح بتحسين البناء وتعزيز البرنامج. | - لا يمكن استخدام المال في أعمال البناء.<br>- قد يكون من الصعب سداد القروض.<br>- يزيد المديونية بين الفقراء. |

**المصدر:** Barakat, "Housing Reconstruction After Conflict and Disaster," p. 26.

من جانب آخر، قد تجد الحكومات المركزية نفسها مضطرة للتدخل بشكل مباشر. على سبيل المثال، في أعقاب الدمار الناجم عن الأعاصير التي ضربت أندرا براديش في الهند، أمرت الحكومة المركزية جميع المؤسسات المالية والبنوك التجارية الهندية بزيادة عدد القروض التي قدمتها للمجتمعات المتضررة من خلال التخفيف من متطلباتها. دعمت الدولة ثلث تلك القروض من خلال شركة الإسكان والتنمية الْحَضَرِيَّة (HUDCO)، والتي مولت أَيْضًا بناء البنية التحتية.

ويمكن للجهات المانحة تشجيع المشاركة وزيادة الإحساس بالمسؤولية والملكية بين المجموعات المستهدفة عن طريق توزيع المساعدات على مستوى المجتمع. ويمكن أن يتخذ هذا الإجراء العديد من الأشكال، بما في ذلك المساعدات المالية، أو المواد، أو الْعَمَالَة، أو الخبرة، أو الغذاء مقابل العمل، أو توفير أجر للسكان أثناء قيامهم بإعادة بناء منازلهم. كما يمكن توزيع المساعدة على مستوى الأسرة أو المجتمع. فعلى مستوى الأسرة، يمكن

أن تكون تلك المساعدة مصممة لتلبية الاحتياجات الفردية. ولضمان استخدام المساعدة المالية للغرض المقصود منها، يمكن إصدار قسائم لتبادل السلع في المتاجر أو مراكز التوزيع المحددة. أما إذا تمت إعادة الإعمار على مستوى المجتمع، فيمكن أن يتم تقديم التمويل أو المساعدة للمجتمع ككل، بحيث يتم ذلك عَادَةً على مراحل لضمان استفادة جميع أفراد المجتمع، بما في ذلك الفئات الضعيفة. ويمكن تأجيل المراحل اللاحقة من المساعدة أو حجبها إذا تم إهمال الناس من قبل مجتمعهم، على اعتبار أنه إذا أخفق عضو واحد في احترام الاتفاقيات المبرمة مع المانحين والوكالات المنفذة فقد يؤدي ذلك إلى معاقبة المجتمع بأسره[1].

**الإطار (3-24): آليات التمويل في إعادة إعمار المساكن في لبنان:**

تنوعت آليات التمويل المستخدمة في عملية إعادة إعمار المساكن في لبنان، ففي الوقت الذي انخرطت فيه كل من قطر ومنظمة «جهاد البناء» في التنفيذ المباشر دون تدخل الحكومة اللبنانية، قدم معظم المانحين الدعم المالي لقطاع معين للدولة عن طريق تحويلها إلى مجلس حقوق الإنسان اللبناني لصرفها إلى الأفراد المستفيدين من خلال هيئات حكومية وسيطة مثل مجلس الجنوب، والذي أنشئ في أوائل التسعينيات من أجل تنسيق وتنفيذ الأنشطة الإنمائية في جنوب لبنان. لقد سمح استخدام هذه الآلية بالنسبة للمانحين بتجنب مسألة المساءلة؛ وبالتالي بدت عملية التعويض وإعادة الإعمار غامضة نسبيًا. من جهة أخرى، استخدم الصندوق الكويتي للتنمية الاقتصادية آلية مختلفة؛ إذ قام بإصدار شيكات باسم المستفيدين المستهدفين، ثم قام بتوزيع تلك الشيكات عبر دائرة الرقابة الداخلية. لم تتمتع الحكومة اللبنانية في هذه الحالة بأي سيطرة ائتمانية على الشيكات، وكانت النتيجة توزيعًا فعالًا ومسؤولًا للتعويضات والمساعدات.

**المصدر:** Ibid., pp. 140-141.

ويمكن أَيْضًا تقديم المساعدة غير المشروطة ودون توقع السداد. ومع ذلك، يُفضل عُمُومًا تحديد اتفاقية واضحة مع المجموعة المستهدفة وترتيب شكل معين للسداد، فيمكن أن يكون السداد عينيًا وكذلك مَاليًا. ويتمثل أحد الاحتمالات للشروط في تقديم المساعدة في أن يلتزم أفراد المجموعة المستهدفة بتوفير الْعَمَالَة لإعادة بناء المراكز المجتمعية مثل المدارس ومراكز الصحة. كما يمكن تنظيم دفعات المساعدة المالية، بحيث يتم إعطاء

(1) UNMIK Department for Reconstruction, *Guidelines for Kosovo Reconstruction*.

الأولوية للمجموعات الضعيفة والأكثر فقرًا. لقد أثبتت برامج الائتمان الصغرى أن الفقراء يستحقون إعطاءهم الائتمان ويمكن تقديم المنح لهم دون ضمانات(1)، أما بالنسبة لأسعار الفائدة فمن الممكن أن تكون منخفضة أو ألَّا يتم فرضها على الإطلاق. هذا وتتكون القروض الميسرة من منحة وقرض؛ ولذلك لا يتعين سداد سوى نسبة من المساعدة المالية المتسلمة. في المكسيك بعد زلزال عام 1985، تَوَجَّبَ على المستفيدين دفع نسبة 10 في المئة كدفعة أولى من تكلفة منزلهم الجديد، وتم تنظيم سداد الدفعات اللاحقة طبقًا لدخل الأسرة، وقد تم حسابها على أساس فردي(2).

**الإطار (3-25): نقل أو إعادة البناء على الموقع نفسه:**

بعد الكارثة، يجب اتخاذ قرار يتعلق بما إذا كان سيتم نقل وإعادة البناء في منطقة جديدة، أو إعادة البناء على الموقع نفسه، فقد تكون هناك أسباب نفسية وجسدية منطقية للانتقال بعيدًا، حيث إنه يمثل بداية جديدة في منطقة ليست مرتبطة بالصدمة النفسية أو الفقدان أو على سبيل المثال، تتمثل في أنها قد تزيل عاملًا مُهِمًّا من عوامل ضعف المجتمع وتعرضه للكارثة. إلَّا أنَّ هذا القرار لا يمكن اتخاذه بسهولة، فقد يكون لدى الناس ارتباط بموقع معين استنادًا لمجموعة من الأسباب الاجتماعية والثقافية والاقتصادية القوية، ولا يمكن بسهولة نقل الأهمية الثقافية والرمزية والتاريخية للموقع المتضرر إلى منطقة جديدة. والواقع أنَّ العودة إلى منطقة معينة وإنْ كانت لا تزال غير آمنة بشكل واضح، قد يكون تحديًا أو محاولة للشفاء من الصدمة النفسية.

لا تتشكل المستوطنات اعتباطيًا، وعادةً ما تكون هناك أسباب وجيهة وراء استقرار المجتمع في مكان دون آخر، فقد يكون هذا لسبب إيجابي لكون المكان يوفر وصولًا إلى طريق التجارة أو الموارد الطبيعية الْمُهِمَّة على سبيل المثال. وقد يكون لسبب سلبي من ناحية أن الفقراء لا يمتلكون خيارًا غير الاستقرار في مكان معين. على سبيل المثال في حال قام ملاك الأرض بطردهم من مناطق أكثر قابلية للحياة. وإذا حصل هذا فإن مقترحات النقل قد تواجه مصالح الفاعلين المحليين المؤثرين أو قد لا تكون هناك أرض آمنة بديلة للإقامة عليها.

**المصدر:** Barakat, "Housing Reconstructions After Conflict and Disaster," p.27.

---

(1) Ismail Serageldin, *Micro-finance: Reaching the Poorest, in Ismail, The Architecture of Empowerment: People, Shelter and Livable Cities* (London: Academy Editions, 1997).

(2) Kreimer & Echeverria.

### 6. الاستدامة ونقل التكنولوجيا:

أيًّا كان نهج إعادة الإعمار الذي تم اختياره، فيجب أنْ يكون مستدامًا؛ أيْ أنَّه يجب أنْ تكون الموارد المالية والمادية والتقنية متاحةً محليًّا للحفاظ على السكن في حالة جَيِّدَة. كما يجب أن يكون السكن ملائمًا لاحتياجات الأسرة، ومناسبًا للبيئة المحلية، ويقع في منطقة تتوفر فيها فرص عمل وتكون خدماتها كافية لاحتياجات السكان. ذلك أنه في حال عدم توفر فرص عمل ولا مَرافق، فسوف يقوم الناس بالانتقال والتخلي عن منازلهم الجديدة. قد لا يكون من الممكن تحديد مكان السكن ليكون بعيدًا عن المناطق المعرضة للكوارث، ولكن يجب النظر في تقنيات البناء وخطط الإخلاء، فهي قد تخفف من آثار الكارثة. وطرق التخفيف هذه واسعة ومتنوعة، كتصميم منازل مقاومة للكوارث أو تغيير تلك الموجودة بأثر رجعي بحيث يمكنها تحمل الكوارث المستقبلية، كما يمكن أَيْضًا إدخال قوانين البناء واللوائح التي لم تكن موجودة من قبل، وكذلك إنشاء هيئة مؤسسية لتنفيذ قوانين البناء، والتي من شأنها الْحَدُّ من التدهور البيئي أو تطوير برنامج تعليمي لمساعدة المجتمعات على التقليل من آثار الكوارث. وأيًّا كانت الأساليب المختارة، فهي أَيْضًا بحاجة إلى أن تكون مستدامة.

**الإطار (3-26): تخفيف أثر الكارثة في فيتنام:**

في أعقاب الفيضانات الكارثية التي ضربت فيتنام في تشرين الثاني/نوفمبر 1998، طوَّر الاتحاد الدولي لجمعيات الصليب الأحمر والهلال الأحمر، والصليب الأحمر الفيتنامي مساكن أكثر قوة لمواجهة الرياح العاتية والفيضانات. كانت مساحة الوحدات السكنية في العادة بين 12 إلى 18 مترًا مربعًا، مع هيكل من الصُّلْب القوي من طابقين. وكان هناك مكان مخصص لِلأُسَر لتخزين المتعلقات القيمة ومخزونات الغذاء في الطابق الثاني فوق مستوى الفيضان، بحيث حتى وإن جرفت الجدران والتمديدات الملحقة، تحتفظ العائلات بالهيكل الأساسي لمنزلها وممتلكاتها.

التصميم مقاوم للكوارث بسبب:

- أساسات قوية: مصنوعة من الخرسانة ومُعَدَّة باستخدام قوالب لإنتاج قياسات دقيقة.
- سقوف مقاومة للرياح: تم استخدام مقاطع مصممة لمقاومة الرياح العاتية عبر ربط السقوف المعدنية مع بعضها، بحيث يوضع السقف بزاوية مقدارها 30 درجة، وهي الزاوية المثالية لتحمل قوة رياح الإعصار.
- روابط قوية: تم ربط هيكل أعمدة المنزل بالسطح عن طريق مسامير صُلْبَة 12m، كما تم ربط الأساسات بإطار عن طريق كتل صُلْبَة من الاستيل.
- هيكل مكثف وقوي: واحد فقط من بين 2450 منزلًا تم بناؤه باستخدام هذا التصميم كان قد تعرض للغرق في الفيضانات عام 1999. ومع ذلك، فقد تعرض المشروع للنقد، حيث تم استبعاد المجموعة المستهدفة من عملية التصميم، ولم يتمَّ شرح الجوانب الفنية للتصميم أثناء البناء؛ لذلك، فإن السمات التي تجعل المنازل مقاومة للكوارث غير مستوعبة ولا يمكن استنساخها أو دمجها في عمليات الترميم أو التوسيعات والامتدادات أو مبانٍ جديدة. أَيْضًا فعلى الرغم من توفر المواد على المستوى الوطني، إلا أنها غير متوفرة محليًا؛ لذلك تعتمد المجتمعات على مزودين خارجيين؛ وهو ما يجعل هذه المواد باهظة الثمن وفوق قدرة أغلب العائلات.

**المصدر:** Barakat & Zyck, “Housing Reconstruction as Socio-Economic Recovery and State Building”.

**الإطار (3-27): المأوى الانتقالي (المؤقت) ودوره في تمكين العائلات النازحة من العودة إلى ديارها بشكل أسرع، إندونيسيا:**

بعد كارثة تسونامي في أتشيه في إندونيسيا عام 2004، عاش العديد من النازحين في خيام، وتم إيواء أكثر من 100000 نازح داخليًا في ثكنات (بركسات)، بينما أعيد بناء المساكن الدائمة كجزء من استجابة الحكومة، تم استخدام نهج المأوى الانتقالي استجابة لعملية إعادة البناء الطويلة وتدهور الخيام والثكنات.

حيث أظهرت التقييمات اللاحقة أنه حتى بعد الانتقال إلى السكن الدائم، استمر المستفيدون باستخدام ملاجئهم الانتقالية كأعمال تجارية أو مساحة معيشية إضافية. تمت أيضًا إعادة تدوير المواد للمساهمة في إعادة الإعمار الدائم في كثير من الحالات وجزء منهم باع مواد مسكنه المؤقت لكسب المال.

أيضًا بعد زلزال يوجياكارتا عام 2006، تم توفير ملاجئ انتقالية في وقت مبكر جدًا، بحيث تكون في مكانها قبل بداية موسم الأمطار، ما ساهم في التعافي المبكر للأسر المتضررة والبدء بأنشطتها الخاصة. كما تم البدء في إعادة البناء وتوفير المساكن الدائمة بشكل أسرع. وفي كلتا الحالتين كان دور المأوى المؤقت كبيرًا في تمكين العائلات النازحة من العودة إلى ديارها.

المصدر: Victoria Batchelor, "Tarpaulins, transitional Shelters or Permanent Houses: How Does the Shelter Assistance Provided Affect the Recovery of Communities After Disaster? Two case studies in Indonesia: Aceh, 2004 and Yogyakarta, 2006," Oxford: Oxford Brookes University, 2011. At: https://www.researchgate.net/profile/Victoria-Maynard/publication/344404284_Tarpaulins_transitional_shelters_or_permanent_houses_how_does_the_shelter_assistance_provided_affect_the_recovery_of_communities_after_disaster/links/5f71e60c92851c14bc9b1b3f/Tarpaulins-transitional-shelters-or-permanent-houses-how-does-the-shelter-assistance-provided-affect-the-recovery-of-communities-after-disaster.pdf

الخصائص الرئيسية الخمس للإسكان المستدام هي:

أ. **الاستدامة البيئية:** هل تتجنب الْمَنْهَجِيَّة المختارة استنزاف الموارد الطبيعية وتلوث البيئة؟

ب. **الاستدامة الفنية:** هل يمكن إدخال المهارات المطلوبة ونقلها إلى الآخرين؟ وهل يمكن الوصول إلى الأدوات اللازمة؟

ج. **الاستدامة المالية**: هل يمكن الوصول إلى الأموال أو تبادل الخدمات لدفع ثمن العمل الذي يتعين القيام به؟

د. **الاستدامة التنظيمية**: هل هناك هيكل يجمع أصحاب المصلحة المختلفين بدون الحاجة إلى الاستعانة بالخبرات الخارجية في كل مناسبة؟

هـ. **الاستدامة الاجتماعية**: هل تتناسب العملية الكلية وكذلك المنتج بِشَكْلٍ عَامٍّ؟ وهل تلبي احتياجات المجتمع[1]؟

ويمكن لبرامج إعادة إعمار الإسكان استخدام تكنولوجيا جديدة (تُعرف باسم نقل التكنولوجيا)؛ وذلك كجزء من استراتيجية للتخفيف من الكوارث، وللتخفيف من عبء التنظيف والصيانة، أو توفير مياه ومرافق صحية ذات جودة أفضل، ومع ذلك، فإن نقل التكنولوجيا مسألة مثيرة للجدل. إن نمط الإسكان المطور من قبل مهندسين غربيين ليكون مقاومًا للكارثة، أو يقدم ما يعتبرونه معيارًا معيشيًّا أعلى، تعد كُلْفَةُ بنائه وصيانته أعلى بالمقارنة مع المساكن التقليدية، فالمجتمع المحلي قد يستوعب فوائد التصميم المستورد، إلا أنه غير قادر على دفع كُلْفَتِهِ؛ وبالتالي قد تستخدم طرق ومواد بناء تقليدية في عمليات الإصلاح والترميم وعمل إنشاءات هجينة تكون أكثر خطورة من السكن الأصلي المصمم محليًّا[2]. إن المساكن التي لا تعتمد على المهارات أو المواد المحلية لا تعود بالنفع الكبير على الاقتصاد المحلي. كما أنها يمكن أن تُسْهِم في فقدان تقنيات البناء التقليدية، خَاصَّةً إذا تم استيراد المهارات والمواد وكانت الهياكل الجديدة تفوق وسائل المجتمع المحلي للقيام بعملية الصيانة دون الحصول على المساعدة الخارجية.

---

(1) John Norton, "Sustainable Architecture: A Definition," *Habitat Debate*, vol. 5, no. 2 (1999).

(2) John Twigg, "Technology, Post-Disaster Housing Reconstruction and Livelihoods Security," Paper Presented at Benfield Hazard Research Centre, London, January 2002.

**الإطار (3-28): الإسكان المستدام بحزم الْقَشِّ ،**

**جمهورية بيلاروسيا (روسيا البيضاء)، 1994-2000:**

كان الإسكان بحزم الْقَشِّ في بيلاروسيا وبلدان أخرى من رابطة الدول المستقلة (CIS)، رائدًا لتوفير مساكن عامة بسيطة التكلفة وملائمة بيئيًا للنازحين في أعقاب حادثة مفاعل تشرنوبيل النووي في عام 1986؛ بسبب ضعف الاقتصاد الإقليمي وافتقار المجموعات المستهدفة للموارد المالية، كان من الضروري أن يكون السكن غير مرتفع التكلفة، فكان من المستحسن وَفْقًا لذلك اتباع منهجية مستدامة، خاصة بسبب المشاكل البيئية التي تسببها حادث تشرنوبيل والأنشطة العسكرية في المنطقة. ويعتبر البرنامج، الذي تم تنفيذه بشكل مشترك من قبل منظمة غير حكومية بيلاروسية مع الحكومة، ناجحًا. وقد كان مستدامًا للأسباب التالية:

1. **سهولة البناء والصيانة:** طرق بناء الْقَشِّ بسيطة، ومعظم الناس قادرون على بناء منازلهم بمساعدة الأصدقاء والعائلة. في الولايات المتحدة، استمرت بيوت الْقَشِّ لأكثر من 80 عامًا مع توفر صيانة عادية. وبفضل المعارف والمواد المحسنة اليوم، ينبغي زيادة العمر الافتراضي لهذا النوع من السكن. لقد مرَّ هذا السكن باختبارات صارمة للسلامة من الحرائق والاستقرار الإنشائي. ويعتبر الْقَشُّ أكثر أمانًا من العديد من البدائل التركيبية لأنه يحتوي على مادة عازلة، وقد أدت هياكل الْقَشِّ أداءً أفضل في الزلازل بالمقارنة مع هياكل الإنشاءات التقليدية.
2. **المواد المتاحة:** المواد الخام هي عبارة عن منتج ثانوي لإنتاج الحبوب، ويتم إنتاجه في معظم المناطق المأهولة بالسكان في العالم؛ ولذلك، فإن مواد البناء متاحة بسهولة، كما أنَّ تكاليف النقل منخفضة.
3. **الاستدامة الاقتصادية:** أما المنازل المصنوعة من الْقَشِّ فهي أرخص بثلاث إلى أربع مرَّات من المنازل المصنوعة من الطوب؛ وذلك لأنَّ تكاليف العمالة والمواد ضئيلة ورخيصة. إنَّ استخدام الْقَشِّ في البناء يحوِّل ما يعتبر مخلفات لا قيمة لها إلى منتج للإسكان؛ وبالتالي يوفر دخلًا إضافيًا للمزارعين، ويحلُّ النقص في المساكن بأقل التكاليف، كما يحافظ على الموارد المالية لأنماط أخرى من التنمية الاقتصادية.
4. **الاستدامة البيئية:** يعتبر الْقَشُّ منتجًا سنويًا للنفايات الزراعية القابلة للتجديد التي غالبًا ما تُحرق بسبب صعوبة إعادة دمجها مع التربة. يحظر الآن حرق الْقَشِّ في بعض البلدان، مثل المملكة المتحدة. إنَّ استخدام الْقَشِّ بدلًا من الخشب يساعد على الْحَدِّ من التصحر. كما أنَّ القشَّ هو من المواد العازلة. لقد أفاد سكان المناطق التي يتم استخلاص الْقَشِّ منها بأنهم يستخدمون وقودًا أقلَّ بأربعة أضعاف مما يستخدم في المساكن التقليدية المبنية من الطوب. كما أنَّ كل منزل من الْقَشِّ يستخدم الطاقة الشمسية لتسخين المياه والتدفئة بين شهري نيسان/أبريل وأيلول/سبتمبر.
5. **الاستدامة الاجتماعية:** يمكن تعديل سكن الْقَشِّ بسهولة ليلائم عادات الثقافة المحلية.

**المصدر:** Yevgeny Shirokov, “Building with Straw Bales in Belarus,” Paper Presented at Chairman of Belarusian Division of International Academy of Ecology, 1996; UN Habitat, Social Green Housing for Chernobyl Settlers, (2001).

لقد طَوَّرَتْ جميع الثقافات حلولًا سكنية كافية ويمكن تحمل كلفتها، وإذا تم استخدام هذه النقاط كنقطة انطلاق فسوف يكون توفير السكن المناسب أسهل وأرخص. يجب أن يكون نقل التكنولوجيا مناسبًا ومستدامًا ومقبولًا للمجتمع المستهدف، فقد فشلت الجهود المبذولة لإدخال مساكن مقاومة للفيضانات في بنغلاديش بعد فيضانات عام 1988 إلى حد كبير؛ وذلك لأن التواصل مع المجتمع كان ضعيفًا، ولم يتم اختبار تصميمات المساكن، كما لم يتمكن معظم الناس من تحمل تكاليف السكن. وبعد عقد من الزمن، ظهر أن المساعدة المقدمة بعد الفيضانات قد فشلت في محاولاتها الأولى، حيث ركزت على الائتمان الأصغر وأشكال أخرى من الدعم غير البنيوي لسبل المعيشة[1].

## خصائص المباني المستدامة:

المبنى المستدام هو ذلك المبنى الذي يراعي الاعتبارات البيئية في كل مرحلة من مراحل البناء، وهي: التصميم، والتنفيذ، والتشغيل، والصيانة، والاعتبارات الرئيسية التي تُراعى هي تصميم الفراغات وكفاءة الطاقة والمياه، وكفاءة استخدام الموارد، وجودة البيئة الداخلية للمبنى، وأثر المبنى ككل على البيئة. ويتمثل الفرق الرئيسي بين المباني المستدامة (الصديقة للبيئة) والمباني التقليدية في مفهوم التكامل، حيث يقوم فريق متعدد التخصصات من المتخصصين في البناء بالعمل معًا منذ مرحلة ما قبل التصميم إلى مرحلة ما بعد السكن؛ لتحسين خواص الاستدامة البيئية للمبنى وتحسين الأداء والتوفير في التكاليف.

والمباني المستدامة عَادَةً ما توفر جودة أفضل للهواء، وإضاءة طبيعية وفيرة، وتوافر للإطلالات، ومكافحة الضوضاء التي تفيد شاغلي المبنى؛ مما يجعل هذه المباني مكانًا أفضل للعمل أو المعيشة. ومن السمات الأساسية كذلك في المباني المستدامة التشديد على حماية التوازن البيئي الموجود، وتحسين البيئات التي قد تكون قد تضررت في الكوارث أو الحروب، أو بفعل الزمن، مع أخذ التدابير اللازمة لاستعادة الحياة النباتية، واستخدام أقل قدر ممكن من المواد، من خلال تصميم جيد، واهتمام بإزالة المواد غير الضرورية في التشطيبات وترشيد في استخدام المواد وكذلك إعادة تدوير المياه.

وتعد كفاءة استخدام الطاقة في المبنى واحدة من أهم العوامل في تصميم المباني المستدام، وتحقيقها يتطلب الاختيار الدقيق للنوافذ، والعزل الجيد للحفاظ على درجة حرارة

---

(1) المرجع نفسه.

الهواء، وعزل مواسير التكييف، والوضع الصحيح لعوازل البخار والهواء، واستخدام الطاقة النظيفة في التدفئة والتبريد. كما أن استعمال الطاقة المتجددة، مثل طاقة الرياح، والطاقة الشمسية، أو الطاقة الحيوية؛ لتلبية الاحتياجات من الطاقة يقلل إلى حد كبير من البصمة الكربونية لتلك المباني.

وقد أسهمت الزيادة في الأمراض التنفسية والحساسية والمواد الكيميائية التي تطلق الغازات في الهواء، في زيادة الوعي بأهمية الهواء داخل المنازل. وتركز المباني الخضراء أَيْضًا على تقليل الأمراض التنفسية والحساسية عن طريق تحسين الهواء داخل المنازل، عبر التحكم في مصادر التلوث وتقليلها والقضاء عليها من خلال التنقية والترشيح.

ويمكن بالإضافة إلى ما سبق؛ ما يتعلق بالاستدامة الْحَضَرِيَّة في عمليات إعادة الإعمار بعد الكوارث، حيث يهدف تحقيق الاستدامة الْحَضَرِيَّة في فترة ما بعد الكارثة، سيما في مشاريع إعادة الإعمار، إلى حماية كل من الأرواح والممتلكات وتقليل الخسائر في الكوارث المقبلة، فضلًا عن الحفاظ على المصادر وعدم استنزافها، وحفظ حق الأجيال المقبلة وتعزيز قدرة المجتمع على الاستمرار. ومن أجل تحقيق هذا النوع من الاستدامة، لَا بُدَّ أن يتم التعامل مع كل مكونات البيئة الْحَضَرِيَّة (البيئية والاقتصادية والاجتماعية)؛ إذ تزداد قدرة المجتمع على الاستدامة كلما زاد التداخل بين هذه المكونات.

وتجدر الإشارة هنا إلى أن منظمة BREEAM (BRE Environmental Assessment Method) تعتبر أن الاستدامة أصبحت من أهم الأهداف في منطقة الشرق الأوسط، وبالفعل فدول مثل: قطر، والإمارات العربية المتحدة، تشتمل على الخصائص الاجتماعية، والاقتصادية، والبيئية، والثقافية في العمارة، ويعتبر النظام الشامل لتقييم الاستدامة القطري GSAS من أشمل النظم العالمية للتقييم، فالمباني المستدامة ليست فقط استدامة إنشائية وبيئية، ولكن أَيْضًا تقدم الكثير من المنافع والفوائد لمالكي المباني ومستخدميها، من حيث تكاليف البناء المنخفضة، وتكاليف التشغيل المنخفضة والراحة المتوفرة والبيئة الداخلية الأفضل صِحِيًّا، بالإضافة لتكاليف صيانة أقل وعمر افتراضي أطول[1].

---

(1) سلمان ظفر، **خواص الأبنية الخضراء**، *EcoMENA*، شوهد في: 2/ 10/ 2022، في: https://bit.ly/3Loo1gg

# الفصل الرابع
# تنفيذ عمليات الإيواء وإعادة إعمار المساكن

## مدخل:

بعد اختيار المنهجيات واستكمال التخطيط بخصوص الإيواء وإعادة إعمار المساكن لما بعد النزاعات والكوارث، فإنَّ الخطوة التالية هي اتخاذ القرار بشأن طرق التنفيذ. وبِشَكْلٍ عَامٍّ، يمكن القول: إنَّ ثمة خيارين للتنفيذ:

- **الخيار الأول**: نموذج المقاول (The contractor model).
- **الخيار الثاني**: نموذج البناء الذاتي (The self – build model).

وفي كل الأحوال فإنَّ الخيار الذي سيتم اعتماده يرتكز على عدد من العوامل، منها:

1. حجم وانتشار الدمار وحجم المستوطنة، فكلما زاد حجم المشروع زادت احتمالية التعاقد مع المقاولين.
2. أساليب البناء في المنطقة المستهدفة والتعقيد التقني للبناء؛ كلما كانت الْخُطَّة أكثر تعقيدًا زاد احتمال التعاقد مع المقاولين.
3. مدى توفر الإسكان قبل وقوع الكارثة بِشَكْلٍ عَامٍّ من خلال الاعتماد على الذات، ومدى معرفة تقنيات البناء الأساسية.
4. قدرات الجهات الفاعلة (التقنية والاقتصادية والتنظيمية)، لا سيما عندما يتعلق الأمر بتقديم تدابير التخفيف من آثار الأزمة.
5. مقدار الوقت والجهد الذي يمكن أنْ يُسْهِم به السكان المستهدفون في إعادة الإعمار.
6. الإطار الزمني للمشروع.

## أولًا – نماذج تنفيذ مشاريع الإيواء وإعادة إعمار المساكن:

بعد أنْ يتم اختيار الأسلوب والطريقة ومصادر التمويل والتخطيط والتصاميم لمشاريع الإيواء وإعادة إعمار المساكن؛ تكون الخطوة التالية هي عمليات التطبيق والتنفيذ، ويتم اختيار

النموذج الأفضل بِنَاءً على دراسة مجموعة من العوامل؛ كحجم الدمار والأضرار، وطريقة وتقنيات البناء في المنطقة المستهدفة، إِضَافَةً إلى القدرات الاقتصادية والتقنية والاجتماعية للمجتمع المحلي، ومقدار الوقت والجهد الذي تحتاج إليه عملية إعادة الإعمار. ومن أهم النماذج في عمليات إعادة الإعمار:

**1. نموذج المقاول (The contractor model):**

أحد نماذج تطبيق وتنفيذ مشاريع الإيواء وإعادة إعمار المساكن هو التعاقد مع شركات مقاولات كبيرة سواء محلية أو عالمية، ويتم استخدام هذا النموذج لأنه يعتبر الأسهل والأسرع؛ من أجل إعداد المنازل والمباني وإعادة المجتمع إلى الوضع الطبيعي وتفادي زيادة المعاناة الإنسانية وإنشاء عدد كبير من المباني بمواصفات عالية ووقت سريع نِسْبِيًّا.

غالبًا ما تأتي الشركات والحلول والمواد والخبرات من خارج المجتمع المستهدف؛ وهو ما يجعل من الصعب التكيف مع الحلول المفروضة لحالات الطوارئ التي تهدف إلى مساعدة المجتمعات في أعقاب الكوارث. علاوة على ذلك، عَادَةً ما يكون البناء واسع النطاق ذا قوالب موحدة؛ ما يعني أنَّه لنْ تتمَّ تلبية الاحتياجات السكنية المحددة للمجتمعات وتنوعها.

في بعض حلول ما بعد الصراع/ ما بعد الكوارث، قد يتعين على برامج إعادة بناء المساكن استخدام الحلول المفروضة لتجنب المزيد من المعاناة الإنسانية. وإذا كانت التكنولوجيا والخبرات المستوردة ضرورية لتوفير مساكن أكثر متانة أو مقاومة للكوارث من المنشآت التقليدية، فإنه يجب أن تكون التكنولوجيا مناسبة حتى يكون لدى المجتمعات الأموال والمهارات اللازمة لصيانة المباني بأمان من دون الحاجة إلى مساعدة خارجية. وبِشَكْلٍ عَامٍّ، تعتبر الحلول المفروضة أمرًا غير مرغوب فيه؛ نظرًا لأنها تنتهج النهج التنازلي من أعلى إلى أسفل، وعلى الرغم من أنها عَادَةً ما تناسب الجهات المانحة والوكالات المنفذة، فإنها نادرًا ما تتضمن مشاركة نشطة للمجتمع المستهدف.

وتتمثل مزايا استخدام شركات المقاولات في إمكانية إنشاء عدد كبير من المنازل ذات المواصفات القياسية بسرعة نِسْبِيَّة وباستخدام موظفين يتمتعون بخبرات ومهارات تقنية وتخصصية. في البلدان المتقدمة أو المناطق الْحَضَرِيَّة، تقتصر معرفة كيفية البِنَاء على المهنيين، حيث اختفت عَادَةً ممارسة البناء الذاتي من قبل المجتمع. ففي مثل تلك الظروف، عَادَةً ما يكون استخدام الشركات لتنفيذ إعادة الإعمار هو الأكثر تفضيلًا. أَيْضًا

تكون شركات الإعمار مناسبة عندما تكون الفئات المستهدفة ضعيفة وتفتقر إلى المهارات أو الموارد اللازمة لتنفيذ تعمير الإسكان بنفسها.

في البلدان النامية أو المناطق الريفية، يمكن أنْ يؤدي استخدام مقاولين كبار وربما دوليين لإعادة بناء المساكن في مرحلة ما بعد الصراع/ الكوارث إلى إجبار الشركات المحلية الصغرى على التوقف عن العمل. أظهرت التَّجَارِب أنه يمكن إصلاح جزء كبير من الأضرار المادية التي قد تلحق بكارثة أو نزاع (باستثناء محطات الطاقة الكبرى والسدود والجسور في بعض الحالات) بواسطة شركات البناء المحلية. ومع ذلك، من الواضح أَنَّ شركات الإعمار، وخَاصَّةً في أعقاب الصراع، يمكن أنْ تظهر مقسمة وضعيفة، لا سيما في الحالات التي شهدت انقسامًا سياسيًّا في البلاد، حيث يتوقع أنْ تمرّ شركات الإعمار بمرحلة انتقال من الملكية الْعَامَّة الحكومية إلى الملكية الْخَاصَّة (كما في يوغوسلافيا والعراق). ومع ذلك، فإنَّ الموارد البشرية والخبرة الفنية تكون متوفرة عادة، ويمكن استخدمها في عملية إعادة الإعمار. إِنَّ تجاوز الشركات المحلية من خلال استخدام الشركات الدولية يعني أَنَّ اقتصاديات الدول المانحة والشركات الكبيرة هم المستفيدون الأساسيون من العملية.

وإذا كانت المجتمعات المحلية معتادة على بناء منازلها الْخَاصَّة، فإنَّ إيكال العمل للشركات أمرٌ قد لا يكون ضروريًّا. في بعض الحالات، يمكن التعاقد مع مقاولين محليين صغار يمكنهم تقديم مواد تُسْهِم في تقديم العمل. يعد التعاقد مع المنظمات غير الحكومية المحلية ممارسة شائعة في المناطق المتأثرة بالحرب والكوارث، قد يكون هناك ما يبرر ذلك على المدى القصير، عندما تكون المهارات محدودة وقطاع البناء الخاص لا يعمل بشكل جيد. وعلى المدى المتوسط إلى الطويل، قد يؤدي ذلك إلى التنافس بين المنظمات غير الحكومية والمقاولين الصغار من القطاع الخاص. وهذا يمثل مشكلة على وجه الخصوص في المناطق التي لم تتجذَّر فيها «ثقافة المنظمات غير الحكومية»، ويُساء فَهْم عمل المنظمات غير الحكومية على أنه «عمل خاص» (على سبيل المثال قد يُفهم عملها على أنه يشوبه نوع من التحايل لتحقيق الربح).

إنَّ عملية استخدام المتعاقدين الخارجيين في البلدان التي يتوقع فيها أصحاب المنازل تنفيذ عمليات الإصلاح الْخَاصَّة بهم مشوبة ببعض المشكلات؛ نظرًا لوجود خطر في إدخال التكنولوجيا والمهارات وتقنيات البناء الدخيلة على المجتمع المحلي (انظر مناقشة نقل التكنولوجيا في الفصل السابق). بمجرد الانتهاء من المشروع، قد يكون السكان غير

قادرين على صيانة منازلهم بشكل صحيح؛ وهو ما يرغمهم على تقديم تنازلات بشأن المواد المستخدمة، ويمكن أنْ تؤدي إلى عمليات بناء خطيرة، حيث يتم إجراء التعديلات من دون معرفة آثارها المترتبة على السلامة.

يمكن أنْ يفشل المقاولون في إكمال المشاريع في الوقت المحدد والالتزام بشروط العقد؛ لذا من الضروري أن تكون هناك عقوبات واضحة وقابلة للتنفيذ للإخلال بالمواعيد المحددة، وعدم الالتزام بالشروط. لا تشكل كتابة عقد ملزم أي مشاكل في البلدان التي يسود فيها النظام والقانون، كما يجب ألا تفتح المناقصة قبل موعد فتحها المحدد. ومع ذلك، ففي البيئات التي تكون فيها سيادة القانون ضعيفة، بعد النزاع أو خلاله مثلًا، قد يكون من الصعب تطبيق العقود الملزمة قانونًا. وعلى الرغم من هذا، فإنَّ غياب الإجراءات القانونية الصارمة لا يعني أَنَّ العمل يمكن أن يُنفذ دون عقود، أو أَنَّ العقود يمكن أنْ تُمنح دون مناقصات شفافة. هذا مُهِمٌّ بِشَكْلٍ خَاصٍّ في عملية إعادة بناء المساكن؛ لأنه يؤثر على التوازن الاجتماعي والاقتصادي في المنطقة.

وبِشَكْلٍ عَامٍّ، ينبغي تجنب عقود المبلغ الإجمالي، كما يجب إعداد وتوظيف عقود أكثر تفصيلًا تستند إلى سجل إنجازات قابل للقياس، حيث من شأن هذه العقود الحفاظ على حقوق كلا الطرفين. وثمة فكرة أخرى تتمثل في تشجيع التنافس بين عدد من المقاولين من حيث الأهداف؛ ما يساعد على تجنب احتكار مقاول أو مقاولين للسوق. من المرجح أنْ يتصرف المقاولون بمسؤولية في بيئة تنافسية. يوضح الإطار الآتي الخطوات المحتملة المتوخاة في أيِّ إجراء تعاقدي:

**الإطار (4-1): المناقصة وإجراءات التعاقد:**

يجب توخي الخطوات الآتية في الإجراءات التعاقدية:

1. صياغة مناقصة أولية تصف العمل المطلوب.
2. جمع المعلومات عن المقاولين المحليين (من خلال، على سبيل المثال، زيارات الشركات والجمعيات أو إجراء مقابلات).
3. وضع قائمة مختصرة للمقاولين المؤهلين لتنفيذ العمل.
4. إرسال وثائق المناقصة لجميع المقاولين المؤهلين.
5. تقوم شركات المقاولات بتسليم العطاءات (يجب تحديد تاريخ محدد).
6. يتم فتح المناقصات (علنًا أو بواسطة لجنة تمثيلية).
7. يتم النظر في المناقصات ودراستها.
8. يتم تقديم اقتراح لمنح وثائق إرساء العقود.
9. يتم اتخاذ قرار بشأن منح العقود.
10. يتم التفاوض على العقد (قد يكون من الضروري مراجعة بعض البنود، مثل فاتورة الكميات، أو وثائق التخطيط والتنفيذ).
11. بدء البناء.

المصدر: *Guidelines for Building Measures after Disasters and Conflicts* (Eschborn: Deutsche Gesellschaft für Technische Zusammenarbeit (GTZ), 2003, p. 43.

ومع ذلك، من الْمُهِمِّ أنْ نكون واقعيين عند عمل الشروط المرجعية (ToRs) لبرامج إعادة الإعمار. على سبيل المثال، يجب على الوكالات التي تضع هذه الشروط أنْ تضع في الاعتبار مقدار الوقت الذي يحتاج إليه المقاولون لا سيما الدوليين للتكيف مع البيئة المحلية. ولا بد عليهم أَيْضًا من التنبؤ بالصعوبات التي قد يواجهها المقاولون فيما يخص جلب الخبرات ومواد البناء. إنَّ العوائق المتوقعة للطريقة غير الواقعية والطموح المفرط مبينة بشكل واضح في دراسة الحالة اليمنية في الإطار (57)، حيث كان البناء لا يزال جاريًا على مدى عقد بعد حصول الزلزال في المنطقة.

**الإطار (4-2): إعادة الإعمار بالاعتماد على نموذج المقاول في اليمن:**

بعد منتصف يوم 13 ديسمبر 1982، ضرب زلزال بلغت قوته 5.8 درجة بمقياس ريختر محافظة ذمار والمناطق المجاورة في اليمن. أثر الزلزال على 354000 شخص في أكثر من 1000 تجمع سكاني صغير ومتوسط الحجم، مما أسفر عن مقتل 2500 شخص وجرح 4800 شخص. كما دمر حوالى 25000 منزل، وتضرر 1800 منزل بشكل كبير. بعد ستة أشهر، في 1 أيار/مايو 1983، أعلنت الحكومة اليمنية، ممثلة بالمجلس الأعلى لإعادة إعمار مناطق الزلازل الذي تم إنشاؤه حديثًا، أنها ستواصل برنامجًا طموحًا لتقديم مناقصات، من خلال توظيف متعاقدين محليين ودوليين لإعادة بناء وترميم جميع المنازل المتضررة في غضون عامين. بحلول نوفمبر 1991، ما تم البدء به كبرنامج مدته عامين فقط، لم يستكمل، وبعد عقد من الزمن، لم يكن ما بدأ كبرنامج لمدة عامين قد انتهى بعد. تم فقط بناء أقل من 10.300 منزل وإصلاح 1،652 منزلًا آخر. ونسرد في ما يلي بعض أسباب التأخير:

- استغرقت عملية المناقصة والتعاقد 15 شهرًا.
- الطبيعة الجبلية ووعورة الطرق لمحافظة ذمار حصرت استخدام نقل المواد على سيارات الدفع الرباعي فقط.
- ينبغي بناء العديد من الطرق خصيصًا للوصول إلى بعض التجمعات السكنية المعزولة بحيث تتيح نقل المعدات الثقيلة للمقاولين.
- فشل المقاولون الدوليون في التنبؤ بالعديد من المشكلات الثقافية واللوجستية التي يفترض أنْ يواجهوها في مجتمع محافظ للغاية.
- تم إنشاء 447 موقعَ بناءٍ على مساحة كبيرة؛ ما جعل الإشراف عليها صعبًا وبطيئًا ومكلفًا. كانت هناك محاولات لتقليل عدد المواقع من خلال عمل مراكز مشتركة لعدد من القرى الصغيرة في تجمعات سكانية أكبر.
- أخذت عملية اختيار المستفيدين وقتًا طويلًا. أدت الخلافات القَبَلِيَّة حول مواقع البناء الجديدة وعدد المنازل الموعودة إلى العديد من النزاعات المسلحة التي أدت بدورها إلى مزيد من التأخير في العمل.
- افتقر المكتب التنفيذي الذي أنشئَ للإشراف على العمل نيابة عن SCREAA إلى الخبرة ذات الصلة في برامج الإسكان واسعة النطاق، وفشل في تنسيق الأنشطة مع الوزارات الأخرى.
- أخيرًا، لم يتمكن موردو البناء من تلبية مطالب المقاولين الـ17 الكبار.

**المصدر:** Sultan Barakat," Rebuilding and Resettlement, 9 Years Later: A Case Study of Contractor-Built Reconstruction in Yemen Following the 1982 Dhamar Earthquake," University of York, PRDU, 1993.

## 2. نموذج البناء الذاتي (The self-build model):

يركز هذا النموذج الذي يطلق عليه أَيْضًا اسم المساعدة الذاتية على تمكين المجتمعات من تنفيذ أعمال البناء بأنفسهم. يكون البناء الذاتي ممكنًا عندما تكون الْعَمَالَة متوفرة، ويكون تصميم المساكن بسيطًا نِسْبِيًّا، وكذلك عندما تكون المجتمعات معتادة على البناء دون وجود ضغوط زمنية صارمة. ويمكن تنظيم أعمال إعادة الإعمار على أساس المساعدة الذاتية للأسرة، أو كبرنامج مشترك لإعادة إعمار المجتمع. وفي الغالب، يتم تقديم الدعم الخارجي من خلال توفير مواد البناء وتقديم مشورة الخبراء (فيما يُشْبِه بشكلٍ أساسيٍّ مناهج بناء وتسهيلات التمويل المبينة في الفصل السابق). وفي حالات أخرى، قد يتم توصيل المواد إلى المجموعات المستهدفة أو المخازن المعتمدة، حيث يمكن للعائلات الحصول على المواد منها (إذا توفر لدى العائلات إمكانية النقل، فقد يكون إنشاء مستودع أكثر فَعَّالِيَّة من حيث التكلفة مقارنة بتوصيل المواد مباشرة إلى المجتمع المستهدف). ومن الممكن تضمين برنامج الغذاء مقابل العمل كجزء من المشروع. وفي هذه البرامج قد تتعامل الجهات الخارجية بشكل مباشر مع الجهات المستفيدة، أو يتم التعامل معها من خلال مؤسسة أو هيئة للتنسيق، أو من خلال الجهات الرسمية الحكومية: (الوزارات، البلديات، المحافظات)، كما في بعض هذه المشاريع قد تُسْهِم الفئة المستهدفة مَالِيًّا بشكل جزئي في تكلفة المشروع، بالإضافة إلى المساهمة العُمَّالِيَّة.

وبالإضافة إلى الْعَمَالَة، قد تُسْهِم المجموعة المستهدفة مَالِيًّا في مشروع البناء الذاتي، فقد يكون لهذا الأمر فوائد مُهِمَّة على الاقتصاد المحلي، على الرغم من أنه قد يثير أَيْضًا أسئلة حول درجة المساعدة التي ينبغي أن تتلقاها الفئات الأكثر فقرًا في المجتمع لتمكينهم من المشاركة في برنامج البناء الذاتي؛ أي أنه لا ينبغي افتراض أن الأقارب سيبادرون إلى المساعدة التلقائية. بِشَكْلٍ عَامٍّ، قد تكون التكاليف أقل، فمثلًا تقدر مؤسسة المساعدات الشعبية النرويجية مشاريع البناء الذاتي في موستار في البوسنة والهرسك بأنها كانت أقل بنسبة 30 في المئة من المشاريع التي قام ببنائها المقاولون(1).

وعلى الرغم من أنه غالبًا ما تكون نماذج البناء الذاتي أبطأ من النماذج التي يقوم بها المقاولون، إِلَّا أَنَّ الحال قد لا تكون كذلك دائمًا. يعتمد نموذج بناء المقاولين على الوقت،

(1) *Evaluation Report of UNHCR Housing Programme in BiH, 1996–1997* (Geneva: UNHCR, 1998).

حيث يزيد احتمال تعثر المشاريع بسبب الفشل في توريد المواد، ويجب عَادَةً استكمال بناء المساكن قبل السكن فيها. وعلى العكس من ذلك، يمكن للعائلات بناء منازلهم بشكل تدريجي؛ مما يتيح لهم السكن فيها قبل أن يكتمل البناء بشكل نهائي. علاوة على ذلك، فإنَّ المساكن التي يتم بناؤها بواسطة المقاولين تُبْنَى إلى حد كبير بِنَاءً على المواصفات القياسية الْخَاصَّة، والتي قد لا تُلْبِي احتياجات الْأُسَر.

عَادَةً ما يبني المقاولون مساكن متفوقة تقنيًا عن الإنشاءات التي تُبْنَى وَفْقًا لنموذج البناء الذاتي، وعلى الرغم من ذلك فمعدلات السكن عَادَةً ما تكون أعلى في نموذج البناء الذاتي. يتوقع أن تكون المخاوف بشأن سلامة البناء الذاتي أكبر في المناطق المعرضة للكوارث، حيث أدَّتْ ممارسات البناء التقليدية إلى انهيار عدد كبير من المباني. على سبيل المثال: في ولاية غوجارات الهندية، ساهمت ممارسات البناء السيئة بشكل كبير في حدوث أضرار وخسائر بشرية جراء زلزال عام 2001. ولَا بُدَّ من الأخذ بالاعتبار مسألة تحسين جودة البناء الذاتي، ويمكن للوكالات التي تنفذ هذه المشاريع تقديم المشورة والإشراف على عملية البناء؛ لضمان ممارسات البناء الآمنة. وقد تم ذلك في ولاية غوجارات في عام 2001، على الرغم من أن التَّجَارِب المستخلصة من هذا المشروع تشير إلى أَنَّ مساكن البناء الذاتي التي تم بناؤها حديثًا لم تكن بالضرورة أكثر أمانًا، انظر الإطار (58).

إنَّ عنصر المراقبة مُهِمٌّ لضمان عدم إعادة بيع المواد الموزعة. ومع ذلك، يمكن أنْ تكون مراقبة وتقييم عملية البناء الذاتي أكثر تكلفة مقارنة بعمليات البناء من قبل المقاولين[1].

قد يكون لنموذج البناء الذاتي فوائد أقل، على الرغم من أهميتها؛ ولأنه يشجع على المشاركة النشطة للمجتمع المتضرر من الكوارث، فإنه يمكن أنْ يكون وسيلة مفيدة لاستعادة الشعور بالكرامة والرفاهية لدى الأشخاص الذين تعرضوا لصدمات نفسية. توفر أنشطة نموذج البناء الذاتي هياكل إدارية يومية؛ ولأنَّ هذا النموذج يتطلب عَمَالَة واسعة، فإنه يمكن أنْ يُدِرَّ دخلًا لعدد أكبر من الناس مقارنة بنموذج بناء المقاولين. قد يُسْهِم هذا النموذج أَيْضًا في إقامة وتعزيز روابط جديدة داخل المجتمع من خلال مشاركتهم المشتركة.

(1) *Self-help Housing As Practiced by SIDA* (Stockholm: SIDA, 2000).

**الإطار (4-3): إعادة بناء المساكن الذاتية في ولاية غوجارات - الهند:**

تبنت السلطات في غوجارات نموذجًا يديره المالك لمساعدة المجتمعات التي أصبحت مشردة بسبب زلزال عام 2001. قدمت الحكومة تعويضات مالية ومواد بناء مدعومة، لكنها تركت أصحاب المنازل يرممون منازلهم. قدمت المنظمات غير الحكومية المشورة الفنية حول ممارسات البناء الآمن.

**المصدر:** John Twigg, "Technology, Post-Disaster Housing Reconstruction and Livelihoods Security," Paper Presented at Benfield Hazard Research Centre, London, January 2002.

اعتمدت المفوضية السامية للأمم المتحدة لشؤون اللاجئين نموذجًا للبناء الذاتي في البوسنة في عامي 1996 و1997. ومع ذلك، فإنَّ الوكالة أبدت تحفظات على هذا النموذج. فقد خَلَصَتْ إلى أَنَّ قدرة الأفراد على ترميم منازلهم تعتمد على مدى الضرر، وأنَّ عددًا قليلًا من أفراد المجتمع يمتلكون المهارات اللازمة لتنفيذ إعادة الإعمار. وهذا يشير إلى أَنَّ التخطيط لمشاريع المساعدة الذاتية يجب أن يتضمن تقييمًا لمهارات المجتمع لتنفيذ العمل. وطبقًا للمفوضية السامية للأمم المتحدة لشؤون اللاجئين، فإنَّ جودة بعض أعمال الترميم كان ضعيفًا؛ حيث إنَّ أكثر من 60 في المئة من الميزانية المخصصة للترميم صرفت على منع المزيد من التدهور في المنازل، بدلًا من ترميمها.

**الإطار (4-4): المشاركة المجتمعية: دروس من برنامج إعادة تأهيل زلزال ماهاراشترا:**

في 30 أيلول/سبتمبر 1993، هز زلزال ولاية ماهاراشترا الهندية؛ ما أسفر عن مقتل حوالى 8000 شخص وإلحاق الضرر بنحو 000 230 منزل في لاهور وعثمان أباد و11 مقاطعة أخرى. وبمساعدة البنك الدولي، أنشأت حكومة ولاية ماهاراشترا برنامجًا لإعادة التأهيل من زلزال ماهاراشترا الطارئ (MEERP). هذا البرنامج قسم المجتمع إلى فئتين: الفئة الأولى: وتتضمن الذين يحتاجون إلى إعادة توطين (القرى الـ 52 التي عانت من أسوأ الأضرار) والذين يحتاجون إلى إعادة بناء منازلهم أو إصلاحها أو تعزيزها في الموقع نفسه. وشملت الفئة الثانية حوالى 1500 قرية ونحو 190.000 عائلة.

في مواقع إعادة التوطين، تم تنظيم بناء المساكن من قبل مستشارين هندسيين ومقاولين،

باستثناء عدد قليل من القرى الصغيرة التي أديرت من قبل المنظمات المانحة والمنظمات غير الحكومية. وفي حين أن المستفيدين لم يشاركوا مباشرة في البناء، فقد شاركوا بشكل كبير في مراحل صنع القرار، بما في ذلك اختيار المستفيدين، وتحديد مواقع إعادة التوطين، وتصميم القرية، وتصميم المنازل، وتوفير وسائل الراحة. وقد تم اتخاذ القرارات النهائية في الجلسات العامة للقرية بأكملها. أما خلال مرحلة البناء، لم يشارك في وحدة إدارة المشروع سوى لجنة على مستوى القرية ومستشاري المشاركة المجتمعية. وبمجرد الانتهاء من البناء، تم تخصيص المنازل للمستفيدين في مشاورات مفتوحة مع القرية بأكملها.

في المجتمعات المحلية المقرر إعادة الإعمار فيها أو الترميم، تولى أصحاب المنازل مسؤولية الترميم والتعديل والتعزيز لمنازلهم بأنفسهم، وذلك من خلال المواد والمساعدة المالية والتقنية التي تقدمها الحكومة. افتتحت وحدة إدارة المشروع حسابًا مصرفيًا لكل من أصحاب المنازل المؤهلين والبالغ عددهم 190.000 الذين حصلوا على قسائم لمواد البناء. قام مهندس مبتدئ تم تعيينه على مستوى القرية بتقديم المساعدة التقنية لضمان أن تكون المنازل مقاومة للزلازل. كما شكلت كل قرية لجنة مستفيدة للعمل مع وحدة إدارة المشروع. في معظم القرى، كانت تلك اللجان تتألف من مجموعات نسائية للمساعدة الذاتية، وقد تم تنظيم برامج تدريبية في القرى التي تضم أعدادًا كبيرة من المستفيدين، حيث تم إطلاع السكان على استحقاقاتهم والعمليات الواجب اتباعها. بعد 18 شهرًا، كان البرنامج جاريًا على قدم وساق. وبهذا القدر من القرى والمستفيدين المتضمنين في المشروع، تضمن البرنامج أبعاد حركة الإسكان، وتجديد السجل العقاري في المنطقة بأكملها.

وبينما كان برنامج إعادة التأهيل من زلزال ماهاراشترا MEERP يحقق نتائجه، أصبحت مشاركة المجتمع مقبولة بشكل متزايد كوسيلة فعالة لحل المشكلات أثناء عملية إعادة الإعمار. كما كان له تأثير إيجابي على المجتمعات حيث ساعد إشراك السكان المحليين في التغلب على الصدمات النفسية. وبالإضافة إلى العمل في مجال الإسكان، عالجت بعض الوكالات أيضًا القضايا الاجتماعية، مثل التعليم المدرسي. وبمرور الوقت، أصبح هذا المشروع مرتبطًا بالناس ومشروعهم. فتحت العملية التشاركية العديد من قنوات الاتصال غير الرسمية بين الناس العاديين والحكومة. وأصبح المستفيدون على دراية بحقوقهم وعملوا بشكل جاد في إطار المشروع لحماية أنفسهم. كما تواصل السكان الذين شعروا بعدم معالجة مظالمهم بشكل مناسب مع السلطات المحلية والحكومة في مومباي.

**المصدر:** Twigg, "Technology, Post-Disaster Housing Reconstruction and Livelihoods Security".

### 3. نموذج البناء التعاوني:

يتمثل أحد البدائل لنموذج المساعدة الذاتية في حشد المجتمع للقيام بإعادة الإعمار بشكل جماعي. ويعني هذا أنْ يتم توفير المواد للمجتمع بشكل كلي، بدلًا من تقديمها لأسر محددة، وتنفذ عملية إعادة الإعمار للمجتمع ككل. وكما هي الحال مع نموذج البناء الذاتي، فإنَّ التعاون في إعادة الإعمار يُعزز الصلات المجتمعية ويسهم في المصالحة ويسهل من عملية التماثل من الصدمات النفسية عقب الكوارث والنزاعات. بالإضافة إلى ذلك، يضمن هذا النموذج توزيع أكثر عدالة للمهارات والْعَمَالَة لفئات المجتمع كافة، كما يضمن مساعدة الفئات المستضعفة. ويعني هذا أنهم لن يضطروا إلى الاعتماد على مساعدة إضافية من وكالات أو من مساعدة خَاصَّة من العائلة والأصدقاء. يتطلب هذا النموذج مستوًى عاليًا من مشاركة المجتمع وتعاونه -قد يكون غير مناسب لمجتمعات ما بعد الصراع- ولكي يحقق نجاحًا، فإنَّ التعاون في إعادة الإعمار ينبغي أنْ ينظم بعناية، ويجب أنْ تكون العلاقات جيدة بين المجتمع والوكالات المنفذة؛ كما يجب الاتفاق بشكل واضح على أهداف البرنامج وأهداف إعادة الإعمار قبل الشروع في البناء. يمكن للوكالات أنْ تتحكم بالعملية وتضمن استفادة أفراد المجتمع بشكل متساوٍ من خلال توفير المواد على مراحل مختلفة.

إن هذا النموذج يتطلب تنظيم العمل بشكل جماعي وليس بالاعتماد على مؤسسات أو جهات أخرى، أو يعتمد على العائلة والأصدقاء، ويتطلب ذلك درجة عالية من التنظيم وعلاقات جيدة بين أفراد المجتمع، وأن يتم الاتفاق والتفاهم على كل شيء قبل البدء بالعمل، إلى جانب التأكد من تبادل المنفعة العادلة للجميع.

**الإطار (4-5) إسكان المساعدة الذاتية في البلقان، 1993-2000: تجربة الوكالة السويدية للتعاون الإنمائي الدولي SIDA:**

في البلقان، كان اعتماد نموذج المساعدة الذاتية في إعادة بناء المساكن مناسبًا: اعتاد الناس على بناء منازلهم بمساعدة الأسرة والأصدقاء، كما عملوا على استئجار العمالة الماهرة لاستكمال الجوانب الصعبة تقنيًا من عملية إعادة الإعمار. من خلال هذا النموذج مَوَّلَتِ الوكالة السويدية للتعاون الإنمائي الدولي SIDA إصلاحات وأعمالَ إعمارٍ كبرى لـ 6400 منزل في البوسنة و850 في كرواتيا وأكثر من 1300 في كوسوفو. خَلَصَتِ الوكالة إلى ما يلي:

- كانت مشاريع البناء الذاتي أرخص بنسبة 40 في المئة من مشاريع بناء المقاولين.
- قبل البدء في تنفيذ العمل، كان الناس قلقين بشأن جودة البناء، لكنهم فيما بعد شعروا بالاعتزاز بعملهم. لقد فضل الكثيرون القيام بالعمل بأنفسهم لأنهم لم يثقوا بأن المقاولين سيقومون بالمهمة على نحو جيد.
- يجب أن يكون لدى الوكالات موظفون قادرون على تقديم المشورة الفنية، ولكن يجب ترك معايير البناء لمالك المنزل.
- أصرت بعض البلديات، ربما لأسباب سياسية، على أنَّ المساكن التي بنيت وفقًا لنموذج البناء الذاتي شيدت بطريقة غير قانونية. وسعت السُّلُطَات إلى فرض رسوم على السكان بأثر رجعي للحصول على تصاريح، فيما كان المقاولون الكبار في موقف أقوى للتفاوض بشأن القضايا القانونية مع السُّلُطَات. وإذ شددت الوكالات على معايير البناء ومراقبتها مِنْ كَثَب، فإن هذا يمكن أن يعطي السُّلُطَات فرصًا لعرقلة بناء المساكن وإعادة الإسكان.
- في البوسنة، كانت معدلات الإسكان لمشروعات البناء الذاتي الجديدة أعلى بنسبة 10 في المئة من مثيلاتها في مساكن بناء المقاولين الموجودة في المنطقة نفسها، على الرغم من أن تشييدها وتنفيذها تم خلال الفترة الزمنية نفسها من قبل المنظمة غير الحكومية نفسها.
- ينبغي للمنظمات غير الحكومية أن توضح من بداية المشروع أنها سوف تسترد المواد غير المستخدمة. هذا يضمن أن يتم استخدام الموارد بشكل فعال ويقلل من خطر إعادة بيعها. ومع ذلك، تحتاج الوكالات إلى التحلي بالمرونة بشأن أوقات الإنجاز، لأن بعض الأُسَر ستعمل ببطء أكثر من غيرها.
- حتى الفئات الضعيفة من المجتمع، بما في ذلك الأُسَر التي تتولى أمرها نساء، تمكنت من المشاركة في مشاريع البناء الذاتي عن طريق الحصول على المساعدة من الأقارب والأصدقاء. إن نموذج البناء الذاتي يعد أكثر تحديًا للمجتمع من نموذج بناء المقاولين، لكن فوائده الاجتماعية أكبر بكثير. وقد زعم الكثير من القيادات المحلية بأنهم يفضلون مشاريع البناء الذاتي لهذا السبب.

**المصدر:** Self-help Housing As Practiced by SIDA, (Stockholm: SIDA, 2000).

**الإطار (4-6) إعادة الإعمار من خلال المساعدات الذاتية في كولومبيا:**

في عام 1983، تسبب زلزال بأضرار كبيرة في مدينة بوبايان الكولومبية، ودمر ما يقرب من ثلاثة أرباع المساكن. تم تدمير ما يقرب من 2500 منزل تدميرًا كاملًا، وتضرر 6900 منزل بشكل خطير، وتأثر 4500 منزل بشكل متوسط. أثر الزلزال في العديد من المباني التجارية والحكومية والبنية التحتية للمدينة. تُوفي ثلاثمئة شخص وجُرح 2.000. آخرون.

بين عامي 1985 و1995، قامت دائرة التدريب الوطنية (SENA) بإعادة بناء وترميم 5000 منزل باستخدام نموذج المساعدة الذاتية. تم تقسيم كل مجتمع معني في «وحدات»، مكونة من مجموعات، كل مجموعة بين 15 إلى 20 أسرة، تحت إشراف مجلس مكون من رئيس وأمين صندوق وسكرتير، وجميعهم ينتخبهم المجتمع. في بعض الوحدات، تم اختيار المراقبين بناءً على مهاراتهم أو اهتماماتهم الْخَاصَّة.

كان هناك مخطط تمويل مختلف لكل مجتمع، يتناسب مع خصائصه واحتياجاته الْخَاصَّة. في بعض الحالات، استخدمت القروض لدفع تكاليف العمل، بينما في حالات أخرى، تلقى المجتمع تبرعات كنسبة مئوية من تكلفة مواد البناء. وتشكلت بقية التكلفة من مدخرات الناس وقروض من جمعيات بناء حكومية أو من الصناديق الْخَاصَّة الأخرى التي أُنْشِئَتْ لتوفير القروض لعملية إعادة الإعمار. في عام 1986، تم إجراء تقييم لتأثير المرحلة الأولى من البرنامج الذي يغطي 524 أسرة. شملت النتائج التي توصل إليها ما يلي:

- تتراوح أعمار معظم المشاركين في إعادة الإعمار بين 30 و49 عامًا؛ 80 في المئة من الرجال.
- قبل وقوع الزلزال، كان أكثر من -57 في المئة- موظفين؛ 10 في المئة عاطلين عن العمل، و17 في المئة (أي ما يعادل تقريبًا نسبة المشاركات الإناث) يعملون في مَهَامَّ أُسَرِيَّة. وكان الباقون من الطلاب أو ممن يقومون بأنشطة أخرى. وكان نصف المشاركين من الموظفين يعملون في قطاع البناء.
- خلال مرحلة إجراء الاستبيان، كان هناك 51 في المئة من المشاركين قد دفعوا كامل المبالغ التي عليهم، و24 في المئة لم يدفعوا، أما البقية فلم يجيبوا عن السؤال.
- كان حوالى 87 في المئة من المشاركين يسكنون المنازل التي بنوها، و3 في المئة قاموا بتأجيرها، و10 في المئة قاموا ببيعها.
- معظم أولئك الذين استأجروا أو باعوا منازلهم كانوا ضمن الفئة ذات الدخل المنخفض.
- حوالى 84 في المئة كانوا راضين عن حجم وتصميم منازلهم، ومواد البناء المستخدمة.
- أكثر من 60 في المئة من المنازل لَمْ يَتِمَّ إجراء تعديلات وقت إجراء المسح. من بين تلك التي تم تعديلها، كان لدى معظمها إما غرف إضافية مبنية، أو تم تكييفها لأغراض محددة، مثل تحويل غرفة المعيشة الى متجر.

- أخيرًا، على الرغم من انخفاض مستوى التعليم الرسمي، أعطى 70 في المئة من المستجوبين إجابات صحيحة عن أسئلة خاصة بمبادئ البناء الأساسية المقاومة للزلازل.

**المصدر:** Gustavo Wilches-Chaux, "The SENA Self - Help Reconstruction Programme Following the 1983 Popayan Earthquake, Colombia – A Governmental Vocational Training Centre Approach," in: Y. Aysan, et al., *Developing Building for Safety Programmes: Guidelines for Organizing Safe Building Improvement Programmes in Disaster - Prone Areas* (London: Intermediate Technology Publications, 1995).

## ثانيًا - التسليم والصيانة:

هناك جانبان مشتركان في مسألة تسليم الوحدات السكنية التي أُعيد بناؤها. الأولى تتعلق بتسليم «المفاتيح» أو وثائق الملكية للمستفيدين، ويتضمن هذا الإجراء إصدار وثائق وضمانات الملكية والأرض. وينطوي الجانب الثاني على تسليم المشاريع إلى الشركاء أو السُّلْطَات المحلية، الذين يصبحون بعد ذلك مسؤولين عن تشغيل البرامج وصيانتها، وفي بعض الحالات يوكل إليهم الإشراف على المشاريع حتى الانتهاء منها.

من الْمُهِمِّ أنْ نشير هنا إلى أَنَّ الكثير من المستوطنات التي بُنِيَتْ حديثًا تفتقر إلى الروابط الاجتماعية التي ربما كانت موجودةً قبل وقوع الكارثة؛ وبالتالي فهي تحتاج إلى عناية إضافية من حيث الصيانة والخدمات، لا سيما عندما يتعلق الأمر بالمساحات والمنشآت والبنية التحتية المشتركة.

قد يُطلب من الشركاء المحليين أَيْضًا إيجاد آليات وأنظمة لاسترداد تكلفة إعادة الإعمار. في حالات أخرى، قد تكون هناك حاجة لتنظيم تأجير المباني وإدارتها. في بعض البرامج، لا سيما البرامج الكبيرة التي كانت تحظى بدرجة عالية من المشاركة المجتمعية، أو حيث كانت الحكومة منخرطة فيها بشكل كبير، قد يكون هناك حاجة للاحتفال بهذه المناسبة، وقد تحظى بتغطية إعلامية مصاحبة.

ويمكن أن يتم انتخاب فرق الإدارة المحلية من بين المستفيدين أنفسهم أو توظيف أشخاص للقيام بالْمُهِمَّة، أو قد يكونون من مسؤولي الحكومة المحلية. وأَيًّا كانت الطريقة المستخدمة، فربما يلزم أنْ تكون هناك فترة انتقالية قبل أن تكون الفرق قادرة تمامًا على تولي مشروع الإسكان. هذا مُهِمٌّ بِشَكْلٍ خَاصٍّ عندما يتم إدخال أنظمة وتقنيات إدارية جديدة.

في الوقت نفسه، يظل هناك خطر، حيث إنه إذا كانت وكالة ما تتحمل مسؤولية برنامج الإسكان، فإنَّ اسمها سيكون مرتبطًا بشكل دائم بهذا البرنامج، وفي تلك الحالات، سيكون لدى الناس هواجس وتساؤلات عن دور هذه الوكالات على المدى الطويل. في المكسيك مثلًا، كثيرًا ما وجد الصليب الأحمر نفسه مسؤولًا عن المشكلات التي نشأت بعد تسليم المشروع إلى السُلْطَات المحلية والفرق المشكَّلَة من السكان[1]. قد تكون هذه مُشْكِلَة أقل حِدَّة إذا تم تنفيذ البرنامج باستخدام نموذج المساعدة الذاتية.

(1) Coyet et al., *Towards Better Practices in Housing and Construction*.

# الفصل الخامس
# التقييم

## مدخل:

عَلَّقَ الأخضر الإبراهيمي، عند تسلمه وسام داغ همرشولد في 8 تموز/ يوليو 2004، على «نشاطاته المتعلقة بالسلام» بذكر أربعة دروس عَامَّة فيما يخص النزاعات وما يتبعها من عمليات المصالحة، يهمنا منها في سياق هذا الكتاب الدرسان الثالث والرابع، واللذان يبين فيهما أننا كممارسين في هذه المجالات «نضطر -للأسف- في النهاية لاتخاذ أهم القرارات... قبل أن نصبح على دراية كافية بما قد ينجم عنها»، وأنه وبالتالي -عند انتهاء الْمُهِمَّة- فمن «المستحسن مقاومة إغراء إعلان النصر قبل أوان ذلك». وقد أشار الإبراهيمي إلى أَنَّه بذلك «لن تصبح توقعاتنا وبرامجنا أكثر واقعية، بل تصبح، بدلًا من ذلك -على الأقل- أكثر طموحًا ومتعددة الجوانب». وما نستفيده هنا من تعليقات الإبراهيمي، المبنية على خبراته، هو أن إضفاء قيمة على عملية مُهِمَّة لبناء الدولة مثل إعادة الإعمار ليس بالأمر الهين، ولا يمكن القيام به بعُجَالة. وتطبيقًا لمنطق خطابه، فإن إجراء تقييم للأثر بعيد المدى للبرامج والمشاريع يجب أن يحصل بعد سنوات عديدة من إعادة الإعمار. فالأطراف المعنية التي قدمت «التنازلات الصعبة» لضمان سلام دائم، مواطنو البلدان الخارجة من الحرب هم الأقدر على تحديد قيمة النتائج وإلى أي مدى يعتقدون أن الجهود الدولية ساعدتهم أو أعاقتهم.

رغم أن تقييمات «النجاح» و«الإخفاق» لعدد من عمليات إعادة الإعمار جرى تحديدها بعد انتهائها، فإن هذه التقييمات تستند إلى معايير جهات خارجية، وليس إلى معايير أصحاب المصلحة الوطنيين. يمكن إيضاح هذه النقطة بالرجوع إلى عمليتين «ناجحتين» لإعادة إعمار الدول، تُدرسان مجددًا بطريقة نقدية حاليًا: وهما: ألمانيا، واليابان. وربما أصبح من الممكن الآن تقييمهما بدرجة من الثقة؛ نظرًا لانقضاء وقت كافٍ لمواطني هذه الدول ذات السيادة الآن لتقييم النتائج والإعراب عن أحكامهم المقتنعين بها دون خوف من الانتقام أو

الرفض[1]. لكن من كان يجري مراجعة لهاتين التجربتين - باعتبارهما عمليتين أمريكيتين سابقتين لإعادة إعمار الدول -هم محللون أمريكيون؛ نظرًا للاعتقاد بأهميتهما لعملية إعادة إعمار العراق[2].

وهكذا يبدو أن معايير القيمة تستند غالبًا إلى افتراضات تحددها الثقافة الدولية المهيمنة، مثل توفر هياكل للديمقراطية الليبرالية واقتصاد السوق. وتُؤخذ عُمُومًا مؤشرات قابلة للقياس، مثل زوال الصراع العنيف، وعقد انتخابات متعددة الأحزاب، ونمو الناتج المحلي الإجمالي، على أنها مؤشرات وحيدة للنجاح، بدلًا من «التحدث إلى أُنَاس كُثْر» والمشاركة في «حوارات مضنية»؛ وَفْقَ ما يقترح الإبراهيمي.

أجرى دوبنز وآخرون مراجعة لهذه المعايير وطبقوها لتقييم مشاريع سابقة لإعادة إعمار الدول مستخدمين نهجًا كلاسيكيًا لتقييم المساعدات والبرامج الاجتماعية؛ أي تقييم المدخلات والمخرجات (أو المساهمات والنتائج) باستخدام مؤشرات قابلة للقياس[3]. لكن رغم اكتشافهم -على أساس ذلك- وجود ارتباط واضح بين المساهمات الخارجية في الوقت والموارد لإعادة الإعمار «الجهد» والنتائج من ناحيتي: «المؤسسات الديمقراطية والنمو الاقتصادي»، فإنهم يعتقدون بوجود عوامل أخرى مؤثرة[4]، فطريقة تجاوب السكان الذين يتلقون المساعدة، وطريقة إنهاء النزاع هما مسألتان مهمتان: أهي هزيمة كاملة، مثلما حصل في اليابان، أم تسوية عبر التفاوض مع بعض أطراف النزاع، كما في أفغانستان؟ هذان البلدان تلقيا مقاديرَ متماثلة لجهة نصيب الفرد من المدخلات، ولكن الامتثال اللاحق لسلطة ما بعد الحرب يختلف اختلافًا ملحوظًا بينهما. بيد أن هذه الأداة غير مقنعة أَيْضًا؛ فما زلنا ننظر من الخارج ونستخدم مقاييس خارجية للقيمة؛ أي تقدير قيمة المشاريع بالنسبة للجهات المنفذة وليس للمتلقين.

---

(1) مثل الرقابة التي فرضها الجنرال مارك آرثر على انتقادات الإمبراطور في اليابان بعد الحرب. ينظر:
Minxin Pei & Sara Kasper, *Lessons From The Past: The American Record on Nation Building* (Washington, DC: Carnegie Institute, 2003); Ray Salvatore Jennings, "The Road Ahead: Lessons in Nation Building from Japan, Germany, and Afghanistan for Postwar Iraq," Peaceworks no. 49, United States Institute of Peace, 2003; James Dobbins, *America's Role in Nation-Building: From Germany to Iraq* (U.S.: Rand, 2003), pp. 87-110.

(2) المرجع نفسه.

(3) Dobbins.

(4) المرجع نفسه.

من الواضح افتقادنا لأي طريقة متسقة لتقييم بناء الدولة ككل، وما نفعله دومًا هو تقييم لأجزاء من العملية. فالمانحون الكبار والوكالات والبنوك الدولية تجري باستمرار تقييمات لبرامجها في إعادة الإعمار بعد الحرب. وتخضع المشاريع أَيْضًا أكثر فأكثر لعمليات تقييم رسمية. ولهذا السبب في هذا الفصل نبحث عن دروس يمكن استخلاصها من النظرية والممارسة العامتين للتقييم، قد تساعدنا في تحديد نهج تقييم الأثر طويل الأجل لإعادة الإعمار بعد الحرب. ونحن نعتقد أن تقييم المعونة، ولا سيما في أوضاع بعد الحروب، أخفق إلى حد كبير في دراسة الفرضيات المحددة ثقافيًا وأيديولوجيًا للقيمة التي تستند إليها مشاريع إعادة الإعمار بعد الحرب؛ لأنه ركز حصريًا تقريبًا على أغراض المحاسبة على المشاريع وأدائها. بيد أن تجارب التقييم التشاركي، وإن لم تمارس على نطاق واسع، توفر أساسًا لنهج تقييم الأثر طويل الأجل.

## أولًا - فَهْم التقييم:

يذكر ريبين أن 'التقييم' بمعناه المعتاد هو أساسًا عملية تأملية يشارك فيها كل إنسان يوميًا»[1]. وهو في الاستخدام الشائع يُحسب عَادَةً باستخدام «القيمة المادية أو النقدية»، ولكن له معنى أوسع وهو «ما يستحق التقدير» أو «له قيمة في ذاته»[2]. وبعبارة أخرى، يمكن اعتبار القيمة إما قابلة للقياس الْكَمِّيِّ موضوعيًا أو للقياس الْكَمِّيِّ ذاتيًا «بمنظار المراقب».

ويظهر التناقض نفسه عند تطوير المعرفة الأكاديمية للتقييم، فعندما يبحث ريبين عن تعريف، فإنه يقتبس من روسي وفريدمان حيث يذهبان إلى أن: «بحث التقييم هو التطبيق المنهجي لإجراءات بحث اجتماعي في تقييم الخلفية النظرية لبرامج المشاريع الاجتماعية وفي تقييم تصميمها وتنفيذها ومنفعتها»[3]. ويضيف ريبين تحذيره الخاص: «التقييم ليس مجرد تطبيق لأساليب البحث من أجل كشف واقع المشاريع الاجتماعية، ولكنه علم تطبيقي ذو أهداف إدارية وسياسية»، حيث إن «الاعتبارات الْمَعْنَوِيَّة والأخلاقية ملازمة لجميع القرارات... باختصار، التقييمات ليست مجردة من القيم»[4].

---

(1) Claus C. Rebien, *Evaluating Development Assistance in Theory and in Practice*, vol. 21 (Avebury, 1996), p. 1.

(2) Oxford English Dictionary (OED), (1965), p. 2332.

(3) Rebien, pp. 13-18.

(4) يحدد ريبين ثلاثة أغراض متمايزة للتقييم: المساءلة، وهي شرط أن تبين للجهات التي تمول المشاريع

ويُشار إلى أن المعرفة الأكاديمية للتقييم تقوم منذ البداية على الاعتقاد بأنها يمكن أن تكون موضوعية في تحديد قيمة المشاريع الاجتماعية عبر الابتعاد عن الأحكام الشخصية اليومية للأفراد؛ ولذلك فهي منذ زمن طويل ليست معنية إلا بإسناد قيم من النوع الأول القابلة للقياس الكمي. ومع تزايد تحديد أهداف المشاريع الاجتماعية من الناحية النوعية، بدأ التقييم الآن يسعى إلى الدخول في التضاريس الصعبة المتمثلة في محاولة تحديد ما هو «جدير بالتقدير» أو له «قيمة في ذاته»، لكن مع الاعتقاد بأن ذلك يمكن ويجب تحديده بموضوعية من أجل توفير إرشادات معيارية للعمل في المستقبل. ولهذا السبب فهو معني بإثبات وجود علاقة سببية بين البرنامج والنتيجة.

تعرض هذا النهج «التجريبي» للتشكيك من منظورين: «براغماتي»، و«طبيعي». يشير باوسون وتيلي إلى أن النهج البراغماتي يرى أن دور التقييم يستند إلى الإقرار بأن «فعل المشاركة في التقييم نفسه يشكل موقفًا سياسيًّا»[1]. ويؤكد ريبين أن ذلك «يقودنا من نموذج بحث يستند إلى المعرفة إلى نموذج بحث قائم على الفائدة»[2]، الذي يزوده بحث التقييم «بذخيرة للسجال والجدالات داخل المنظمات» أو لأغراض إضفاء الشرعية. بالنسبة إلى باوسون وتيلي[3]، فإن وجهة النظر «الطبيعية» هي النهج البديل للتقييم الذي اقترحه إيغون غوبا (Egon G Guba) وإيفونا لينكولن (Yvonna S. Lincoln) عام 1989 لـ«جيلهم الرابع»[4]. لقد كان ذلك جزءًا من الاتجاه البنائي العام في العلوم الاجتماعية الذي يرفض فكرة الحقائق الوحيدة التي يمكن التحقق منها لصالح «التعددية القيمية». وإن الاعتقاد بأن لكل طرف من الأطراف المعنية برنامج اجتماعي بناؤه الخاص للواقع يسخره في التفاوض على النتائج، قاد أَيْضًا إلى التركيز على استخدام معلومات التقييم باعتبارها عاملَ تمكينٍ.

---

الاجتماعية أن الأموال أنفقت على النحو المنشود، وحققت النتائج المرجوة؛ والتنفيذ، الذي يهتم بتقييم الأداء من أجل تحسين إدارة عملية التنفيذ على نحو أكثر فعالية؛ والاستراتيجية/السياسات، حيث يستخدم التقييم «لمراكمة المعرفة من أجل اتخاذ قرارات مستنيرة فيما يتعلق بالسياسات والاستراتيجيات المستقبلية»، ينظر: Ibid.

(1) Nick Tilley & Ray Pawson, *Realistic Evaluation* (London: Sage, 1997), pp. 11-17.

(2) Rebien, p. 171.

(3) Tilley & Pawson.

(4) Egon G. Guba & Yvonna S. Lincoln, *Fourth Generation Evaluation* (London: Sage, 1989).

يرى كل من ريبين[1] وباوسون وتيلي[2] المرحلة المقبلة في التقييم على أنها نهج «تعددي»، ويعتبران كرونباخ (Cronbach) الداعم الرئيس لمواءمة أساليب تقييم الأبحاث مع ظروف وأغراض كل مشروع محدد. ويسعى النهج التعددي إلى الجمع بين النهج «التجريبي» الموضوعي وبين «المنظورات المتعددة» الذاتية بدلًا من استمرار بقائهما كل بمعزل عن الآخر.

التقييم، بطبيعته، يستلزم إسناد قيمة وممارسة تأثير؛ ولذلك فهو بالضرورة معني بالسببية. وكما رأينا يشير باوسن وتيلي (1997) أن الجيل البنائي ذهب في طريق مسدود عندما رفض هذا الدور، في حين رَأَيا، محقين، الحاجة إلى دراسة كيفية تفاعل الأطراف المعنية مع المشاريع الاجتماعية. من ناحية أخرى، تابع الجيل «التجريبي» مسألة السببية عبر مسار المدخلات/ المخرجات الضيق مما استبعد معظم ما يمت بصلة للطريقة التي يحدث بها التغيير في المجتمع. من هذا المنظور، يظهر أن التغيير يحدث دَاخِلِيًّا وخَارِجِيًّا. إنه نتيجة لمزيج من الاحتمال أو الفرصة مع ظروف معينة في السياق الاجتماعي وخيار المواطنين. مَنْطِقِيًّا، هذا لا يقتضي تقييد قاعدة المعلومات، بل زيادة اتساع الْفَهْم وعمقه (على غرار نهج الإبراهيمي في فَهْم الصراع). وهكذا فإن مسألة السببية ليست في غير محلها، لكن تحديدها أكثر صعوبة بكثير مما يقترحه نموذج المدخلات/ المخرجات.

### تقييم المعونة:

يشير كراكنل إلى أنه «منذ البداية، كان لتقييم المعونة طابع براغماتي قوي، مع التأكيد على الفائدة العملية للنتائج في تحسين عمليات المعونة»[3]. ولا يهتم التقييم عَادَةً بالحيثيات النظرية المناقشة أعلاه، بل يقتصر اهتمامه أساسًا على فعالية مشروع أو برنامج معين في تحقيق أهدافه أو تحقيق فوائده؛ ومن ثم فإن كل مشروع أو برنامج هو في جوهره نوع من دراسة حالة. لكن كما هي الحال مع دراسات حالة أخرى، تصبح حينئذٍ «معنية ليس فقط بكون السياسة أو البرنامج قد أدى غرضه في القضية موضع التحقيق، بل أَيْضًا باحتمالات

(1) Rebien.

(2) Tilley & Pawson.

(3) Basil Edward Cracknell, *Evaluating Development Aid: Issues, Problems and Solutions* (London: Sage, 2000), p. 39.

نجاح ذلك في مكان آخر»[1]. وهكذا، عُرِّفت الأهداف الرئيسة من تقييم المعونة في عام 1991 وأُعيد تحديدها في عام 1998 على أنها «لتحسين سياسات وبرامج ومشاريع المعونة في المستقبل عبر معلومات راجعة عن الدروس المستفادة»، و«توفير أساس للمحاسبة، بما في ذلك توفير المعلومات للجمهور»[2].

لكن مع تطور أهداف وغايات برامج المعونة لتشمل قضايا اجتماعية واسعة مثل التخفيف من حدة الفقر، والحكم الرشيد، وبناء المؤسسات، وتمكين المجتمعات المحلية، وفي الآونة الأخيرة بناء السلام، أصبح من المنطقي أن ينظر عالم المعونة في أساليب تقييم أخرى. فمثلًا، أصبح التقييم التشاركي، باستخدام أسلوب التقييم الريفي التشاركي، أو البحث الإجرائي أكثر بروزًا. ويذكر أوكلي وآخرون أن: «التقييمات التقليدية، وإلى حد كبير، التقييمات الكمية أكثر اهتمامًا بالمدخلات والمخرجات... لكن من جهة أخرى، فإن تقييم التنمية الاجتماعية لا يقبل هذه الطرق المحدودة، ويتطلب اتباع نهج قادر على التقاط وشرح التغيير النوعي الذي ربما حدث»[3].

ولذلك فإن الأهداف الجديدة للتنمية الاجتماعية، بل في الواقع الأهداف المعلنة لمعظم عمليات إعادة الإعمار بعد الحرب، هي أهداف نوعية وطويلة الأجل وشاملة وسياسية. وهي في الوقت نفسه ليست محددة ولا يمكن قياسها بسهولة بالطرق التقليدية للمدخلات/ المخرجات التي تُجرى أثناء إنجاز المشاريع أو البرامج وبعدها مباشرة. وقد تبع ذلك الاعتراف بالحاجة إلى تقييم الأثر الاجتماعي والسياسي الأوسع نطاقًا، وليس مجرد نتائج اجتماعية اقتصادية فورية وقابلة للقياس. وهكذا يرى أوكلي وآخرون أن تقييم المعونة اقترب أَيْضًا من اتجاه طريقة مختلطة أو «نهج تعددي يستتبع استخدام طرق مختلفة لضمان تمثيل آراء مُخْتَلِف الأطراف المعنية» وإقرار أهداف مختلفة، بما في ذلك الحاجة إلى تقييم الأثر الاجتماعي طويل الأجل. ولكنهم يؤكدون أن تقييم الأثر نادرًا ما يتحقق.

---

(1) Roger Gomm, Martyn Hammersley & Peter Foster (eds.), *Case Study Method: Key Issues, key Texts* (London: Sage, 2000), p. 99.

(2) Alistair Hallam, *Evaluating Humanitarian Assistance Programmes in Complex Emergencies*, John Borton, Laura Gibbons & Sarah Longford (eds.) (London: Overseas Development Institute, 1998).

(3) Peter Oakley, Brian Pratt & Andrew Clayton, *Outcomes and Impact: Evaluating Change in Social Development* (Oxford: Intrac, 1998), pp. 48-49.

مع ذلك، فهذا بالضبط هو غرض تقييم الأثر (النتائج الأوسع والنهائية للمشاريع) الذي يهمنا عند محاولة تقييم إعادة الإعمار وبناء الدولة[1].

لم يُذكر حتى الآن سوى النذر اليسير عن مشاركة مواطني البلدان التي تنفذ فيها مشاريع، باستثناء ما ذكر عن دور المستفيدين. أصبح التقييم التشاركي مفهومًا شائعًا في الأدبيات المعاصرة عن المعونة. ولكن كما يعلق روبرت تشامبرز (Robert Chambers) «كالمعتاد مع المفاهيم التي تلقى رواجًا، بلغ الخطاب شأوًا بعيدًا، أبعد بكثير عن فَهْمِهِ النظري، ناهيك عن الممارسة»[2]. ويثير أَيْضًا سامسيت تساؤلاً حول المعايير التي يمكن استخدامها لقياس نجاح المشاريع، ويبين أن المعايير المختلفة تقدم أحكامًا مختلفة عن النجاح والإخفاق. فمثلًا، وجدت دراسته مشروع مساعدة لاجئين أنه كان عالي الكفاءة والفعالية؛ ومن ثم فهو «ناجح» من ناحية الجهات المانحة. لكن، من وجهة نظر المستفيدين، وجد أنه «غير ملائم»؛ وبالتالي «فاشل»[3].

هنا، من المفيد أن ننظر إلى تحليل أجرته شيري أرنستين للطبيعة الحقيقية لثمانية أنواع من النشاطات التي يطلق عليها عَادَةً اسم ‹المشاركة› في سياق البرامج الْعَامَّة في الولايات المتحدة[4]. ثلاثة فقط منها، تلك التي تتضمن «درجات متنوعة من سُلْطَة المواطن»، تُعد مشتملة على مشاركة «حقيقية»، والثالث منها فقط، وهو «الشراكة»، يُعد ممكنًا من الناحية القانونية في سياق التعاون الدولي. يُخضع مانحو المعونة للمساءلة أمام المواطنين، لكن في بلدانهم، بينما لا يمكن لمواطني البلدان المستفيدة ممارسة أي رقابة مباشرة. وبالمثل، لا يمكن للمانحين الخاضعين للمساءلة أمام مواطنيهم، تفويض أي سُلْطَة لمواطني دولة أخرى؛ ولذلك فإن المعونة تُمنح وتستلم على أساس الشراكة، ولكن حتى في أفضل

(1) Ibid., pp. 26-35, pp. 59-136.

(2) Robert Chambers, "Foreword," in: Jame Blackburn & Jeremy Holland (eds.), *Who Changes? Institutionalising Participation in Development* (London: Intermediate Technology Publications, 1998), p. xiii.

(3) Knut Samset, "Project Management in a High-Uncertainty Situation. Risk and Project Management in International Development Projects," PhD. Dessertation, Norwegian University of Science and Technology, 1998, pp. 122-123.

(4) Sherry R Arnstein, *A ladder of Citizen Participation*, Journal of the American Institute of planners, vol. 35, no. 4 (1969), pp. 216- 224.

الحالات، تظل شراكة غير متكافئة. ففي حالة بلد دمرته الحرب، فإن «الدرجات المتنوعة للسُّلْطَة» التي يمارسها مواطنوها يمكن أن تكون محدودة جِدًّا.

بعد الانتقال في مجال التقييم من أوجه اليقين الواضحة لحسابات المدخلات/المخرجات، وتدقيق المساءلة في المناطق المجهولة للوقائع الْمُرَكَّبَة المتعددة وتناقضات المشاركة، يواجه الباحثون عددًا من الخيارات. ما هو المناسب لتقييم حالة معينة؟ من يُقَيِّم؟ ولمن؟ وإذا كان التقييم هو في جوهره حكم على القيمة، فمعايير قيمةِ مَنْ التي ينبغي تطبيقها؟ وهم يدركون بوضوح أن الإجابات التي يقدمونها عن أسئلة الغرض والقيمة فيما يتعلق بتقييم معين ستؤثر تأثيرًا مباشرًا على اختيار الْمَنْهَجِيَّة المعتمدة(1).

يظل هذا الاعتراف بعيدًا عن أن يترجم إلى نهج متسق لتصميم تقييمات برامج المعونة. فما زالت الحالة المحددة من تقييم إعادة الإعمار بعد الحرب تنفذ إلى حد كبير لاختبار إيصال المعونة من أجل هدفي المساءلة والتنفيذ. ولا تُحاوَل عادة، الانتقال للممارسة الأكثر صعوبة المتمثلة في تقييم الآثار طويلة الأجل للمشروع على التنمية الوطنية، ويرجع ذلك أساسًا إلى أن الاعتراف بهذه الحاجة لم يُفْضِ بَعْدُ إلى وضع مجموعة من الممارسات التي يُشارك فيها مقيمون من البلدان المستفيدة. يذكر كراكنيل في نهاية كتابه عن تقييم المعونة، هذا التحدي الكبير القادم الذي يواجه المهنة(2).

## ثانيًا - التحديات الْمَنْهَجِيَّة للتقييم التشاركي: مقاربات ومواقف ومؤشرات:

إذا كان تقييم الأثر الاجتماعي لجهود إعادة الإعمار ينبغي أن يكون تشاركيًا، فعلينا النظر في عدد من التحديات الْمَنْهَجِيَّة. وهي تقوم على مقاربات التقييم التشاركي وارتباطاته، وعلى تصورات الممارسين فيما يتعلق بتقييم فعالية المعونة ووضع المؤشرات.

### 1. مقاربات التقييم التشاركي:

يرتكز التقييم التشاركي على موضوعات جوهرية عدة: 1) أهمية تسخير المعرفة الجماعية للأطراف المعنية الكثيرة، لا سيما على مستوى المجتمع، للتفكير في المشاريع الإنمائية؛ 2)

---

(1) يراجع بيكملن وروغ بشأن الحاجة إلى فهم الأساس المنطقي للتقييم والسياق الذي سينفذ فيه، لأن ذلك يوجه أسئلة البحث وبالتالي الإجابات المحتملة. ينظر:

Leonard Bickman & Debra J. Rog (eds.), *The Sage Handbook of Applied Social Research Methods* (Sage publications,1998).

(2) Cracknell, p. 357.

الحاجة إلى تكييف التقييم مع ظروف وسياقات معينة؛ مما يتطلب المرونة والاعتماد على البيانات النوعية بدلًا من البيانات الكمية؛ 3) الحاجة إلى المشاركة بين المقيِّمين والناس المعنيين؛ 4) ضرورة ضمان أن يُصْبِح المشاركون مستفيدين، بمعنى أن التقييم يرتبط بالمنافع المشتركة التي يحصل عليها المشاركون في التقييم مقابل مشاركتهم، لا سيما من ناحية التمكين. يؤكد باتون أن إحدى الدلالات السلبية المرتبطة غالبًا بالتقييم هي أنه يُجرى على أشخاص. ويُقيِّم المرء عَادَةً بمدى التقيد الصارم بمؤشرات يمكن التحقق منها بموضوعية[1]. يساعد التقييم التشاركي في نهاية المطاف على المساهمة في التنمية الاجتماعية الاقتصادية الْخَاصَّة بالناس المعنيين، ويُعْلم منفذي السياسات بأولوياتهم واحتياجاتهم الحقيقية التي تشكل أساسًا لصياغة استراتيجيات التنمية. وتنعكس الموضوعات الأساسية في المقاربات التالية في الجدول 9:

أظهر معهد دراسات التنمية[2] (انظر الجدول 10) أن التقييم التشاركي يختلف عن التقييم التقليدي بطرق عِدَّة مُهِمَّة:

ثمة جذور لعدد كبير من العناصر الأساسية للتقييم التشاركي في جوانب مختلفة من التحقيق التشاركي، وهي عملية تَطَوَّرَتْ أَيْضًا من نهج تقليدي. فمثلًا، يذكر تشامبرز ثلاثة عناصر مشتركة وجدت في نهج التقييم الريفي التشاركي: المسؤولية (المسؤولية والمحاكمة على المستوى الفردي اللتان يمارسهما المنسقون، مع وعي ضرورة النقد الذاتي، وتطويق الخطأ)؛ والإنصاف والتمكين (الالتزام بالإنصاف، وتمكين المهمشين والمستبعدين والمحرومين، وَخَاصَّة النساء)؛ والتنوع (الاعتراف بالتنوع والاحتفاء به)[3].

وتتوافق هذه العناصر الجوهرية تمامًا مع التقييم التشاركي؛ لضرورة كون العملية منصفة، ولأن الأساس هو المشاركة بأكبر تمثيل ممكن للمصالح، وغالبًا ما يجري التقييم، بحكم طبيعته نفسها، بين مجموعة متنوعة من الأطراف المعنية، ويجب أن يفصحوا عن آرائهم، رغم عدم سهولة ذلك دائمًا.

لكن تشامبرز يذكر أن أحد التحديات الرئيسة التي يواجهها التقييم الريفي التشاركي هو «كيفية تحقيق المزيد من تطوير التقييم وانتشاره، الذي يُسْهِم فيه الفقراء والمجتمعات

(1) Michael Patton, *Qualitative Evaluation and Research Methods* (Sage Publications, 1990), p. 129.

(2) Hallam.

(3) Chambers.

المحلية بتقييماتهم الْخَاصَّةِ وكيفية تمكين النساء والفقراء من المشاركة بقدر أكبر في السياسات والمبادرات التي تؤثر على مجتمعاتهم»[1]. وتؤكد هذه الأولويات الحاجة إلى التقييم التشاركي باعتباره عملية مَنْهَجِيَّة تربط بين تقييم البرنامج وتقييم القطاع والبلد.

**الجدول (5-1): مقاربات التقييم التشاركي:**

| مقاربات | مزايا ومساوئ |
| --- | --- |
| يهدف التقييم التشاركي إلى خلق عملية تعلم المستفيدين من البرنامج وتساعدهم في جهودهم لتحقيق الأهداف المرجوة[2]. | يشدد على استمرارية التعلم، حيث تُبنى قدرات المشاركين عبر عملية التقييم. بيد أن ذلك لا يلبي دائمًا حاجة الوكالات المانحة للمساءلة المباشرة. |
| التقييم التشاركي عملية تقييم ذاتي وإنتاج جماعي للمعرفة وعمل تعاوني تشارك فيه الأطراف المعنية بالمشروع الإنمائي مشاركة جوهرية في تحديد مسائل التقييم، وتصميم التقييم، وجمع البيانات وتحليلها، وكذلك التدابير المتخذة بِنَاءً على نتائج التقييم[3]. | مفيد خُصُوصًا لتقييم مواطن القوة والضعف لدى المقيم كجزء من عمليات التقييم الشاملة، ويؤكد كيف يمكن للأشخاص المرتبطين مباشرة بالمشروع تحسين المبادرة. بيد أن هذه العملية تمكن سرقتها من قبل مجموعات فرعية قوية. |
| التقييم التشاركي عملية يضبطها أشخاص في البرنامج أو المجتمع. وهو «إجراء يتولونه باعتباره عملية رسمية تعكس تنميتهم وتمكينهم»[4]. | يؤكد هذا النهج مرة أخرى كيف يمكن للفرد أن يستفيد، ولكن قد يكون ذلك أَحْيَانًا على حساب قياس فعَّاليَّة البرنامج الكلي. |

(1) المرجع نفسه.

(2) Davydd J. Greenwood & Morten Levin, Introduction to Action Research: *Social Research for Social Change* (Thousand Oakes, CA: Sage Publication Inc., 1998), p. 239.

(3) Edward T. Jackson & Yusuf Kassam (eds.), *Knowledge Shared* (US: Kumarian Press, 1998), pp. 199-216.

(4) Patton.

**الجدول (5-2): الفروقات بين التقييم التقليدي والتقييم التشاركي:**

| | التقييم التقليدي | التقييم التشاركي |
|---|---|---|
| من يخطط ويدير العملية؟ | كبار المدراء أو خبراء من الخارج | سكان محليون، والعاملون في المشروع ومديروه وأطراف معنية أخرى، وغالبًا يساعدهم منسق. |
| دور الأطراف المعنية الأساسية (المستفيدون المستهدفون) | تقديم معلومات فحسب | تصميم الْمَنْهَجِيَّة وتكييفها، وجمع البيانات وتحليلها، وتبادل النتائج، وربطها بالعملية. |
| كيف يقاس النجاح؟ | يحدَّد خَارِجِيًا؛ وذلك أساسًا بواسطة مؤشرات كمية. | مؤشرات تحدد دَاخِلِيًا، بما في ذلك أحكام نوعية متزايدة. |
| النهج | محدد مسبقًا | متكيف |

**المصدر: معهد دراسات التنمية (1998). ينظر:** Alistair Hallam, *Evaluating Humanitarian Assistance Programmes in Complex Emergencies*, John Borton, Laura Gibbons & Sarah Longford (eds.) (London: Overseas Development Institute, 1998).

## 2. وجهات نظر الممارسين:

تُعد تصورات الممارسين للتقييم التشاركي إحدى المشاكل الْمَنْهَجِيَّة الأخرى. فربما تكوِّن في تجربتهم صلة سببية بين المدخلات والتنمية اللاحقة. لكن الإطار الزمني وعدد المتغيرات الأخرى التي يجب أن تعتبر مشاركة ومؤثرة على تلك النتيجة تجعل من المستحيل اختبار هذه العلاقة بالطرق الكمية التقليدية وحدها. وكما يشير كراكنيل(1)، فإن التأكيد الحالي على الأهداف الاجتماعية والسياسية طويلة الأجل (كالحكم الرشيد، وبناء المؤسسات، وصياغة السياسات)، وضرورة التحول من مساعدات المشاريع إلى دعم القطاعات والبرامج، هي التي تخلق حالة من عدم الارتياح لكيفية تقييم فعَّاليَّة المعونة. وكما ذُكر آنفًا، فإن هذا النوع من التحقيق يتطلب معرفة ويفضل أن يقوده باحثون من المجتمع المتلقي. وهذا هو الْفَهْم الذي يكتسي أهمية خَاصَّةً عند وضع المؤشرات.

---

(1) Cracknell, p. 357.

### 3. استخدام المؤشرات في التقييم التشاركي:

انصبَّ الاهتمام حتى الآن على فهمنا للتقييم التشاركي وارتباطاته بمقاربات أكثر عمومية للمشاركة. ويجب الاهتمام الآن بوضع مؤشرات نوعية بالأساس، بوصفها طريقة لتلخيص آراء ومشاعر الناس المعنيين ووضع تصور نظري للبرنامج من وجهة نظر محلية.

تستخدم مؤشرات التنمية على نطاق واسع للحصول على شكل من أشكال قياس جوانب التقدم الإنمائي الكلي أو الجزئي. ويوجد لدى منظمات كثيرة (كالأمم المتحدة والبنك الدولي) قوائم مؤشرات لقياس هذا التقدم[1]. والحكمة من ذلك هي أن مثل هذه المؤشرات تعطي وصفًا دقيقًا قدر الإمكان للوضع العام في بلد ما؛ ولذلك يمكن أن نرى منذ البداية وجود انحياز نحو المؤشرات الاقتصادية وغيرها من المؤشرات التي تصلح للقياس الكمي السهل نِسْبِيًّا. وتهتم غالبية هذه المؤشرات بالإنجازات الكلية والمكاسب الإنمائية الأوسع نطاقًا، ولا صلة لها بنوع المؤشرات اللازمة لتقييم البرامج التشاركية.

ويؤكد غودهاند أن محاولة إجراء تقييم تشاركي في بلد خارج من نزاع لإيضاح العمليات الاجتماعية والسياسية والاقتصادية، أو فهمها بوصفها وظائف تفاعلية للإنتاج الاجتماعي ستكون معنية بمجالين رئيسين[2]. أولاً، أثر المشروع الإنمائي (البرنامج)، وثانيًا، كيف تغيرت أسباب وتطورات ونتائج الصراعات المسلحة بين الجماعات السكانية المتحاربة المختلفة (الاثنية والدينية والطبقية... إلخ) نتيجة للبرنامج.

وستكون لنتائج تقييم كهذا صلة مباشرة بتعافي ذلك المجتمع وبمنع تكرار الصراعات العنيفة؛ وبالتالي فإن مؤشرات السلام ضرورية لفَهْم الصراع وللكيفية التي يحدد بها

---

(1) ترد أبرز مجموعات المؤشرات من البنك الدولي، وبرنامج الأمم المتحدة الإنمائي. يستخدم البنك الدولي حوالى 800 مؤشر في 87 جدولًا، مرتبة في ستة أقسام: الرأي العالمي، والناس، والبيئة، والاقتصاد، والدول، والأسواق، والروابط العالمية. ولدى برنامج الأمم المتحدة الإنمائي مؤشرات مماثلة لقياس الصحة والتعليم والحصول على الموارد اللازمة لمستوى معيشي لائق، والاستدامة البيئية، وحماية السلامة الشخصية، والمساواة، والتكنولوجيا. وتعتمد المؤسسات الثنائية والمنظمات غير الحكومية على هذه المؤشرات كثيرًا، حيث تدمجها في استراتيجياتها وبرامجها. ينظر:

UNDP, *Human Development Indicators 2003* (Geneva: UNDP, 2003); World Bank, *World Bank Development Indicators 2004* (Washington, DC: 2004).

(2) Jonathan Goodhand, "Violent Conflict, Poverty and Chronic Poverty," Chronic Poverty Research Centre, Working Paper no. 6, 2001.

المتضررون من الصراع أنفسهم طبيعة السلام المنشود، وهذا ما يوفر بدوره دروسًا مُهِمَّة لمهمة إعادة الإعمار بعد النزاع لبناء سلام إيجابي[1].

عندما لا تكون هناك مؤشرات واضحة على توتر عِرْقِيّ أو ديني، أو في الواقع أي شكل من أشكال التوتر، من السهل الافتراض بأن الناس يعيشون في ظروف يبدو أنها سلمية، وحيث يبدو أن مجموعات عرقية مختلفة تختلط، وأن التعايش لا يمثل مشكلة، أو أن العنف يحدث فقط على نطاق ضيق.

قد يجادل معلقون مثل يونغ[2]، بأن الدينامية المحتملة في بلدان تشهد مستويات عالية من صراعات تحدث تكرارًا لكن في فترات زمنية محدودة نِسْبِيًّا، تعني غالبًا صعوبة اكتشاف علامات مادية واضحة. فعلى الرغم من حصول العنف في غالب الأحيان، فهو لا يحدث أبدًا عندما تحاول جهات خارجية تقييم البرنامج. فالمقيّم لا يصل عَادَةً إلى مكان الحدث ويشاهد إطلاق نار في السوق أو أشخاصًا يركضون للنجاة بحياتهم في الحقول. ولذلك، يلزم إيجاد طريقة لوضع مؤشرات للظواهر غير الواضحة عبر مشاركة الأطراف المعنية المحلية في إطار عملية التقييم التشاركي.

على الرغم من صلة هذه العملية بتقييم البرامج، فإنها تواجه عوائق عديدة عند التقييم التشاركي، على المستوى القطاعي أو مستوى البلد. تتطلب مثل هذه التقييمات، بحسب كراكنيل[3]، معلومات تتعلق بالأثر طويل الأمد في محاولة لتحديد «النتائج النهائية» لعدد من المشاريع، والتي تُسْهِم بطبيعتها في التغييرات التي تكون تراكمية. ستكون هذه التغييرات واضحة بعد خمس أو 10 سنوات أو أكثر من المشروع وتكون معممة. وهي ليست مرتبطة مباشرة بهدف مشروع معونة معين أو برنامج مساعدة معين (رغم أنها قد تُسْهِم في التغييرات) ولكنها مرتبطة بأهداف اجتماعية أكثر عمومية (كالحكم الرشيد). إنها حصيلة للنتائج (المخططة وغير المخططة) للبرامج بتفاعلها مع عوامل في المجتمع عُمُومًا قد يبرز الكثير منها لأول مرة بعد المشروع.

في مثل هذه الحالة من تقييم الأثر في بلدان متضررة من الحرب (تقييم بناء الدولة مثلًا)،

---

(1) ذكر في: David P. Barash & Charles P. Webel, *Peace and Conflict Studies* (London: Sage, 2002), p. 8.

(2) John Darby & Roger Mac Ginty (eds.), *Contemporary Peacemaking: Conflict, Violence and Peace Processes* (Great Britain: Palgrave Macmillan, 2003), p. 15.

(3) Cracknell, p. 263.

نواجه تحديات إضافية. أولًا، يؤدي مبدأ البقاء للأفضل والتغيرات السريعة وغير المتوقعة إلى نقص في البيانات وعدم تناسقها، بحيث، حتى لو توفرت بيانات عن الوضع السابق للنزاع، فإن ارتباطها بكثير من العوامل الأكثر أهمية لتقييم الأثر أقل احتمالًا من المجتمعات ذات الاستقرار السياسي والاستمرارية الاجتماعية. ثانيًا، إن حساسية القضايا ودراما الأحداث وصدماتها تجعل من الصعب على الأطراف المعنية تناول مواضيع معينة بطريقة نقدية أو وضع الوقائع في منظورها الصحيح، ولا سيما في أعقاب الصراع العنيف مباشرة. وهكذا فإن تحريم المناقشات الصريحة يشكل قيدًا بدرجة أو بأخرى على التقييم من الذاكرة من جانب الأطراف المتلقية، تبعًا للمسائل الاجتماعية المعنية ومدى مركزيتها في الصراع.

علينا أن نستنتج إذن، أن أثر معونة التنمية الاجتماعية، سواء في بلد مزقته الحرب أم لا، يثبت أنه من الصعب تحديده ويكاد يكون من المستحيل قياسه باستخدام المؤشرات التقليدية[1]. يحدد أليستير هالام (Alistair Hallam) «ثلاثة تحديات رئيسة للراغبين في قياس أثر المشاريع الإنسانية باستخدام المؤشرات»، وهي تنطبق جميعها على التنمية الاجتماعية: 1) عدم وجود توافق في الآراء بشأن ما يشكل نتيجة مرغوبة؛ 2) مشاكل جمع البيانات وتوفرها؛ 3) عزو الأثر إلى مشروع معين[2].

وبالنظر إلى هذه الأمور بترتيب عكسي، يمكن إبداء الملاحظات التالية. من الاعتبارات الْمُهِمَّة في عزو الأثر إلى مشاريع تنمية اجتماعية معينة، وجود عدد من المتغيرات غير الجوهرية الْمُهِمَّة التي غالبًا لا تظهر أو لا تصبح واضحة إلا بعد انتهاء المشاريع، بحيث يتجاوز نطاق الأثر وطبيعته الأهداف المحدودة للمشاريع، ويمتد (سلبًا أو إيجابًا) إلى

---

(1) الواقع أن مشاريع المعونة عمومًا أثارت صرخات إحباط مثل: «المشكلة في مناقشة أثر المعونة الدولية على شعب أفغانستان هي أنه لا يمكن لأي منا الادعاء حقًّا أنه يعرف ما هو الأثر». ينظر: Hallam, p. 79.

لا يوجد مفهوم وتعريف واضحان لـ«الأثر» و«لا توجد علاقة خطية أو ملموسة بين ناتج المشروع وأثره. ينظر: Oakley, Pratt & Clayton, p. 37.

يجري أيضًا الاضطلاع بمشاريع التنمية الاجتماعية «بأهداف غير مادية بطبيعتها؛ ولذلك فهي غير قابلة للفهم من خلال استخدام مؤشرات اقتصادية تمثيلية»؛ وكذلك:

David Brown, "Methodological Considerations in the Evaluation of Social Development Programmes—an Alternative Approach," *Community Development Journal*, vol. 26, no. 4 (1991), pp. 259-265.

(2) Hallam, p. 79.

سياقات أخرى (النقطة 3)؛ ونتيجة لذلك، لا توجد عندئذ معلومات تشكل أساسًا جاهزًا عن هذه الجوانب لأغراض المقارنة (النقطة 2). ويمكن استخدام السجلات المعاصرة (بما في ذلك التقييمات السابقة للبرامج، وغيرها) لتحديد السياق الذي حصل فيه المشروع، ولكنها لن تغطي بالضرورة جوانب ثبتت أهميتها فيما بعد. وحتى إذا «أعدنا اكتشاف معلومات الوضع الأساسي (baseline)» كما يقترح أوكلي وآخرون بغية تجميع المعلومات الملائمة لتقييم الأثر اللاحق، يُصْبِح من المحتم إعادة تحديد المؤشرات الْمُهِمَّة في ضوء الوقائع المتغيرة. ومن المحتمل في مثل هذه الحالات[1]، أن تكون بيانات الوضع الأساسي غير كافية أو مفقودة. ويتعين علينا أخيرًا الاستناد إلى مزيج من معلومات الوضع الأساسي غير الكافية، والتفكير بالتذكر (وإسناد قيمة، النقطة 2) من قبل مُخْتَلِف المعنيين، والمستفيدين منهم أساسًا، عبر الجمع بين المشاركة ووضع مؤشرات تمثيلية.

## ثالثًا - العراق: دروس مستفادة:

لدى دراسة تَجْرِبَة التقييم التشاركي على المستويين المحلي والقطاعي في العراق، يمكن استخلاص درسين مهمين. أولًا: أن استخدام التحقيق التشاركي في إطار استراتيجية بحث تقييمي مُرَكَّبَة يفضي إلى تقييم أدق للأثر طويل الأجل للمشاريع الرامية إلى المساعدة على تعافي الناس والمؤسسات في المجتمعات التي مزقتها الحروب.

الدرس الثاني: هو أن هذا النهج في التقييم، إِضَافَةً إلى مساهمته على الصعيد العام في فَهْم عملية إعادة الإعمار، يجلب معه فوائد ملموسة لأولئك الأفراد والمؤسسات الذين يشكلون موضوعاته، على شكل بناء قدرات وتمكين. يحدث التمكين عندما يتمكن المشاركون المساهمون في عملية التقييم من وضع الأمور في نصابها الصحيح. بالإضافة إلى زيادة قدراتهم لأن العملية نفسها توصلهم إلى رؤى وفهم جديدين يمكن استخدامهما لتحسين تخطيط وتنفيذ المزيد من البرامج الإنمائية.

ويمكننا استخلاص بعض الدروس النظرية والعملية الأخرى من حالة العراق بالخصوص، التي أجريت فيها عملية التقييم التشاركي على نطاق البلد بأسره، ولكنها كانت جزئية بمعنى أنها كانت تقييمًا لمناحي عملية لا تزال في مراحلها الأولى وتقييمًا لآثارها المباشرة، ولم

---

(1) Oakley, Pratt & Clayton, pp. 140-143.

تستخدم مقاربات تشاركية. ويُعد تحديد الأوضاع النهائية للقضايا الرئيسة والتقدم الهرمي نحو هذه الأهداف هيكلًا مفيدًا في رسم مخططات التغيرات الاجتماعية الواسعة عبر مؤشرات تمثيلية على الصعيد الوطني. لقد بين البحث الميداني أنه حتى في خضم الصراع وبعد الانهيار الفعلي للنظام العام، كان من الممكن جمع بيانات نوعية من عينة واسعة التمثيل من المشاركين الراغبين في ذلك عن طريق إِشْرَاك باحثين وطنيين. وقد شكل ذلك المكون الأساسي في استراتيجية بحث مُرَكَّب بالاستفادة من مصادر نوعية وثانوية أخرى.

وفضلًا عما سبق، فثمة أربع مسائل رئيسة حاسمة في تقييم أثر عملية إعادة الإعمار في العراق:

- التوقيت

الفترة الأساسية المنظورة هي ما انقضى منذ انتهاء الحرب، ولا يوجد شيء مثل فترة زمنية محددة ولا -في حالات عديدة- لحظة محددة في الزمن يمكن أن يقال فيها: إن الأعمال العدائية قد توقفت. يتمثل أحد المحددات الرئيسة في عمق الصدمة الوطنية، كما حصل عند الهزيمة الكاملة لليابان وألمانيا في الحرب العالمية الثانية. شرط ضروري آخر هو زوال الخوف من الانتقام أو العقوبات الاجتماعية. باختصار، ينبغي أن تصبح اللحظة مناسبة ليشعر الناس بالقدرة على المشاركة. ومن السابق لأوانه، بالتأكيد في الوقت الحاضر في العراق وأفغانستان وكوسوفو، إجراء تقييم تشاركي يهدف إلى تقييم الأثر طويل الأجل لإعادة الإعمار بعد الحرب، رغم أنه قد يكون هناك مجال لتقييم التقدم المحرز نحو إعادة الإعمار.

- البيانات

البيانات والتوثيق مُهِمَّان لأي مَنْهَجِيَّة مركبة للتقييم. ولكن من الأهمية بمكان عند استعراض هذه الدراسات أن نتذكر الطبيعة الجزئية للأدلة المستندية: فهي مجزأة ومنشأة لأغراض إدارية وشخصية معينة، وأغلبها من قِبَل أصحاب الامتيازات والمتنفذين. وينطبق ذلك بالقدر نفسه على جمع الإحصاءات الاجتماعية. وكل هذه المصادر تمثل «التصورات الاجتماعية للحقائق؛ وهي خاضعة لضغوط اجتماعية من السياق الذي جُمعت فيه»[1]. وفي حالة العراق، نتعامل مع أمة مهزومة تقع تحت الاحتلال العسكري الأجنبي؛ وبالتالي فإن

---

(1) Paul Thompson, *Voices of the Past: Oral History*, 3rd ed. (Oxford: Oxford University Press, 2000), p. 124.

النتائج ترجح لصالح وجهة نظر المنتصر، رغم أي محاولة مشرفة للبحث عن روايات معاصرة من المهزومين.

- الموارد

يلزم إيلاء اهتمام دقيق للموارد البشرية. والمسألة الرئيسة أن يكون فريق البحث وطنيًّا أساسًا، مع إمكانية أن يضم أجانب[1]. ومن الضروري إيجاد مزودين بالمعلومات مهمين للمشاركة في تصميم البحث، ولا سيما في العينات. وينبغي أن يستند ذلك إلى معرفة فريق البحث الوطني وفهمه للمجتمع، وهو أمر أشد تعقيدًا بكثير على الصعيد الوطني مما هو عليه في حالات القطاعات والبرامج التي نوقشت أعلاه. ويمكننا استخلاص درس تحذيري من نموذج التكتل السياسي سيئ الطالع الذي اعتمدته سلطة التحالف المؤقتة في العراق لاختيار سلطة تمثيلية، والذي استنكره العراقيون بلا استثناء -من شبه المؤكد أن الفاعلين الخارجيين الذين يحاولون وحدهم وضع عينة حصص، سيخطئون في فهمهم ويحرضون على نبذ عملية التقييم.

لن يتطلب إجراء مثل هذا التقييم موارد مالية تفوق بكثير ما لزم لدراسة مركز الدراسات الاستراتيجية والدولية المذكورة أعلاه. ومن المفترض أن المدة (ستة أشهر) والموارد البشرية الموظفة (أقل من 20 باحثًا ميدانيًّا ومشاركًا أكاديميًّا) متواضعة نِسْبِيًّا مقارنة بأشكال أخرى من المسوح الوطنية.

ولن يكون حل هذه المسائل سهلًا، ولكن بحسب ما أظهر تقييم برنامج مركز الدراسات الاستراتيجية والدولية ليس مستحيلًا بأي حال من الأحوال؛ لذلك، بما أنه يبدو أن مثل هذا التقييم ممكن فنيًّا، فإن العامل الحاسم لحدوثه في بلد مثل العراق هو دافع مواطنيه للمشاركة. وعلى الأرجح أن يكون ذلك نابعًا من الاعتقاد بأن فَهْم تجربتهم يمكن أن يُسْهِم في تنمية بلدهم ويقدم دروسًا للمجتمع الدولي من أجل تصرفه مستقبلًا حيال بناء الدول بعد الحروب.

يتمثل الاختلاف الجوهري بين طريقة التقييم التشاركي هذه ونهج المسح الاجتماعي في أنه يتيح لنا أن نفهم ليس فقط النتائج المرئية للحرب وإعادة الإعمار، بل أَيْضًا التغييرات غير المرئية والعاطفية والسلوكية، التي تُعَدُّ العوامل المحددة الحقيقية في تكوين انسجام

---

(1) يشير بيشيوتو إلى أنه «في حالات يكون فيها للأطراف المتعاملة مصالح ووجهات نظر متباينة على نطاق واسع، قد يساعد تقييم مستقل على التوسط». ينظر:
Robert Picciotto, "Towards an Economics of Evaluation," *Sage*, vol. 5, no. 1 (1999), pp. 7-22, 12.

الأمة. ومن الحكمة، في ظروف تغيير عنيف وعدم استقرار، جمع مصادر بيانات مختلفة وطرق بحث في مَنْهَجِيَّة مركبة، ولكن المقترح الأساسي لِفَهْم ما تكشف عنه هذه البيانات عن تطورات بعد الحرب هو التحقيق التشاركي.

والتقييم، كما رأينا، يحتاج إلى إقامة علاقات سببية إذا أريد له أن يكون أداة مفيدة للتخطيط المستقبلي. ومع ذلك، فهي ليست عملية موضوعية صرفة؛ لأنها تنطوي على إسناد قيمة، والمعنيون المتنوعون يقدرون القيمة بطرق مختلفة. وهكذا فإن ربط قيمة المخرجات في طريقة تقييم المعونة بمستوى المدخلات فيها من ناحية الموارد والجهد، هو محاولة لإقامة علاقة سببية. ويمكن لهذه العلاقة أن تقود إلى استنتاجات بشأن السبب في أن بعض مشاريع بناء الدولة تبدو ناجحة وأخرى ليست كذلك. أما المسألة الحاسمة للاستدامة فهي قيمة نتائج المشروع من وجهة نظر المستفيدين منه. قد تتداخل معايير المانحين للقيمة مع معايير المستفيدين، ولكن من غير المحتمل أن تتطابق، لا سيما في ترتيب أولويات إعادة الإعمار. ومن الضروري بصفة خَاصَّةٍ معرفة هل المشاريع تحقق قيمة تتناسب مع المجهود في نظر المستفيدين. ففي بعض الحالات، كما رأينا أعلاه، قد يشعرون بأن ما كسبوه من الناحية المادية لا يعادل ما خسروه من ناحية السيادة أو الاختيار. وعلى أي حال، لن يكون حكمهم النهائي واضحًا إلا بعد سنوات عديدة، وحينها يكون المجتمع الدولي، كما هي العادة، قد انتقل إلى الأزمة التي تليها.

وهكذا، فإن كيفية تقييم المستفيدين للمساعدات التي يتلقونها من أجل إعادة الإعمار بعد الحرب، وما هي المدخلات التي يرون أنها تُسْهِم مساهمة حاسمة في التعافي، وما هي الجهود والموارد التي لم تحقق فوائد ملموسة أو كانت في الواقع ذات نتائج عكسية، كلها تتسم بأهمية حاسمة ليس بالنسبة إليها فحسب، بل إلى كيفية معالجة مثل هذه الأزمات في المستقبل. إن أحد الأسباب الأكثر إلحاحًا لإجراء تقييم تشاركي لإعادة الإعمار بعد الحروب هو أنه يمكِّن أولئك الذين يتعافون من الحرب من التفاوض على «وضع نهائي»، أو رؤية مشتركة لأنفسهم تلبي احتياجاتهم وتطلعاتهم بطريقة مقبولة لهم سياسيًا وثقافيًا؛ وبالتالي يرجح أن تكون مستدامة. وهنا يصح ما ذكره غير واحد في هذا المجلد بأن هذا هو الشرط الأساسي للتنمية المستقبلية للعراق.

## الفصل السادس

# المرأة وإعمار المساكن: مشاركة لا استشارة

### مدخل:

أوردنا في مواضعَ عديدة من أقسام هذا الكتيب إشاراتٍ بخصوص دور المرأة في مُخْتَلِف مراحل إعادة إعمار المساكن والمأوى في حالات ما بعد النزاعات والكوارث الطبيعية. ذلك النوع من الإشارات الذي يتكرر في كثير من الأدبيات حول إعادة الإعمار ككل هو -على أهميته- ليس كافيًا لبيان حجم ومدى ضرورة مشاركة المرأة في جميع مراحل العملية. ونحن هنا إذ نستخدم كلمة «مشاركة» لا «إشراك»، فنحن نشدد على أَنَّ هذا الدور هو أساسي، وأنَّ المرأة فاعل محوري ضمن بوتقة الفاعلين وليست طرفًا ثالثًا كأحد أصحاب المصلحة ممَّن يتم إشراكهم/ استشارتهم في مرحلة أو مُهِمَّة محددة تستدعي ذلك. فبغض النظر عن الاختلافات الثقافية والْحَضَارِيَّة، تضطلع المرأة في معظم المجتمعات بمسؤولية المنزل والأسرة ومتطلبات الأطفال، من تغذية وصحة وتعليم ومأوى مناسب وغير ذلك؛ ومن ثم ينبغي أن تكون بطبيعة الحال هي رأس الحربة في عملية إعادة إعمار المساكن، سيما إذا أردنا تحقيق الاستدامة في هذه المشروعات، وهو أمر ليس مُطبقًا بالضرورة في غالب -إن لم يكن في كل- الحالات.

### أولًا - أدوار النساء في عملية إعادة إعمار المساكن: فاعلات لا ضحايا:

لا ندعي هُنا بأن كل ما يُنجز من مشاريع إعادة إعمار المساكن يتم عَادَةً بدون استشارة النساء؛ إذ باتت كثير من الجهات الفاعلة المعنية تهتم بهذا الجانب، كما باتت بعض مشروعات إعادة الإعمار تُسْهِم في تعزيز المساواة بين الرجل والمرأة عبر وسائل متنوعة، كتخصيص مساعدات إعمار المسكن للجنسين على قدم المساواة بحسب ما تتطلبه الظروف، واستشارة المرأة في مراحل التخطيط والتصميم خصوصًا، باعتبارها تمثل إحدى الفئات الضعيفة ذات

المتطلبات الْخَاصَّة، أو بهدف تقليل الفجوة بين الجنسين[1]. لكننا نادي بأكثر من ذلك، بالتحديد فيما يخص الدور المنوط بالمرأة -أو الدور المتاح لها- في العملية؛ إذ نرى بأنَّ إعادة إعمار المساكن خُصُوصًا تتطلب وجود المرأة على رأس الهرم وآلية اتخاذ القرار، كضرورة لنجاح العملية لا فقط كمعيار لتعزيز المساواة أو الملكية، ويشمل ذلك جميع مراحل العملية، من تقييم الاحتياجات والتخطيط وُصولًا إلى التسليم والصيانة. وفي هذا الصدد، ينبغي التنبُّه إلى أن تحقيق هذه المطالبة يستدعي التعامل بدايةً مع الوضع القائم على مسارين اثنين:

### 1. تغيير الوضع القائم:

إن الوضع القائم حَالِيًا -في بعض جوانبه- لا يخدم تحقيق المطالبة الآنفة بدرجة كافية، حيث غالبًا ما تُصوِّر السردية العالمية النساء في فترات النزاعات وما بعدها كضحايا، كما تُركِّز على معالجة وضعهن في إطار نهج الضعف (vulnerability)، فتتبنى مبادراتٍ تتمحور حول آليات التكيف والبقاء، لكنها لا تتضمن في المقابل عناصر دعم للمصالح الاستراتيجية للمرأة على المدى البعيد، ولا تنظر إلى النساء وَفْقَ طبيعة أدوارهن الفاعلة والأساسية في إدارة حياة أسرهن ومجتمعاتهن وحماية أفرادها، لا في مجرد الحفاظ على البقاء؛ وهو ما يؤدي إلى إعادة إنتاج أو مفاقمة تَحوُّل النساء إلى «ضحايا ضعيفة». هذا الاتجاه في بعض عمليات إعادة الإعمار، يؤدي في نهاية المطاف إلى تهميش المرأة من جانب، وإلى خسارة قدراتها وإضافاتها الْمُهِمَّة كفاعل أساسي ومُهِمٍّ في إعادة الإعمار من جانب آخر[2]. وتلك الأهمية لا تتعلق فقط بمساهمة النساء التقليدية في إدارة شؤون الأسرة والمجتمع والمساكن، لكنها تتعلق بمساهمة أكبر يفرضها واقع التغيُّر في الأدوار التقليدية القائمة على النوع الاجتماعي في بيئات ما بعد النزاعات، حيث يترتب على كثير من النساء -نتيجة لفقدان الرجل المعيل أو إصابته- تحمُّل مسؤوليات إعالة الأسرة إلى جانب المسؤوليات التقليدية للنساء[3]؛ مما

(1) Krisanthi Seneviratne, Dilanthi Amaratunga & Richard Haigh, "Managing Housing Needs of Post Conflict Housing Reconstruction: Sri Lankan Perspective," *Engineering Construction and Architectural Management*, vol. 24, no. 2 (2017), p. 5. at: https://bit.ly/35084fx.

(2) Birgitte Sorensen, "Women and Post-Conflict Reconstruction: Issues and Sources," *Social Change*, vol. 29, nos. 3-4 (1998), pp. 45-46.

(3) Srilakshmi Gururaja, "Gender Dimensions of Displacement," *Forced Migration Review*, no. 9 (2000), pp. 13-16.

يضاعف الخسارة المترتبة على تهميش دور المرأة، حيث إن تلك المستجدات تجعل من توليها زمام قيادة عملية إعادة إعمار المساكن ضرورة أكثر إلحاحًا بعدما أصبحت المسؤولة الوحيدة عن أُسَر كثيرة.

ورغم ما تم ويتم إجراؤه أَيْضًا من إصلاحات تهدف إلى معالجة مأسسة عدم المساواة بين الجنسين من قبل النظم التقليدية لعمليات إعادة الإعمار، بما فيها الإصلاحات القانونية بشأن ملكيات الأصول والمواريث وتمكين المرأة من التحكم بها، إلا أَنَّ ذلك وحده أثبت عدم كفايته. فحتى في الحالات التي أجريت فيها تعديلات قانونية لتمكين المرأة وحماية حقوقها، قليلًا ما كان ذلك ينعكس على أرض الواقع. تمكن ملاحظة ذلك مثلًا في حالات كل من: أوغندا، ورواندا، وإريتريا، وناميبيا، وجنوب إفريقيا، لدى خروجها من النزاعات، حيث استمر على أرض الواقع شيوع النُّهُج والممارسات المتحيزة ضد المرأة، رغم ما أصدر من قوانين جديدة لتعزيز المساواة بين الجنسين؛ ونتيجة لتلك الأوضاع، نجد أن ما يحدث فِعْلِيًّا هو تقويض قدرة النساء على حماية أُسَرِهِن، خَاصَّةً في حالات كونهن المعيل الوحيد للأسرة؛ إذ كيف للمرأة أن تحقق ذلك مع عدم تمكينها حتى من الوصول إلى الأرض والمسكن وحقوقها في الملكية، فضلًا عن مشاركتها في تخطيط ومراقبة وتقييم إعادة إعماره. وفي هذا الصدد، يقدم أحد مشاريع البنك الدولي المخصصة لإعادة بناء المنازل في سريلانكا نموذجًا إيجابيًّا بعكس السائد، حيث حاول المشروع معالجة المسألة عبر إعطاء الْأُسَر التي تُعِيلُهَا النساء أفضليةً في سندات الملكية الْخَاصَّة بالنازحين بسبب الحرب، ولكن هذا النموذج لا يزال محدود التطبيق، فحتى ضمن بعض مشروعات البنك الدولي الأخرى ذات الاختصاص نفسه؛ أي إعادة إعمار المساكن، نجد أن القضايا الْجِنْسَانِيَّة لم تؤخذ بعين الاعتبار، مثل مشروعه في أنغولا على سبيل المثال[1].

نظرًا لما سبق، فالخطوة الأولى لتحقيق مطالبتنا بخصوص تفعيل دور المرأة في كافة مراحل عملية إعادة إعمار المساكن باعتباره دورًا قياديًّا وحاسمًا، تتمثل في تغيير ومعالجة الوضع القائم، والذي لا يقوِّض -بشكله الحالي- إمكانية قيادة أو توجيه المرأة للعملية فحسب، بل حتى مشاركتها تقليديًّا كأحد أصحاب المصلحة الرئيسيين.

---

(1) Marcia Greenberg & Elaine Zuckerman, "The Gender Dimensions of Post-Conflict Reconstruction: The Challenge in Development Aid," Wider Research Paper, no. 2006/62, United Nation University, 2006, p. 4.

### 2. تعزيز الوضع القائم:

على النقيض مما سبق، ورغم التأثر الشديد للنساء بالكوارث والنزاعات، فإنَّ اتجاهات النساء أنفسهن (الاتجاهات غير الرسمية خارج إطار الوكالات) فيما بعد الكوارث هي اتجاهات إيجابية وبنَّاءة تتوافق مع المطالبة بقيادتهن للعملية، أو المشاركة المحورية فيها على أقل تقدير. في غالب الأحوال، وبصورة طبيعية، توفِّر سياقات ما بعد النزاعات والكوارث للنساء -اختيارًا أو اضطرارًا- فرصة لتحدي أوضاعهن المتعلقة بالنوع الاجتماعي، فنجد مثلًا أن النساء في غواتيمالا وهندوراس فيما بعد إعصار «ميتش» -عام 1988- كُن يبادرن بأنفسهن بحفر الآبار والقنوات المائية، كما قمن ببناء الملاجئ والمنازل بجهودهن الذاتية لحماية أُسَرِهِن. وفي العموم، فغالبًا ما كانت النساء في حالات ما بعد الكوارث والنزاعات قادرات، بل ومستعدات للقيام بِمَهَامَّ كانت تعتبر تقليديًّا مَهَامَّ رجالية، كما أظهرت النساء قدرة على الوصول الواسع لِلأُسَر، وهُنَّ عَادَةً ما يُنشئن مجموعات وشبكات فاعلة اجتماعيًّا لتلبية الحاجات الملحة لجميع أفراد المجتمع، ويمكن للمراقب أن يلاحظ كونهن الأكثر فعَّاليَّة في حشد وتعبئة المجتمع للاستجابة للكوارث بأنواعها[1]. هذا الوضع الْعَفْوِيُّ، والناتج طبيعيًّا دون استراتيجيات وخُطط مُسْبَقَة ودون تَأْطِير مؤسساتي، ينبغي أن يتم تعزيزه بمنحه الدعم اللازم مَاليًّا ولوجستيًّا وقانونيًّا، وهو يَصُبُّ مباشرة في تحقيق المطالبة بوجود المرأة على رأس آلية اتخاذ القرار في إعادة إعمار المساكن.

## ثانيًا - جوانب من أهمية مشاركة وتصدُّر المرأة عملية إعادة إعمار المساكن:

يمكن القول بأنَّ أدوار النساء في مرحلة ما بعد النزاعات والكوارث الطبيعية تشمل -في كثير من المجتمعات- ثلاثة أصنافٍ رئيسة، أولها الأدوار الإنجابية، والتي تتلخص في الإنجاب وما يترتب عليه من تربية الأطفال ورعاية شؤونهم، وقد تشمل رعاية كبار السن والمرضى، والتسوُّق، وتجهيز الطعام ورعاية المنزل وملحقاته وتنظيفها، فضلًا عما يتعلق بالبناء الروحي والنفسي والعاطفي للأسرة. وثانيها هي الأدوار المجتمعية،

(1) Nirooja Thurairajah, Dilanthi Amaratunga & Richard Haigh, "Post Disaster Reconstruction as an Opportunity for Development: Women's Perspective," Paper Presented at the International Conference in Building Education and Research, 2008, at: https://bit.ly/3BrXUjD, p. 1111.

وتشمل كل ما يتعلق بصيانة علاقات القرابة والحفاظ عليها، وتوطيد العلاقة مع المجتمع المحيط، والمشاركة في مُخْتَلِف أنواع الأنشطة المجتمعية الدينية والترفيهية وتلك المرتبطة بالمناسبات والاحتفالات، إلى جانب الرعاية والتكافل والتعاون الاجتماعي. أما ثالثها فهي الأدوار الإنتاجية، والتي قد تشمل بعض الأنشطة الزراعية في فناء المنزل، أو تربية المواشي والدواجن، أو الأعمال اليدوية وبعض المهن البسيطة[1]. وترتبطُ معظم تلك الأدوار السابقة بالمسكن، وإن اختلفت في صور أو مقدار ذلك الارتباط. فمثلًا ترتبط غالبية الْمَهَامِّ الإنجابية المذكورة بتكوين المسكن ومرافقه وتوزيعها ومواصفاتها، ويرتبط الاستقرار النفسي -بدرجة ما- بمدى الارتياح لمكان السكن والشعور بالاستقرار المكاني فيه، وترتبط عملية التسوق وتوفير المياه بموقع المسكن من مراكز التسوق والآبار على سبيل المثال. كما يرتبط عديد من الأدوار المجتمعية المشار إليها بتصميم المستوطنة وعلاقة المساكن ببعضها والمساحات المخصصة للتفاعلات الاجتماعية. أما الأدوار الإنتاجية للمرأة باختلاف أشكالها فكثيرًا ما يتم أداؤها داخل المنزل أو في فنائه؛ مما قد يتطلب مواصفات خَاصَّةً لتسهيلها، سواء في تصميم المسكن أو تحديد مساحته أو المساحات الخارجية (الفناء)، أو تصميم وموقع المستوطنة في حَدِّ ذاته. هذا الارتباط واسع النطاق بين أدوار النساء والمساكن، يستدعي بالضرورة تصدُّر المرأة لعملية إعادة إعمارها، بصفتها الفاعل المسؤول عن معظم ما يدور فيها ويؤثر فيها أو يتأثر بها؛ وبالتالي فهي الطرف الأكثر قدرة على اتخاذ القرار بشأن التخطيط لها وتصميمها وتحديد مواصفاتها؛ ومن ثم تقييمها والمحافظة على استدامتها.

وقد نجد أَنَّ بعض أدوار النساء في المستوطنات قد تستدعي انتباهًا خَاصًّا في بعض السياقات بشكل أكبر من سياقات أخرى؛ ومن ثم مشاركة أكبر للمرأة. فمثلًا، في السياقات التي تعاني من تغير المناخ تزداد احتمالية الإجهاد المائي، ويتبع ذلك صعوبة في الوصول إلى مصادر لمياه الشرب والطهي وحتى المياه المستخدمة في الصرف الصحي وأنشطة التنظيف، حيث تبدأ مصادر المياه بالجفاف والتراجع، ويحتاج القاطنون هناك إلى التحرك شبه المستمر لإيجاد بديل مناسب، والذي وإنْ كان بعيدًا أو غير مؤهل للاستخدام فإن ذلك ينعكس على النساء خُصُوصًا لكون مسؤولية إحضار المياه من اختصاصهن، فقد يتعرضن لأخطار الطريق، ويعانين وُعُورته وطول المسافات مع الْحِمْل الثقيل؛ ما يؤثر على أمنهن

(1) Ibid, p. 1110.

وصحتهن، وحتى على أنشطتهن الأخرى -كالتعلم مثلًا- والتي لن يُتَاحَ لها الوقت والجهد الكافيان[1]. ثمة أمثلة عديدة لمستوطنات سكنية تم تصميمها من دون أخذ ذلك بعين الاعتبار؛ ما خلق معاناة جديدة للنساء هناك. أحد تلك الأمثلة هو قرية مانديلا للسلام (MPV)، وهي مستوطنة للنازحين أنشأها الناجون من الإبادة الجماعية في رواندا لتخدم الأُسَر النازحة، خَاصَّةً تلك التي ترأسها الأرامل، وقد دعمت اليونسكو هذا المشروع فيما يتعلق بتوفير المأوى وبرامج محو الأمية، لكن ما حدث في نهاية المطاف هو أن النساء القاطنات هناك -خُصُوصًا الفقيرات منهن- بتن يعانين بصفة يومية مشقة المشي لساعات عدة لإحضار المياه والوقود؛ وبالتالي مثَّل موقع المسكن بالنسبة إليهن عقبة تضاف إلى قائمة العقبات التي يواجهنها كمعيلات، فضلًا عن صعوبة الالتحاق بالأنشطة التعليمية المعدة لهن وضياع قدر كبير من الوقت الذي كان يمكن استثماره في توليد الدخل والأعمال الأخرى؛ لما تستغرقه تلك الْمُهِمَّة من وقت وجهد[2]. لقد كان من الممكن تجنب قدر كبير من هذه المصاعب فيما لو شاركت النساء بصورة فَعَّالَة في عملية إعمار المستوطنة، وطُرحت هذه الإشكالية بتفاصيلها على طاولة التخطيط وتقييم الاحتياجات منذ البداية. كما أَنَّ هذا قد يقود أَيْضًا -في بعض الأحيان- إلى إجراء تغييرات مُهِمَّة فيما يتعلق بالبنية التحتية وأولويات العمل على تصميمها وإعادة إعمارها، بحيث يتم حل المشكلة جذريًّا عبر بناء أنظمة مياه جيدة ومستقرة تعفي النساء من القيام بتلك الْمُهِمَّة برمتها لصالح مَهَامِّهِن الأخرى الضرورية لهن ولأسرهن ومجتمعاتهن[3].

وعلى صعيد آخر، فإنَّ تغيُّر أدوار النساء في فترة ما بعد النزاعات والكوارث يُبرزُ نقطة مُهِمَّة متعلقة بالتنسيق بين مُخْتَلِف برامج إعادة الإعمار والتعافي، وهي الارتباط والتقاطع بين كلٍّ من مشروعات بناء المنازل ومشروعات توفير سبل العيش (livelihoods). في هذا النوع الأخير، غالبًا ما يُنظر في احتياجات الرجال لأداء أعمالهم وكسب الرزق، والتي تكون

---

(1) UN Office of the High Commissioner for Human Rights (OHCHR), "Women and the Right to Adequate Housing," 2012, p. 86.

(2) Greenberg & Zuckerman, "The Gender Dimensions of Post-Conflict Reconstruction: The Challenge in Development Aid," p. 6.

(3) Elaine Zuckerman & Marcia Greenberg, "The Gender Dimensions of Post-Conflict Reconstruction: An Analytical Framework for Policymakers," *Gender and Development*, vol. 12, no. 3 (2004), p. 78, at: https://bit.ly/3GXxCqK

في الغالب أنشطة خارجية، فتؤدي تلك النظرة القاصرة والمنعزلة إلى تجاهل احتياجات النساء في أنشطتهن الاقتصادية، التي عَادَةً ما تكون مختلفة، خَاصَّةً مع كونهن يقمن بأدوار مزدوجة من كسب العيش ورعاية الأبناء والأسرة؛ إذ يمارسن أنواع الأعمال التي يمكن لهن إنجازها من المنزل بحيث يتمكنَّ من أداء جميع أدوارهن في الوقت ذاته، وهذا يفرضُ التفكير بالمنزل لا كمأوى وحسب -كما هي الحال بالنسبة لمعظم الرجال- ولكن كمكان يتيح فضاءً مناسبًا للعمل والإنتاج أَيْضًا. وفي الغالب، ونظرًا لقلة المساحة المتاحة لمشاركة النساء في عمليات إعادة إعمار المساكن، تبقى هذه الاحتياجات غير مرئية، حتى يظهر أثر ذلك في النتائج. فمثلًا، لدى دراسة عمليات التعافي وإعادة الإعمار في كل من إندونيسيا وسريلانكا فيما بعد إعصار تسونامي، وُجدَ أَنَّ معظم المشاريع المنجزة فيما يتعلق بسبل العيش ركزت على توفير القوارب وشبكات الصيد والأدوات ذات الصلة، وهذه كلها تخدم مهن الرجال في تلك المنطقة، فيما تم تجاهل/ تغييب الاحتياجات اللازمة لاستعادة النساء لسبل عيشهن، والتي ترتبط بالضرورة بوجود المسكن -كأولوية أَيْضًا- وبتوفير المساحة اللازمة داخله لخدمة أنشطتهن من حرف يدوية ومنتجات منزلية مُعَدَّة للبيع. وُضعت في تلك السياقات مشروعات سبل العيش في المقدمة وأُخِّرتْ مشروعات السكن دون إدراك كون هذه الأخيرة في الواقع هي جزء أساسي من الأولى بالنسبة إلى الضحايا من النساء[1]، وهذا يدفعنا إلى القول: إنَّ الحديث عن مشاركة النساء الفَعَّالَة في عملية إعادة إعمار المساكن يستدعي أَيْضًا أن تؤخذ هذه المشاركة في الحسبان منذ اللحظة الأولى لتخطيط عمليات إعادة الإعمار والتعافي ككل.

ويذكر أنه قد تتخذ متطلبات سبل العيش المتعلقة بالنساء في بعض السياقات ما بعد النزاعات أشكالًا أخرى أقل شيوعًا؛ ومن ثم فلا يمكن اعتماد متطلبات عَامَّة، وإنما تظل الحاجة قائمة في كل مرة للمشاركة النسائية بالقدر ذاته، فمثلًا نرى أن النساء في بعض الدول مثل غينيا وسييراليون وكوت ديفوار عَادَةً ما يعملن في التجارة؛ وهو ما يختلف كُلِّيًّا في الاحتياجات عن أنشطة الإنتاج المنزلي، فيستدعي مثلًا ضرورة بناء مستوطنة الإسكان في موقع يسهل عملية انتقال تجارتهن وتحركهن معها بأمان[2]. وعمومًا، فتغير الأدوار التي

(1) Sadiqi, Coffey & Trigunarsyah, "Post-Disaster Housing Reconstruction," p. 8.

(2) Zuckerman & Greenberg, "The Gender Dimensions of Post-Conflict Reconstruction: An Analytical Framework for Policymakers," p. 78.

ارتبطت تقليديًّا بالنوع الاجتماعي، يغيرُ من ديناميكيات مجتمعية واقتصادية عديدة، ترتبط غالبيتها بصورة ما بالمنزل ومحيطه القريب؛ وبالتالي يجب أن تنعكس في تصميمه، ويمكن الذهاب في هذا الأمر إلى أبعد من مجرد تهيئة المنزل لخدمة النشاط الاقتصادي ذاته إلى التفكير أَيْضًا في الحلول للمشاكل الناتجة مثلًا عن انشغال الأم أثناء اليوم عن أبنائها بالعمل؛ ما قد يتطلب مواصفات خَاصَّةً في المسكن تضمنُ أمان الأطفال وتوفر لهم سبلًا لقضاء وقتهم -أثناء انشغال أمهاتهم- بالحد الأدنى من متطلبات الرعاية المباشرة. إن عملية تخطيط وتنفيذ وتقييم تلك الحلول لا يمكن أن تتم بشكل مثالي من دون وجود المرأة على رأسها.

أَيْضًا ففي حالات عدة فيما بعد النزاعات الكوارث يتضاعف تعرض النساء لأنواع من العنف، بما فيها العنف الجنسي، وَعَادَةً ما يتم تخصيص برامج لمعالجة هذه المسألة، وفي بعض الحالات يتم إنشاء مراكز استشارات ودعم قانوني مخصصة لفائدة السيدات المتضررات بالخصوص، كمشروع البنك الدولي في الإكوادور -مثلًا- والذي دعم إنشاء مراكز مساعدة قانونية كجزء من مشروع أكبر لإصلاح النظام القضائي. وهذه الخطوات القانونية لتعزيز الأمن تستلزم أن ترافقها بعض الإجراءات والتغييرات البنيوية في الفضاءات التي قد تكون المرأة فيها معرضة للعنف، بحيث يتم تصميمها وتشغيلها بما يوفر أكبر قدر ممكن من البيئة الآمنة، ويُعد المسكن -والمستوطنات السكنية- من أهم تلك الفضاءات، حيث ينبغي أن يتم تخطيط المسكن ومحيطه وَفْقًا للمعايير الأمنية المناسبة لكل سياق(1)؛ وذلك على سبيل المثال: من حيث مواد البناء وضمان الخصوصية في تصميم المسكن، ومن حيث موقع المستوطنة ومدى توفر الطرق الآمنة للوصول إلى المقاصد اليومية -كالمدرسة أو السوق أو المرافق الصحية مثلًا- للسيدات والفتيات الصغيرات(2). وأحيانًا، قد تشمل المعايير الأمنية في خُطَّة إعادة إعمار المساكن اللجوء إلى مشاريع إسكان جماعية للنساء؛ وَفْقًا لمواصفات تراعي مُخْتَلِف احتياجاتهن؛ لكون ذلك يضمن مستوى أفضل من الأمان لهن في تلك البيئة(3)، أو قد تشمل الاهتمام بإنشاء استراحات خَاصَّة للنساء على جوانب

(1) Naomi Cahn, “Women in Post-Conflict Reconstruction: Dilemmas and Directions,” *William and Mary Journal of Women and the Law*, vol. 12 (2006), pp. 36-37.

(2) Zuckerman & Greenberg, “The Gender Dimensions of Post-Conflict Reconstruction: An Analytical Framework for Policymakers,” p. 78.

(3) Cahn, pp. 36-37.

الطرق المحيطة بالمستوطنة، كما هو الأمر في أفغانستان، ويتعلق ذلك بالأعراف الاجتماعية وطبيعة العلاقات بين الجنسين في السياق المعْنِيِّ(1). في العموم، عَادَةً ما تبدأ السيدات باختبار تدهور وضعهن أمنيًّا مباشرة أثناء وبعد النزاع أو الكارثة وتعرضهن للتشرد والنزوح، فيعرفن مصادر الخطر وأشكاله وربما طُرُق تلافيه؛ لذا تُعد مشاركتهن في هذا الصدد محورية، ولا يمكن تعويضها بنظرة أمنية عَامَّة وثابتة، سيما مع اختلاف السياقات.

وأخيرًا، فإنَّ من شأن مشاركة المرأة الفَعَّالَة في عملية إعادة إعمار المساكن تقديم حلولٍ جذرية للعقبات المتعلقة بمشاريع البناء الذاتي للمساكن، والتي قد يصعب على السيدات في بعض السياقات الاستفادة منها بالشكل المنشود ومن دون مواجهة عقبات إضافية قد لا يواجهها نظراؤهن من الرجال؛ وبالتالي غالبًا ما تكون قضية معالجتها غائبة عند تخطيط المشروع. فعلى سبيل المثال، نرى أن المعدات ومواد البناء المقدمة في مشروعات البناء الذاتي غالبًا ما تحتاج إلى قوة جسدية قد لا تتوفر لدى النساء في بيئات لم يعهدن فيها القيام بمجهودات مماثلة؛ الأمر الذي يستدعي التفكير بحلول إبداعية تُمكن تلك السيدات من القيام بالإعمار الذاتي وَفْقًا لقدراتهن، وهذا الأمر في الغالب من الصعب أن يتم بالاكتفاء بتدريبهن، وإنما يحتاج أَيْضًا إلى تصميم بمواصفات خَاصَّةٍ للمسكن المستهدف بناؤه، ولأدوات البناء بحد ذاتها. هذا أمر لا يمكن أن يُعاد إنجازه في كل مرة ضمن كل مشروع، وإنما يجب أن تتعاون الفرق الميدانية مع فرق البحث والابتكار في الوكالات المعنية لتصميم إطار عام لجميع ما يتطلبه وَفْقًا للمعايير في بيئات ما بعد النزاع والكارثة، بحيث يعاد استخدامه -بعد تكييفه إذا احتاج الأمر- في مُخْتَلِف سياقات إعادة إعمار المساكن.

(1) Zuckerman & Greenberg, "The Gender Dimensions of Post-Conflict Reconstruction: An Analytical Framework for Policymakers," p. 78.

# الفصل السابع
# دراسة حالة:
# إعادة الإعمار بإدارة الْمُلَّاك في جنوب لبنان

## مدخل:

بصفة عَامَّةٍ، فإنَّ إعادة إعمار المساكن هي عملية معقدة، وإذا لم تتم معالجتها بصورة ملائمة، فقد تقوّض مؤسسات الدولة وتكرس أشكالًا من الإقصاء الاقتصادي والاجتماعي. وبِوَجْهٍ خَاصٍّ، تنطوي نماذج إعادة الإعمار بإدارة الْمُلَّاك - كما طُبقت في جنوب لبنان -على فرص ومخاطر؛ إذ تتيح درجة جديدة من المرونة ورقابة المتلقين، ولكنها تفاقم أَيْضًا المشاكل التنموية والسياسية إذا افتقر إطارها إلى المساعدة الفنية وآليات التمويل الفَعَّالَة والشفافة والمنسقة. وتُسْهِم المنهجيات المختلطة أو الْهَجِينَة -التي تتيح لِلْأُسَر في بيئات بعد النزاع الاختيار بين إعادة الإعمار بإدارة المقاولين أو الْمُلَّاك أو الجمع بين الخيارين- في ضمان أن يراعي نموذج إعادة الإعمار المتبع الظروف المحلية والاحتياجات الفردية واحتياجات الْأُسَر لا المزايا الشاملة المفترضة لأي خيار.

يقدم هذا الفصل خلاصة دراسة ميدانية أجريتها بمساعدة أحد تلاميذي في ذلك الحين، ستيفن زيك (Steven A. Zyck)، وهو يسلط الضوء على تَجْرِبَة جنوب لبنان في إعادة الإعمار بنموذج إدارة الْمُلَّاك، متطرقًا إلى الآثار الثانوية لتضرر المساكن والتعويضات وعملية إعادة الإعمار ككل، ومُبرزًا ضرورة النظريات التي تعكس «تداخل التخصصات المركَّب» للإسكان. والإسكان في لبنان، كما نناقش لاحقًا، لا يتألف من علاقات راسخة بين الشاغلين والمساكن فحسب، بل له تداعيات على جميع الديناميات الاجتماعية الثقافية والاقتصادية والسياسية والأمنية تقريبًا في هذه البيئة شديدة التنوع والمقسمة سياسيًّا. وتُطبق نظريات البنائية الاجتماعية، والْهُوِيَّة، ودور السوق، والعولمة، وأسباب النزاعات، والديمقراطية، والسُّلْطَة بجميع أشكالها بدرجات متفاوتة. ومع استمرار العلاقة الخلافية بين دراسات الإسكان والصياغات النظرية، ربما يتبيَّن أن توفير

السكن بطرق أقل تنظيمًا نِسْبِيًّا في الأوضاع الهَشَّة المتضررة من النزاعات قد يتمخض عنه اعتبارات نظرية جديدة. كما أن هذه البيئات قد تقدم الحجة الأقوى التي تدحض تنبؤ سترومبيرغ المتشائم بأُفُول المصلحة السياسية في الإسكان؛ وبالتالي هيمنته على الحياة السياسية إلى حَدٍّ كبير. ويتناول القسم قبل الأخير من هذا الفصل كيف تقدم التَّجَارِب وأعمال نظرية بارزة؛ ما زالت مثار خلاف، في ميدان دراسات التنمية أفكارًا رئيسة لدراسات الإسكان.

يبدأ الفصل بشرح أسلوب البحث المستخدم في دراسة جنوب لبنان؛ ليقدم بعد ذلك لمحة عَامَّةً عن إطار تقديم تعويضات السكن. أما القسم التالي، فينظر في تعويضات السكن وإعادة الإعمار في جنوب لبنان. وحيث إن غياب أي أبحاث سابقة عن تعويضات السكن وإعادة الإعمار في أعقاب حرب تموز/ يوليو يعني أن العملية والأطراف المعنية ومقادير وأنواع المساعدات المقدمة، بل حتى مسألة المخرجات البسيطة (أي عدد المنازل التي أعيد بناؤها وجودة البناء)، بقيت مجهولة قبل هذه الدراسة. وبذلك، يتناول هذا الفصل مسائل أساسية عن الأعمال وموقعها ومَنْ نفذها وآثارها قبل الالتفات إلى مسائل أوسع نطاقًا كتداعيات الأضرار التي لحقت بالمساكن، وإعادة إعمارها على التنمية الاقتصادية والحدِّ من الفقر والمساواة بين الجنسين، والتأهب للكوارث، وحماية التراث الثقافي، وبناء الدولة. ونربط، بعد ذلك، هذه النتائج مع الأدبيات الأشمل التي تتناول الإسكان وإعادة التأهيل، والتعافي بعد الكوارث. ويختتم الفصل بتحليل وإجمال الشروط الْمُسْبَقَة اللازمة لنجاح أنشطة إعادة الإعمار بإدارة الْمُلَّاك ومزايا النماذج المختلطة أو الْهَجِينَة التي تستند إلى نقاط قوةِ نموذجي إعادة الإعمار بإدارة الْمُلَّاك والمقاولين .

## أولًا - إعادة الإعمار بإدارة الْمُلَّاك بعد النزاعات:

نركز في هذا الفصل على منهجيات إعادة الإعمار بإدارة الْمُلَّاك نظرًا لتطبيقها البارز وشعبيتها المتزايدة في جنوب لبنان. فهذه المنهجيات تمكِّن الْمُلَّاك من «إعادة إعمار مساكنهم بأنفسهم». وهي تتنوع بين منهجيات يشارك فيها الْمُلَّاك في إعادة إعمار مساكنهم مع الاستعانة بمقاولين ومهندسين معماريين محترفين، ومنهجيات يدير فيها المالك جميع جهود إعادة الإعمار، سواء بالاستعانة بمساعدة فنية خارجية أم لا، كما هي الحال في جنوب لبنان. ونشير إلى النوع الثاني -الذي يتضمن حدًّا أدنى من المساعدة الفنية- بمبادرات

«المساعدة الذاتية»، وهي لا تشمل الإسكان فحسب، بل تشمل كذلك أوجهًا متعددة للتعافي الاجتماعي والاقتصادي في أعقاب النزاعات والكوارث.

لقد أيدت الأمم المتحدة أساليب إعادة الإعمار بإدارة الْمُلَّاك مع الاستعانة بمستشارين فنيين وعمال مَهَرَة عند الضرورة منذ عام 2007 على الأقل. ورجح الباحثون أن تكون هذه الأساليب أكثر فاعلية فيما يخص التكاليف، وأنها تفضي إلى معدلات إشغال أعلى للمساكن قياسًا بمنهجيات إعادة الإعمار بإدارة المقاولين. علاوة على ذلك، تُسْهِم نماذج إعادة الإعمار بإدارة الْمُلَّاك في تطوير القدرات الفنية للمعنيين فِعْلِيًّا وتتيح للأفراد المشاركة في مجهود مثمر وهادف على المستوى الشخصي في أعقاب أزمة أدت إلى زعزعة الاستقرار. وهي تتيح أخيرًا درجة من التعافي النفسي الاجتماعي بالسماح للأفراد لا بإعادة إعمار منازلهم فحسب، بل بالتعبير أَيْضًا عن هُوِيَّة ثقافية ربما كانت مستهدفة في النزاع السابق .

ورغم أن الأبحاث تبرهن على هذه المزايا في أعقاب الكوارث الطبيعية بِوَجْهٍ خَاصٍّ، فإنها لم تقدم سوى إثباتات قليلة بشأنها في بيئات بعد النزاع تحديدًا. ومع أن الحروب تُسْفِر عن دمار مادي بأنواع ومستويات متشابهة تقريبًا، فإنها تتسم بأبعاد اجتماعية وسياسية واقتصادية لا نجدها في أعقاب الزلازل والانزلاقات الأرضية والأعاصير والتسونامي. والتغييرات الجذرية في الأنظمة السياسية، وأشكال الحكومة والْحَوْكَمَة أمور مألوفة في البيئات التي مزقتها الحروب، وأَيْضًا ترسُّخ العداوات وتصاعد المشاعر الاثنية وتنافس مصادر السُّلْطَة التي تنشأ بين جهات حكومية وغير حكومية ودولية وتجارية وعسكرية. وتتسم هذه البيئات بالانقسام الشديد، ويمكن للمرء أن يَخْلُص مَنْطِقِيًّا إلى أن أشكال التماسك الاجتماعي التي تنشأ في كارثة «طبيعية» جماعية غير شخصية (رغم الأبعاد الاجتماعية الاقتصادية والسياسية للهشاشة) تصبح أضعف بكثير في أعقاب النزاعات؛ لذلك نسعى هنا إلى بناء فَهْم أعمق لإمكانية تطبيق مَنْهَجِيَّة إعادة الإعمار بإدارة الْمُلَّاك بعد النزاعات باستخدام مثال توضيحي عن جنوب لبنان، وندرس في الوقت نفسه خيارات الاستفادة من مزايا المنهجيتين: إدارة الْمُلَّاك وإدارة المقاولين.

## 1. النَّهُج

تستعين الدراسة في هذا الفصل باستبيانات لِلْأُسَر ومقابلات متعمقة مع متلقي تعويضات السكن في 51 (أو 20.3 في المئة) من المجتمعات المحلية في جنوب لبنان (وعددها 251)،

وبمشاورات أجريت مع ممثلي الجهات الحكومية المعنية والمؤسسات المانحة، والمنظمات غير الحكومية، ووكالات الأمم المتحدة، وكذلك مع ممثلي قوى غير حكومية ذات توجه سياسي.

**2. اختيار العينة:**

تسعى هذه الدراسة إلى الوقوف على أوضاع المجتمعات المحلية التي لحقت بها أضرار بدرجات متفاوتة جراء حرب تموز/ يوليو 2006، وتسترشد بفرضية أن هذه المجتمعات تُطوِّر أثناء عملية التعافي أنظمة مساعدة ذاتية ونماذج استجابة مختلفة، كالتضامن والمساعدة الذاتية والاعتماد على المعونات. واستند الاختيار إلى البيانات التي قدمتها الهيئة العليا للإغاثة التابعة للحكومة اللبنانية التي صنفت المنازل وَفْقًا للفئات التالية: مُدَمَّر بالكامل -مُدَمَّر جُزْئِيًّا- مُتَضَرِّر بشدة. وباستخدام هذه البيانات وترجيح مستويات الدمار أو الضرر الأشد (حيث رُجحت المنازل الْمُدَمَّرَة كُلِّيًّا أكثر من الْمُدَمَّرَة جُزْئِيًّا وهكذا)، خصصنا معامل ضرر لكل مجتمع محلي. وبعد استبعاد المجتمعات المحلية التي لحقت بها أضرار طفيفة (التي تقع في الربع الأدنى من قائمة المجتمعات المحلية)، أخذت عينات دورية لاختيار القرى التي تستهدفها الدراسة. وفي البداية، اعتبرت عوامل كالتكوين الطائفي والفقر متغيرات محتملة يجب أن تعكسها عملية أخذ العينات، غير أن تركُّز الضرر الأكبر للمساكن في مناطق المسلمين الشيعة قلل من أهمية وصِلَة العامل الأول، كما أدى نقص البيانات المتعلقة بالفقر والتنمية البشرية في المجتمعات المحلية إلى استبعاد العامل الثاني.

**3. جمع البيانات:**

شارك في الاستبيان 499 أسرة في 15 مجتمعًا محليًّا في خمسة من أقضية جنوب لبنان السبعة. وسعت الاستبيانات إلى توثيق ما يلي: (1) مستوى تضرر بالوحدات السكنية؛ (2) مصدر ومقدار تعويض السكن المستلم؛ (3) الأثر الذي أحدثته هذه الأموال على إعادة إعمار المساكن؛ (4) الصلات بين تضرر المساكن وتعويضات السكن/ إعادة الإعمار والفقر والتأهب للكوارث والمساواة بين الجنسين وحماية التراث الثقافي؛ (5) الآثار المترتبة على الْحَوْكَمَة والعلاقات بين الدولة والمواطنين والنزاع. وبالإضافة إلى الاستبيانات، اختير لإجراء مقابلات متعمقة أسرتان أخريان من كل واحد من المجتمعات المحلية الـ15 (أي 30 مقابلة). وصنفت البيانات المستمدة من المقابلات واستبيانات الْأُسَر بحسب جنس

رب الأسرة ومستوى تضرر المسكن والوضع الزراعي الإيكولوجي (المناطق الْحَضَرِيَّة أو المناطق المحيطة بها أو المناطق الريفية) والضعف الاجتماعي والاقتصادي (استنادًا إلى مستويات التوظيف والدخل والقدرة الاقتصادية على الصمود). كما تم الاحتفاظ أَيْضًا بالمعلومات المتعلقة بحجم المجتمع المحلي وأضرار الحرب التي لحقت بالمجتمع عُمُومًا والإقامة (وقت إجراء الاستبيان) رغم أننا سنعتمد على هذه المعلومات بانتقائية بحسب صلتها بالمسائل التي يتناولها الفصل. أخيرًا، أتاحت الاستشارات مع الأطراف المعنية التي أجريت مع 38 فردًا يمثلون 24 مؤسسة فرصة لبناء فَهْم أعمق للمنهجيات التي اتخذها كل طرف مشارك أو مَعْنِيٍّ بتعويضات السكن وإعادة الإعمار.

لقد أثبتت «الْمَنْهَجِيَّة الْمُرَكَّبَة» فعاليتها في تكوين فكرة واضحة بِوَجْهٍ خَاصٍّ عن متلقي تعويض السكن وممثلي المانحين والموظفين الحكوميين على مستويات متعددة. وتنطوي هذه الْمَنْهَجِيَّة في إعداد دراسات الحالة على أسلوب عملي المنحى يتألف من استعراض مكتبي أولي وتطبيق طرائق متعددة تشاركية كإجراء مشاورات مع أطراف معنية متعددة ومقابلات فردية ومناقشات جماعية. وتشمل مبادئ هذه الطريقة ضرورة مراعاة ظروف النزاع، وفرصة استخدام الأبحاث باعتبارها وسيلة لبناء التقدير والتفهم المتبادلين بين القوى الفاعلة متعددة الخلفيات، وعلى مُخْتَلِف مستويات النظام السياسي المتضررة من النزاع (من المجتمع المحلي إلى الحكومة الوطنية). وكما هي الحال في أي أسلوب صارم، تركز «الْمَنْهَجِيَّة الْمُرَكَّبَة» أَيْضًا على التأكد من النتائج من مصادر متعددة، ومراعاة تصورات متنوعة لظاهرة واحدة. كما تسعى مَنْهَجِيَّة الدراسة إلى ضبط ميل مصادر المعلومات إلى تقديم إجابات تهدف إلى إثبات حاجتهم إلى المساعدات الدولية، عن طريق الاستعانة بباحثين محليين دربناهم لإجراء جميع استبيانات الْأُسَر تقريبًا عِوَضًا عن الباحثين الدوليين. ومع ذلك، شاركنا في تجريب جميع أدوات جمع البيانات وأجرينا زيارات تحقق دورية.

## ثانيًا - السياق العام والأضرار:

بدايةً، نقدم نبذة عَامَّةً عن سياق النزاع والأضرار الناتجة عنه؛ دامت حرب تموز/ يوليو بين إسرائيل وجماعة حزب الله السياسية المسلحة في لبنان 33 يومًا بين 12 تموز/ يوليو و14 آب/ أغسطس 2006. وسقط خلالها أكثر من 1200 شخص في لبنان، وجُرح خمسة آلاف آخرون. ونزح نحو مليون شخص؛ أي ربع عدد سكان لبنان، ولم يستطع كثير منهم

العودة إلى منازلهم إثر تعرض 125 ألف وحدة سكنية للدمار أو الضرر. وحدث اضطراب أوسع بسبب الدمار أو الأضرار التي أصابت 612 مدرسة حكومية و97 جسرًا. وتكبَّد النشاط التجاري خسائر فادحة، لتعرقله بما أصابه من دمار؛ إذ تضررت حوالي 850 منشأة خَاصَّةً متوسطة وكبيرة. وتدهور الإنتاج الزراعي لوجود ذخائر عنقودية إسرائيلية غير منفجرة في الحقول. وشهد النمو الاقتصادي ركودًا في السنوات التي أعقبت النزاع، وأسهمت زيادة المساعدات الخارجية، لا التعافي المستدام، في تجنب التراجع. وتضاعف تقريبًا معدل البطالة الذي كان يبلغ نحو 10 بالمئة قبل النزاع.

لم تكن حرب تموز/ يوليو حدثًا فريدًا في الأوضاع اللبنانية، فقد عانى لبنان، وجنوبه بِوَجْهٍ خَاصٍّ، من تركة نزاع مُطَوَّل، فقد نالت البلاد استقلالها عن فرنسا عام 1941 في ظل انقسامات حَادَّةٍ بين الشيعة والسنة والدروز والمسيحيين الموارنة. وتفاقمت هذه التوترات بوصول اللاجئين الفلسطينيين عام 1948. واعتبارًا من 1970، بدأت منظمة التحرير الفلسطينية بتنفيذ عملياتها انطلاقًا من لبنان؛ ما أدى إلى تدخلات عسكرية إسرائيلية في أعوام 1970 و1978 و1981 و1982. ودفعت هذه الموجة الثانية من الهجمات ضد جنوب لبنان إلى وصول قوة الأمم المتحدة المؤقتة في لبنان (يونيفيل) التي بقيت حتى يومنا هذا. وتلا الاجتياح الإسرائيلي الواسع في 1982 احتلال أجزاء واسعة من الجنوب سواء مباشرة أو عن طريق وكلاء. ودام هذا الاحتلال 18 عامًا. وعلاوة على ذلك، تكررت الهجمات الإسرائيلية إبان الحرب الأهلية في لبنان ما بين 1975 و1991. كما اندلع القتال في مراحل مختلفة من الحرب الأهلية اللبنانية بين المسيحيين والفلسطينيين وبين المنظمات الفلسطينية والميليشيات الإسلامية وبين المطالبين بالإصلاحات وأصحاب السُّلْطَة. وأسفر هذا القتال عن سقوط أكثر من 100 ألف شخص، وعدد مماثل أصبح يعاني من عجز دائم. ونزح نحو مليون نسمة من منازلهم، وهاجر ربعهم ضمن المنطقة وخارجها، وَخَاصَّةً إلى أوروبا وأمريكا الشمالية. وبدأ اتفاق الطائف، الذي دخل حيز التنفيذ في 1989، بتخفيف حِدَّةِ الحرب الأهلية التي وضعت أوزارها رسميًا بعد عامين. ولكن لبنان لم يتخلص نهائيًا من النزاع؛ إذ واصلت إسرائيل احتلال الجنوب، وكَثَّفَ حزب الله مقاومته المسلحة؛ ونتيجة لذلك، استمرت التوترات بين إسرائيل ولبنان. وبلغت هذه التوترات أَوْجَهَا بالاجتياح الإسرائيلي في 1996 من خلال ما أصبح يعرف بـ«عملية عناقيد الغضب». وتجددت التوترات أَيْضًا في حرب تموز/ يوليو التي اندلعت إثر اختطاف حزب الله جنديين إسرائيليين في 12 تموز/ يوليو 2006.

## ثالثًا - إعادة إعمار المساكن في جنوب لبنان:

أتاحت جولات النزاع العديدة في لبنان فرصًا متكررة لإعادة إعمار وتأهيل المنازل. ولكن الدروس المستفادة كانت قليلة على ما يبدو. فتعويض السكن في جنوب لبنان يخرج عن المألوف في الأوساط الإنسانية والإنمائية الدولية التي باتت معتادة أكثر على تدابير المساءلة الصارمة. ولا يوجد سوى سجلات قليلة توثق التعويضات المقدمة وتواريخها ومستحقيها؛ وهي تبيِّن أن الأرقام الرسمية، التي تقدمها عَادَةً الجهات الحكومية اللبنانية، تتناقض مع مزاعم المستفيدين وممثلي المانحين. وأدت الطبيعة المعقدة المجزأة لتعويضات السكن وعملية إعادة الإعمار إلى تفاقم مسألة ندرة البيانات. فعوضًا عن المشاركة في عملية إعادة إعمار بإدارة المقاولين تستعين بشركات لإعادة تشييد المنازل، كما حدث في المراحل الأولى اللاحقة للنزاع في جنوب لبنان، وزعت الدول المانحة في أعقاب حرب تموز/ يوليو 2006 المنح لتمكين إعادة الإعمار بإدارة الْمُلَّاك إما بصورة مستقلة، أو عن طريق الحكومة اللبنانية. وأسهم ذلك كثيرًا في تخفيض تكاليف معاملات تقديم المساعدات؛ وبالتالي، وجد المانحون «الجدد» أو ما أُطلق عليهم المانحون «غير التقليديين» من الشرق الأوسط وغيره أن المشاركة أسهل. وفي ظل سهولة المشاركة، عن طريق مجرد تحويل الأموال، وطبيعة تمويل إعادة الإعمار رفيعة المستوى المشحونة سياسيًّا، التي ينظر إليها عَادَةً باعتبارها وسيلة للتعبير عن التضامن مع الشعب اللبناني، قدمت البلدان التالية دعمًا مَاليًّا: المملكة العربية السعودية، وقطر، والكويت، ومصر، وسوريا، واليمن، والأردن، والبحرين، والعراق، وإندونيسيا. ومن اللافت للنظر أن هذه القائمة تضم بلدانًا، كمصر، والأردن، واليمن، والعراق، وإندونيسيا، وهذه عَادَةً تتلقى مساعدات ولا تُسْهِم في تمويل أنشطة التعافي بعد النزاع.

### 1. تعويضات السكن - المبالغ:

تفاوتت مساهمات الأطراف المانحة. فبرزت المملكة العربية السعودية باعتبارها أكبر متبرع منفرد لقطاع الإسكان، حيث قدمت 315 ملىون دولار، بينما قدمت قطر 150 مليون دولار، والكويت 115 مليون دولار. وقدمت البلدان الإسلامية المانحة السبعة الباقية مبلغًا إِجْمَاليًّا صَافِيًا قدره 42 مليون دولار. وتزعم الحكومة اللبنانية أَيْضًا أنها قدمت 293 مليون دولار تلقتها من جهات مانحة «تقليدية» غربية ثنائية ومتعددة الأطراف في مؤتمري ستكهولم وباريس 3 من أجل إعادة تأهيل المساكن رغم تعذر إمكانية التحقق من هذه المساهمات بسبب محدودية الشفافية

وعدم توفر البيانات. وجمع المؤتمران المذكوران، اللذان عقدا في أواخر 2006 ومطلع 2007، 8.5 مليار دولار على شكل تعهدات، منها 900 مليون دولار للتعافي المبكر. «وتبنت» دول الخليج المانحة والحكومة اللبنانية مناطق محددة لمساعدتها استنادًا إلى مدى الضرر الذي لحق بالمنطقة وانتماءاتها الطائفية أو السياسية. وكانت النتيجة خليطًا من المساعدات عِوَضًا عن تخصيص الموارد واهتمام الجهات المانحة جغرافيًّا أو بِنَاءً على الاحتياجات.

في ظل نقص البيانات، حاولنا التأكد من المساهمات المتعلقة بالإسكان عن طريق مقارنة المبالغ التي زعم الأفراد أنهم تسلَّموها من مُخْتَلِف الأطراف مع المبالغ التي أعلنت الجهات المانحة والحكومة عن تقديمها (الجدول 11). فمثلًا، زعم الذين حصلوا على مساعدات من قطر أنهم تلقوا وسطيًّا 32,389 دولارًا لكل أسرة معيشية، وهذا يتوافق مع ما ذكره المسؤولون القطريون أثناء المشاورات. ولكن أرقام الحكومة اللبنانية تباينت مرارًا مع تقارير المستفيدين. وجدير بالذكر أن الهيئة العليا للإغاثة ذكرت أنها قدمت 8227,79 دولار وسطيّ لكل أسرة كتعويض سكن، رغم أن المشاركين في الاستبيان زعموا بأنهم تسلموا ثلث ذلك المبلغ فقط أو 2757,69 دولار وسطيّ. ورغم أن أطرافًا غير حكومية عديدة، ومنها مَن أجرينا مشاورات معهم، أفادت بأن هذه التفاوتات تدل على فساد حكومي، فإن نقص البيانات المستقلة يجعل إثبات مثل هذه الأحكام مستحيلًا.

**الجدول (7-1): تعويضات السكن المتسلمة ونتائج الاستبيان بحسب الجهة/ البلد المانح:**

| الجهة المانحة | متوسط التعويضات لكل وحدة سكنية، جميع مستويات الأضرار (دولار أمريكي) | متوسط التعويضات للوحدة السكنية الْمُدَمَّرَة بالكامل (دولار أمريكي) |
|---|---|---|
| قطر | 32,388.89 | 40,000.00 |
| جهات مانحة غير تقليدية أخرى | 10,943.37 | 27,000.00 |
| الحكومة اللبنانية | 2,757.69 | 29,875.00 |
| جهاد البناء | 6,221.53 | 10,870.10 |

**المصدر:** استبيانات الأُسَر المعيشية، آب/ أغسطس- تشرين الأول/ أكتوبر 2008.

ربما قدمت جهاد البناء، وهي مؤسسة إغاثية وإنمائية لبنانية غير حكومية تابعة لحزب الله؛ ما يعادل جميع المساعدات التي قدمتها الجهات المانحة جميعها تقريبًا. ولم تشارك هذه المؤسسة في أي شكل من المساءلة الخارجية الرسمية، بل لجأت إلى المبادئ الإسلامية في مجال العمل الخيري (الزكاة)، واعتمدت على الله الرقيب القدير في تجنب اختلاس الأموال. وقدمت المؤسسة؛ وَفْقًا للاستبيانات، 6221,53 دولار لكل وحدة سكنية، أو أكثر من 600 مليون دولار في المجمل استفاد منها حوالي 100 ألف أسرة معيشية. ويبقى مصدر هذه الأموال مجهولًا، رغم أن مراقبين ومحللين كُثْرًا استنتجوا أن إيران، التي تموِّل أسلحة حزب الله وأنشطته العسكرية، تبقى الممول الرئيس. وخلافًا للبلدان الإسلامية المانحة المشار إليها سابقًا، التي «تبنت» مجتمعات محلية معينة وقدمت لها التعويضات، لم تنسق جهاد البناء أو توائم أنشطتها مع الآخرين، بل قدمت المساعدات لجميع الأفراد الذين دُمِّرَتْ أو تضررت منازلهم من خلال تقييم احتياجات كل مجتمع محلي بمفرده. وشارك في هذا التقييم أكثر من ثلاثة آلاف متطوع من لبنان والشرق الأوسط وخارجه. وكانت تعويضات ومساعدات السكن؛ وَفْقًا لبعض كبار الموظفين في جهاد البناء، تهدف في المقام الأول إلى تمكين الناس من العودة إلى مجتمعاتهم الأصلية، أو استئجار مكان للإقامة فيه خلال مرحلة إعادة البناء، أو إجراء تحسينات أولية تجعل منازلهم مناسبة لإقامة قصيرة الأجل. ورأت جهاد البناء أن إخفاق الناس في العودة سريعًا إلى الجنوب يسهل استمرار وجود القوات الإسرائيلية، ويتيح لإسرائيل ممارسة ضغوط أكبر على الحكومة اللبنانية والأطراف الأخرى أثناء مرحلة إعادة الإعمار الأولية على الأقل.

### 2. طرائق تقديم المساعدات:

كانت المبالغ المقدمة بالغة الأهمية. ولكن مكتب الأمم المتحدة لتنسيق عمليات الإغاثة في حالات الكوارث (يوندرو) استنتج في تقريره الغني بالأفكار «المأوى بعد الكوارث» أن طريقة تمويل إعادة إعمار المساكن (الآليات المتبعة والقيود المصاحبة لها) لا تقل أهمية سواء في تعزيز أو تقويض الملكية المحلية. واستخدمت في توزيع التعويضات «طرائق» عديدة؛ أي آليات تمويل. فلجأت كل من قطر وجهاد البناء إلى «التنفيذ المباشر»، حيث قدمت الأموال مباشرة إلى الأفراد على شكل مِنَح. ولم تضطلع الحكومة، رغم علمها بمثل هذا الدعم، بأي دور في عملية توزيع التعويضات أو إعادة الإعمار في المناطق التي

تبنتها قطر بِوَجْهٍ خَاصٍّ. وفي حين أن نحو 750 مليون دولار، إن لم يكن أكثر، (أي المبالغ التي قدمتها قطر وجهاد البناء بحسب التقديرات) قد قدمت بهذه الطريقة، فإن أكثر الجهات المانحة قدمت إلى الدولة دعم موازنة لقطاع محدد. وكان دعم الموازنة يقدم عَادَةً عن طريق تحويل الأموال إلى الهيئة العليا للإغاثة في لبنان لصرفها إلى الأفراد عن طريق أجهزة حكومية وسيطة كمجلس الجنوب الذي تأسس في مطلع تسعينيات القرن الماضي لتنسيق وتنفيذ أنشطة إنمائية في جنوب لبنان. ومع أن استخدام هذا النوع من الدعم أسهم في تجنيب الجهات المانحة مصاعب إيصال المساعدات والمساءلة، ولكنه، على الأرجح، أتاح، كما أشرنا سابقًا، أن تسير التعويضات وعمليات إعادة الإعمار بغموض نوعًا ما.

كانت الكويت الجهة المانحة الوحيدة التي لم تستخدم في تقديم تعويضات السكن لا التنفيذ المباشر ولا دعم موازنة قطاع محدد، فقد أصدرت من خلال الصندوق الكويتي للتنمية الاقتصادية العربية، شيكات باسم المستفيدين المستهدفين في كل مجتمع محلي. وبعد ذلك، وزعت هذه الشيكات عن طريق مجلس الجنوب، ولم تمارس الحكومة اللبنانية أي رقابة ائتمانية أبدًا. وأثمر ذلك عن توزيع المساعدات توزيعًا فعَّالًا وخاضعًا للمساءلة أتاح للدولة الاضطلاع بدور ما (وتوفير تكاليف المعاملات الباهظة على الجهة المانحة).

لم تطبق في عملية إعادة إعمار المساكن طرائق بديلة، رغم أنها متوفرة في جنوب لبنان، وَبِخَاصَّةٍ آليات التمويل الجماعي، كالصناديق الاستئمانية متعددة المانحين. وأحجم صندوق تعافي لبنان، بِوَجْهٍ خَاصٍّ، عن دعم الأنشطة المتعلقة بالإسكان، وهو اتجاه ينبع بصورة أولية من اعتقاد جهات مانحة غربية محددة أن الدور الذي اضطلعت به دول الخليج «أشبع» العملية مَالِيًّا. وأسهم التخلف عن ضم المؤسسات المانحة في دول الخليج إلى صندوق تعافي لبنان، الذي تلقى مساهمات من السويد، ورومانيا، وإسبانيا فقط في عامه الأول، في نشوء الطرائق الثلاث المذكورة آنفًا. فَعِوَضًا عن وجود مجمع نقدي واحد يجري توزيعه بصرامة بين المستفيدين وَفْقًا لاحتياجاتهم ومستويات تضررهم، أدت أشكال التنفيذ المباشر المبعثر ودعم الموازنة والسماح للجهات المانحة بـ«تبني» مجتمعات محلية محددة، إلى تفاوت المساعدات المقدمة تفاوتًا واسعًا بين المجتمعات المحلية وتقويض المنهجيات القائمة على الاحتياجات؛ ونتيجة لذلك، ربما يتلقى فرد في مجتمع محلي تبنته قطر، مثلًا، نحو أربعة أضعاف ما يتلقاه فرد في مجتمع محلي مجاور تدعمه الدولة رغم أن الأضرار التي لحقت بهما متشابهة.

### 3. الأثر المرتبط بالمأوى:

وفقًا لأفضل التقديرات، أتاحت هذه المبالغ، التي قدمت من خلال هذه الطرائق المتباينة، إعادة تشييد أو تأهيل أكثر من 80 ألف وحدة سكنية بحلول تشرين الأول/ أكتوبر 2008؛ أي بعد أكثر من عامين بقليل على انطلاق إعادة الإعمار. وتمكن نحو أربعة أخماس (78.3 بالمئة) الأُسَر التي شاركت في الاستبيان من العودة إلى مسكن جرى إصلاحه (69.6 بالمئة) أو بُنِيَ حديثًا (8.7 بالمئة). وبقيت نسبة الـ 21.7 بالمئة المتبقية من السكان نازحين أكثر من عامين إثر حرب تموز/ يوليو، حيث أقام 12.2 بالمئة منهم بالأجرة، و9.5 بالمئة آخرين أقاموا في منازل أقربائهم (الجدول 12). وبدا أن النزوح المتواصل ناجم بصورة أولية، ولو بطريقتين مختلفتين اختلافًا صارخًا، عن عاملين رئيسين، ألا وهما مستوى الأضرار والوضع الاجتماعي الاقتصادي. وجدير بالذكر أن فرصة الأُسَر التي كانت تقيم في مبانٍ مُدَمَّرَة بالكامل في الحصول على سكن دائم كانت أقل؛ وظل 37.5 بالمئة من هذه الشريحة نازحين، بينما فقط 10.2 بالمئة من أصحاب المنازل المتضررة ما يزالون نازحين.

**الجدول (7-2): التقدم في إعادة إعمار المساكن/ وضع النازحين، بعد 25 شهرًا من حرب تموز/ يوليو: مستوى تضرر المنزل**

| مكان الإقامة الحالي | مُرَكَّب (في المئة) | مُدَمَّر بالكامل (في المئة) | مُدَمَّر جُزْئِيًّا (في المئة) | مُدَمَّر بشدة (في المئة) |
|---|---|---|---|---|
| منزل أحد الأقارب | 9.6 | 9.4 | 16.7 | 6.8 |
| منزل مستأجر | 12.2 | 28.1 | 12.5 | 3.4 |
| منزل جرى إصلاحه | 69.6 | 34.4 | 66.7 | 89.8 |
| منزل جديد | 8.7 | 28.1 | 4.2 | 0 |

**المصدر:** استبيانات الأُسَر المعيشية، آب/ أغسطس- تشرين الأول/ أكتوبر 2008.

على الرغم من أننا افترضنا أن يكون الأشد هشاشة على الصعيدين الاجتماعي والاقتصادي نازحين أثناء إعداد الدراسة (أكثر من عامين بعد حرب تموز/ يوليو)، فقد تم اكتشاف دينامية عكسية. فهؤلاء الأفراد كانوا أَيْضًا على الأرجح يقطنون في سكن دائم (ولو لم يكن قد أُعيد إعماره بالكامل بالضرورة)، رغم أن أضرارًا أكبر لحقت بمنازلهم. وظل 33.3 بالمئة ممن اعتبروا أقل ضعفًا أو غير ضعفاء على الإطلاق نازحين؛ أي دون مسكن دائم. وفي مثل هذه الحالات، كان النزوح اختياريًّا وقائمًا على تفضيل استئجار عقار بسبب تكرار النزاعات والكوارث الطبيعية، أو رغبة العائلات في تأخير عودتها إلى منازلها حتى استكمال إعادة إعمارها (إلى المستوى السابق أو أفضل منه). وبالمقابل، بقي 15.0 بالمئة فقط من الأفراد الضعفاء جِدًّا دون مسكن دائم؛ إذ أفاد 85.0 بالمئة أنهم عادوا إلى منزل جرى إصلاحه (80.0 بالمئة)، أو منزل بُنِيَ حديثًا (5.0 بالمئة).

لكن هذا الوضع لا يمثل اتجاهًا يحصل من خلاله الأكثر ضعفًا بأسرع ما يمكن على تعويضات كافية عن الأضرار الناجمة عن حرب تموز/ يوليو. وعِوَضًا عن ذلك، عاد الأكثر ضعفًا، الذين لحقت بهم أكبر الأضرار إلى منازلهم بسبب غياب البدائل. وحاول كثيرون، ممن كانوا يقطنون في منازل صُنِّفَتْ بأنها **مُدَمَّرة** كُلِّيًا أو جُزْئِيًّا وغير سليمة إنشائيًّا؛ وَفْقًا لتقييم الحكومة، إعادة تأهيل منازلهم إلى أدنى مستوى مقبول والسكن فيها. ففي ظل الحاجة إلى السكن وغياب خيارات السكن المؤقت بالنسبة للفقراء، أجبرت الظروف الاقتصادية الأُسَر الضعيفة جِدًّا على تقبل ظروف غير مقبولة شكَّلت مخاطرَ جسيمة على الصحة والسلامة بسبب التسربات والأضرار. ويتوقع أن يتسبب أي نزاع مستقبلي أو زلزال بأضرار جسيمة على الأشد فقرًا نتيجة لذلك؛ إذ إن النزاعات والكوارث، كما أشرنا في دراسة سابقة، تُفْضِي إلى تكريس الحرمان والتفاوت في الدخل. وتعكس هذه الآثار الثانوية لسوء إعادة إعمار المساكن، التي تُلْقِي بظلالها على الشباب والصحة بِوَجْهٍ خَاصٍّ، الأدبيات غربية التوجه قديمة الأجل في هذا الصدد وتؤكد مصداقيتها .

أدى التأخر في توزيع تعويضات السكن بطريقة أو بأخرى إلى نزوح مُطَوَّل وعودة قسرية إلى مساكن دون المستوى المقبول. فبينما وصلت تعويضات السكن المقدمة عن طريق التنفيذ المباشر، كالتي قدمتها قطر وجهاد البناء، بسرعة، واجه معظم سكان جنوب لبنان، الذين حصلوا على المساعدات من الجهات المانحة التي تعمل من خلال، أو بالتعاون مع، مؤسسات الحكومة اللبنانية تأخيرًا كبيرًا. وتأخرت المساعدات الدولية كثيرًا بسبب العراقيل

البيروقراطية وَفْقًا لممثلي الحكومة اللبنانية، وتمت الاستعانة بمؤسسة خطيب وعلمي لمراقبة عملية إعادة إعمار المساكن. واعتبارًا من تشرين الثاني/نوفمبر 2008، وزع نحو 33 بالمئة من المساعدات (وفقًا للاستبيانات) و60 بالمئة فقط (وفقًا لموظفين من الحكومة اللبنانية). فشرع الأهالي بإعادة البناء بسرعة تفوق قدرة القوى الدولية الفاعلة على تقديم المساعدات، وهي دينامية مألوفة في ظروف كثيرة بعد النزاعات أو الكوارث. وعانت الْأُسَر التي تُعِيلُهَا نساء والْأُسَر الأضعف اجتماعيًا واقتصاديًّا من تأخير طويل في بعض الحالات، رغم أن السياسات الدولية المتعلقة بإعادة الإعمار تمنحها الأولوية؛ وأبلغ 96 -95 بالمئة من الْأُسَر المصنفة ضمن هذه الفئات عن حدوث تأخير. كما أصبح جَلِيًّا، لهذه التأخيرات، إلى جانب عوامل أخرى متعلقة بتعويضات السكن وعملية إعادة الإعمار، آثار ثانوية عديدة على الأهداف الإنمائية في لبنان.

### 4. التداعيات الإنمائية:

ترتب على تضرر المساكن وعملية دفع التعويضات آثار مُهِمَّة على التنمية الاقتصادية والحدِّ من الفقر والمساواة بين الجنسين، وتمكين المرأة والتأهب للكوارث، والحفاظ على التراث الثقافي والْهُوِيَّة. ويعكس التفاعل النشط بين الإسكان وهذه القطاعات غير المترابطة ظاهريًّا، الذي تكرس في أوساط باحثي الإسكان في البلدان المتقدمة منذ زمن طويل، الطبيعة الشاملة لتضرر المساكن وإعادة إعمارها لا بالنسبة للتنمية الدولية والتعافي فيما بعد النزاع فحسب، بل بالنسبة للسياسة الخارجية وحقوق الإنسان والاستقرار أَيْضًا.

### 5. التنمية الاقتصادية والحدُّ من الفقر:

تتخطى التداعيات الاقتصادية للنزاعات عَادَةً مجرد خسارة الموارد البشرية والبنية التحتية، وتخلق ديناميات تُكَرِّس الفقر وتُقَوِّض آفاق التعافي الاقتصادي. ففي جنوب لبنان، وَوَفْقًا لاستبيانات هذه الدراسة، فَقَدَتِ الْأُسَر في المتوسط 38.4 بالمئة من دخلها بسبب أضرار حرب تموز/يوليو، ووقع الأثر الأكبر على مَنْ يزاولون الإنتاج من المنزل (كالصناعات الغذائية، أو التغليف، أو الخياطة، أو الحرف اليدوية) والزراعة، بالإضافة إلى أصحاب المنازل الْمُدَمَّرَة بالكامل. وتعرضت الفئات الأكثر ضعفًا على الصعيد الاجتماعي الاقتصادي (انظر الجدول 13) إلى أشد الأضرار التي تفاقمت بسبب اتجاههم إلى العمل في مشاريع الإنتاج المنزلي والزراعة ووقوع أكبر الأضرار على منازلهم؛ إذ فقد 69.6 بالمئة

دخلهم في العام الذي تلا حرب تموز/ يوليو. وتتيح تعويضات السكن عودة السكان السريعة إلى مجتمعاتهم المحلية الأصلية واستئناف سبل العيش وكسب الدخل. وفي حالة المساعدة الكبيرة التي قدمتها قطر بسرعة منذ البداية، كانت هذه الآثار المفيدة جَلِيَّةً؛ ومع ذلك، بقي معظم الْأُسَر المتضررة من الحرب يواجه تحديات كبيرة بسبب التأخيرات الْمُطَوَّلَة.

**الجدول (7-3): معايير الضعف الاجتماعي الاقتصادي**

| المؤشر | ضعيف جِدًّا | ضعيف بصورة متوسطة | ضعيف بالحد الأدنى | غير ضعيف |
|---|---|---|---|---|
| النسبة من إجمالي العينة (في المئة) | 32.8 | 37.5 | 29.7 | |
| الدخل قبل حرب تموز (دولار) | 4,576.19 | 7,737.50 | 25,631.58 | |
| الدخل بعد حرب تموز (دولار) | 1,390.00 | 3,425.00 | 21,120.00 | |
| التغير في الدخل (في المئة) | -69.9 | -55.7 | -17.6 | |
| القروض اللازمة لإصلاح المساكن (في المئة) | 85.7 | 52.2 | 27.8 | |

**المصدر**: استبيانات الْأُسَر المعيشية، آب/ أغسطس- تشرين الأول/ أكتوبر 2008؛ تجدر الإشارة إلى أن البيانات الكافية لحساب الضعف لم تتوفر إلا لنصف إجمالي العينة التي شملها الاستبيان.

أعاقت التأخيرات المذكورة عودة الأفراد إلى منازلهم، فتكبَّدت الْأُسَر التي لم تحصل بعد على مساعدات تكاليف استئجار منزل والنقل مُطَوَّلًا. وفي المجمل، أشار 66.3 بالمئة من المشاركين في الاستبيان إلى أن التأخير في تسلُّم تعويضات السكن، التي استغرق

وصولها عامًا على الأقل، ألحق أضرارًا بالأوضاع الاقتصادية لِأُسَرِهِم. وعندما طلب منهم شرح مصدر هذا الضرر الاقتصادي، ذكر 39.7 بالمئة منهم أن خسارة الإنتاج الزراعي كانت مصدر الضرر الأكبر. وأدى النزوح الطويل الناجم عن تأخير تقديم التعويضات إلى منع العاملين في الزراعة من العيش على مسافة مناسبة من حقولهم، وخسارة الإيرادات الزراعية مدة عام على الأقل. وقال أحد المشاركين في الاستبيان في قرية مروحين في قضاء صور ممن لا يزالون ينتظرون التعويضات: «أحتاج إلى التعويضات من أجل مزروعاتي. الجميع هنا يعتمدون على الزراعة التي تمثل المصدر الرئيس الوحيد للدخل في القرية». وتشمل التحديات الاقتصادية الكبيرة الأخرى الناجمة عن تأخير التعويضات ضرورة دفع إيجارات السكن (20.7 بالمئة)، وتكبُّد تكاليف نقل باهظة في بعض الحالات للحفاظ على العمل، أو لإبقاء الأطفال في مدارسهم ضمن المجتمعات المحلية الأصلية (15.5 بالمئة).

هذه المصاعب، التي تمثل تحديًا كبيرًا لطرائق إعادة الإعمار بإدارة الْمُلَّاك، ناجمة عن العقبات الإدارية في تقييم الأضرار والتحقق منها، وعن توجيه الأموال عبر المؤسسات اللبنانية المقسَّمة. لقد أسهمت منهجيات إعادة الإعمار بإدارة المقاولين في تذليل هذه العقبات خلال الجولات السابقة لإعادة إعمار المساكن بعد النزاعات في لبنان عن طريق إطلاق إعادة الإعمار بعد النزاع على الفور عِوَضًا عن انتظار توزيع المنح النقدية القابلة للإبدال. ويعود الفضل في ذلك غالبًا إلى العلاقات السياسية لمؤسسات الإنشاءات الكبيرة. وتناقش خاتمة الفصل باستفاضة انعكاسات هذه الدراسة على نماذج إعادة إعمار المساكن بإدارة الْمُلَّاك قِيَاسًا بنماذج إعادة إعمارها بإدارة المقاولين بعد النزاعات والكوارث.

### 6. المساواة بين الجنسين:

تبيّن أن تعويضات السكن وعمليات إعادة الإعمار لها آثار مُهِمَّةٌ، إيجابية وسلبية، على النساء تحديدًا، وعلى الْأُسَر التي تُعِيلُهَا نساء بِوَجْهٍ خَاصٍّ. أولًا، النتائج مشابهة في نواحٍ عديدة لنتائج دراسات أخرى بينت أن النساء، وَخَاصَّةً في المجتمعات التقليدية والإسلامية، يواجهن مصاعب خَاصَّةً في الاستفادة المباشرة من المساعدات الإنسانية والخدمات الحكومية. فكان احتمال حصول الْأُسَر التي تُعِيلُهَا نساء على تعويضات السكن دون تأخير أقل بنسبة 70.2 بالمئة قِيَاسًا بإجمالي السكان؛ ونتيجة لذلك، تأخر إعمار منازلهن أكثر من بقية الْأُسَر. ومع ذلك، اكتُشفت مزايا غير رسمية أَيْضًا؛ إذ حَصَلَتِ الْأُسَر التي تُعِيلُهَا نساء

على تعويضات أعلى بنسبة 22.8 بالمئة بحسب درجة تضرر وحداتهم السكنية. ويبدو أن وجه اللامساواة المفيد هذا ناجم عن معايير تقييم غير موضوعية إلى حَدٍّ كبير أتاحت مراعاة أوضاع الْأُسَر التي تُعِيلُهَا نساء عند تحديد الاحتياجات وتخصيص التعويضات؛ ونتيجة لذلك، تعذر قياس الأثر الصافي على المساواة بين الجنسين بموضوعية وتراكمية في ضوء الاتجاهات الفريدة بشقيها السلبي والإيجابي التي أثرت على تعويضات السكن المقدمة لِلْأُسَر التي تُعِيلُهَا نساء. ومع ذلك، فمن المؤكد إمكانية تحقيق المزيد لو تمكنت الْأُسَر التي تُعِيلُهَا نساء من الحصول على المساعدات المخصصة لها بسهولة أكبر.

### 7. الْحَدُّ من مخاطر الكوارث:

رغم تفاقم الآثار السلبية للنزاع والنزوح على الْأُسَر الفقيرة والْأُسَر التي تُعِيلُهَا نساء، بيد أن الضعف المضاف الأعظم كان يتعلق بجودة الإسكان من الناحية الإنشائية وليس الاقتصادية. فالحد من مخاطر الكوارث يدخل في خطوات إعادة الإعمار بوصفه اعتبارًا شاملًا، ولكنه أُغفل إلى حَدٍّ كبير في جنوب لبنان في ضوء الفرصة التي يوفرها الدمار لتجديد البنية التحتية. ولم تقدم المساعدة الفنية لطرائق إعادة الإعمار بإدارة الْمُلَّاك، التي يسعون من خلالها إلى إعادة تأهيل منازلهم بأنفسهم أو بمساعدة عمال غير مدربين. وَحَدَا الاعتراف بهذا القصور ببرنامج الأمم المتحدة للمستوطنات البشرية إلى إنشاء مكاتب إقليمية فنية. لكن أثرها كان محدودًا لأنها غطت 8 بالمئة فقط من سكان جنوب لبنان من أواخر 2007 فصاعدًا؛ أي عندما كان أكثرهم قد بدؤوا، إن لم يكونوا قد أكملوا، إعادة تأهيل مساكنهم. ويبدو أن حجم التحدي الماثل، إلى جانب العوامل الآتية، أدى إلى عدم توفر عددٍ كافٍ من الخبراء. تتمثل تلك العوامل في: (1) تفضيل دول الخليج المانحة تقديم الموارد المالية عِوَضًا عن المساعدة الفنية؛ (2) اتجاه المجتمع الدولي إلى التركيز على المأوى المؤقت عِوَضًا عن السكن المستدام؛ (3) شُحّ الأموال والاستقلالية المحدودة لوكالات الأمم المتحدة، ومنها برنامج الأمم المتحدة للمستوطنات البشرية، وَخَاصَّةً في ضوء الدور الكبير لبعثة اليونيفيل لحفظ السلام في البلاد. وتوصلت الدراسة؛ نتيجة لذلك، إلى أن إعادة إعمار المساكن؛ وَفْقًا للمهندسين المدنيين في المنطقة، قد أُكمل وَفْقًا لمعايير متدنية. وفي ضوء ذلك، وكما أشرنا سابقًا، اضطرت الْأُسَر الفقيرة إلى العودة إلى منازل اعتبرت مُدَمَّرَة جُزْئِيًّا أو كُلِّيًّا لعدم توفر خيارات سكن بديلة. ويبدو أن هذه المنازل ستبقى أضعف في مواجهة الصدمات

المستقبلية الناجمة عن النزاعات أو الكوارث الطبيعية. ويؤكد وقوع زلزال شدته 4.2 على مقياس ريختر في شباط/ فبراير 2008، وتحذير الجيولوجيين من أن جنوب لبنان مُعَرَّضٌ لنشاطات زلزالية خطيرة، التداعيات الكارثية المحتملة لضعف الاهتمام بالتأهب للكوارث .

أغفلت الحكومة اللبنانية والأطراف الأخرى إمكانية معالجة هَشَاشَة جنوب لبنان الطبيعي في مواجهة الزلازل. فلم تتخذ تدابير التوعية والتدريب وغيرها لتعزيز التخفيف الهيكلي من خطر الكوارث، أو تخطيط التأهب لها على مستوى الْأُسَر والمجتمع المحلي والمستويات دون الوطنية والوطنية. ولكن الحاجة إلى ذلك برزت أثناء استبيانات ومقابلات الْأُسَر. فقد أظهرت الاستبيانات أن 67.5 بالمئة من المشاركين استشعروا تهديدًا من الزلازل، وأن منازل 48.7 بالمئة منهم تعرضت لأضرار (معظمها غير إنشائية كتشقق البلاط مثلًا) بفعل الزلازل، لكن لم يتخذ سوى 7.9 بالمئة منهم تدابير لتدعيم منازلهم في مواجهة الزلازل المستقبلية. ولم تتوفر المساعدة الخارجية لإجراء هذه الإصلاحات أَيْضًا؛ إذ بقي عمل برنامج الأمم المتحدة للمستوطنات البشرية، كما أشرنا سابقًا، محصورًا في رقعة صغيرة من الجنوب، كما أخفق التدريب في مجال الإنشاءات، الممول دوليًّا، في التخفيف الهيكلي لمخاطر الكوارث. وبقي صنع السياسات في الجهات الحكومية والاتساق الداخلي بشأن قوانين البناء بالغ التعقيد والاعوجاج؛ إذ طبقت افتراضيًّا عدة مجموعات من المعايير، دون المواظبة على إنفاذها إلا في المراحل الأولى لإعادة الإعمار في لبنان .

**8. حماية التراث الثقافي:**

يسري ضعف الأنظمة واللوائح الحكومية وإنفاذها أَيْضًا على حماية المناطق الْمُهِمَّة ثقافيًّا التي يذهب البعض إلى أن إسرائيل استهدفتها عن عمد. فأخفقت المديرية الْعَامَّة للآثار، وهي الجهة الرسمية المسؤولة عن إنفاذ التشريعات ذات الصلة، في ضمان حماية المواقع الْمُهِمَّة تاريخيًّا وثقافيًّا ومعماريًّا، فتُركت منازل تاريخية عديدة تنهار بسبب غياب التأهيل والتدعيم الإنشائي في أعقاب حرب تموز/ يوليو. وأبلغ أَيْضًا عن تدمير العديد من المباني الأخرى الْمُهِمَّة معماريًّا عن عمد على أيدي مالكيها طمعًا بمبالغ تعويض أكبر ولإفساح المجال أمام إنشاء عقارات في المستقبل. ودفع تقديم مِنَح ضخمة استنادًا إلى حجم الأضرار العديد من الأفراد إلى تدمير منازلهم أو مبانٍ أخرى إذا كانت متضررة بشدة. وكان تدمير المنازل على أيدي مالكيها معطلًا، لا سيما إذا كان يشغلها مستأجرون قبل النزاع.

يطيح فقدان التراث الثقافي ببسمة اجتماعية ثقافية رئيسة كانت ستضفي إحساسًا بالتاريخ المشترك والْهُويَّة المشتركة، وهما جانبان حاسمان في جميع أوضاع التعافي من الكوارث. ويبيِّن كوباياشي وميورا أن السكان المحليين في إندونيسيا، مثلًا، رفضوا المساكن المقدمة لهم إثر الزلازل لأنها لم تكن تتوافق مع معاييرهم الثقافية. ويكتسي اعتماد معايير مناسبة ماديًّا وثقافيًّا أهمية حاسمة في بلد مقسم دينيًّا وسياسيًّا كلبنان. وكما هي الحال في البيئات الأخرى بالغة التعقيد اللاحقة للنزاعات من إفريقيا الوسطى إلى البلقان، فالتراث الثقافي والْهُويَّة الثقافية لا يكتسيان أهمية اجتماعية فحسب، بل يمثلان عاملًا رئيسًا في تعزيز التماسك السياسي المفقود في لبنان، الذي تداعى أكثر من خلال تعويضات السكن وعمليات إعادة الإعمار.

**9. التداعيات السياسية:**

تمخضت عملية إعادة إعمار المساكن أَيْضًا عن آثار خطيرة على سمعة؛ وبالتالي، شرعية الدولة اللبنانية. وإذا قبل المرء بتعريف راسخ في تقدير المواطنين للدولة، وفي قدرتها على توفير الخدمات والمنافع الْعَامَّة، ومنها السكن، فمشاركة الدولة في تعويضات السكن وإعادة الإعمار تكتسي أهمية حاسمة. ولا تقل بعض قطاعات الأنشطة أهمية بالنسبة للسكان المتضررين في أعقاب النزاعات أو الأزمات في ضوء دور الإسكان في الوقاية المادية، وفي تنشئة إحساس أكبر بأن الحياة تسير في مجراها الطبيعي. فقد يكون ذلك حاسمًا في إعادة تنشيط القطاع الخاص الذي يُسْهِم في إعادة تأهيل المساكن من خلال إزالة الركام وبيع المواد وتوفير الأيدي العاملة لإعادة الإعمار المادي. وفي جنوب لبنان الذي عانى من إقصاء وإهمال الحكومة المركزية، ستُعَقِّد أي زيادة في التوترات بناء الدولة وتفاقم مخاطر تجدد النزاعات الداخلية. ويمكن مقارنة هذا الوضع، ولو كانت المقارنة غير مثالية، بالوضع في نيو أورليانز إثر إعصار كاترينا في 2005؛ فإما أن تتحول عملية إعادة الإعمار اللاحقة إلى رمز للوحدة والوطنية والتضامن، أو إلى ظلم آخر يَدُقُّ إسفينًا بين المواطنين وحكامهم إذا أسيء تنظيمها.

لقياس آثار إعادة إعمار المساكن على شرعية الدولة؛ أي مدى براعة مؤسسات الحكم، سعت الاستبيانات إلى الوقوف على «مواقف الأفراد تجاه» مُخْتَلِف الأطراف التي قدمت التعويضات. فسُئل كل مشارك في الاستبيانات عن موقفه، سواء تحسن أو ساء أو بقي على

حاله، تجاه جميع مقدمي التعويضات؛ ونظرًا لأن بناء الدولة والتداعيات السياسية ترتكز في المقام الأول على تصورات الشرعية، التي تشكلت بغض النظر عن التَّجْرِبَة الشخصية للمرء مع أطراف محددة، طُلب من المشاركين في الاستبيان تقييم جميع الأطراف المشاركة في تعويضات السكن وإعادة الإعمار عِوَضًا عن الاكتفاء بتقييم الجهات التي حصلوا منها على المساعدات.

لهذه النتائج تداعيات مُهِمَّة على بناء الدولة، ولا سيما على توسيع شرعية الدولة المركزية لتشمل جنوب البلاد. واتجه المشاركون في الاستبيان إلى تفضيل قطر وجهاد البناء نتيجة لمشاركتهما في تعويضات السكن، في حين كانت نظرتهم أكثر سلبية إلى الجهات الحكومية ومجلس الجنوب، والأهم إلى الحكومة المركزية اللبنانية (الجدول 14). وأعرب أكثر من نصف المشاركين عن موقف أسوأ تجاه الحكومة على مساهمتها في تعويضات السكن، رغم أن الاستبيان عجز بالتأكيد عن تحييد أثر هيمنة المشاعر السياسية السائدة مُسْبَقًا تجاه مؤسسات الدولة اللبنانية. ومن الواضح أن الحكومة أضاعت فرصة لزيادة شرعيتها وبناء بيئة سياسية أكثر شمولًا وتماسكًا.

النظرة الإيجابية جِدًّا تجاه قطر، الدولة المانحة التي أسهمت أكثر في تقديم تعويضات السكن على مستوى كل أسرة، منطقية، وتبرهن إلى حد كبير على صحة التصورات التي تقول بإمكانية استغلال المساعدة الإنسانية والإنمائية، عندما تقدم بفعَّاليَّة، في الدبلوماسية الْعَامَّة. ومع ذلك، فقد تأتي مثل هذه الآثار المفيدة لبلدان كقطر على حساب الدولة اللبنانية.

لا يخفى أن مواقف المشاركين في الاستبيان تجاه الدولة المركزية اللبنانية ارتبطت مباشرة بتفاعلهم معها. فمثلًا، لوحظ أن الذين تسلَّموا مبالغ تعويض ضخمة عن طريق قطر أعربوا عن أسوأ الانطباعات عن الحكومة المركزية؛ إذ أشار 70.1 بالمئة منهم إلى نظرة أسوأ لديهم تجاه الدولة (ولم يقل أحد إنه يراها أفضل) نتيجة لعملية تعويضات السكن. وبالمقابل، أعرب 27.8 بالمئة فقط من الذين تلقوا مبالغ أصغر بكثير من الحكومة اللبنانية عن نظرة أسوأ تجاه الدولة على مشاركتها. أما الذين تلقوا المساعدات باسم الكويت، وإنما عن طريق الهيئة العليا للإغاثة، فقد أعرب 50.6 بالمئة منهم عن نظرة أسوأ تجاه الدولة اللبنانية.

لم تُسْهِم أي مَنْهَجِيَّة لتمويل المساعدات في تحسين صورة الدولة. فقد تسبب من أتاحوا رقابة حكومية أكبر على الأموال ودورًا أقوى للجهات الحكومية في توزيع المساعدات، بغض النظر عن مستوى الرضا عن أداء الدولة الذي كان متدنيًا باستمرار، بأذى أقل لصورة

الحكومة المركزية. وبذلك، ثمة تناقض واضح بين أهداف الدبلوماسية الْعَامَّة للدول المانحة (بناء سُمْعَة حَسَنَة في البلد المتلقي) والأهداف المتعلقة بتعزيز الحكومة الْهَشَّة المتضرِّرة من النزاع. لقد أوضح محترفو وباحثو المساعدات سابقًا تنافر هذه الأهداف إلى حد كبير مع منظور بناء الدولة والْحَوْكَمَة، ولكنهم قَلَّمَا أوضحوه بمثل هذا التأكيد الكَمِّيِّ .

**الجدول (7-4): المواقف إزاء مقدمي تعويضات السكن:**

| المواقف إزاء | الحكومة المركزية اللبنانية | جهاد البناء | قطر |
|---|---|---|---|
| أفضل (في المئة) | 4.3 | 46.6 | 55.9 |
| أسوأ (في المئة) | 57.3 | 19.0 | 1.7 |
| الفرق (في المئة) | -53.0 | +27.6 | +54.2 |
| لا تغيير (في المئة) | 38.5 | 34.5 | 42.4 |

**المصدر**: استبيانات الأُسَر المعيشية، آب/ أغسطس- تشرين الأول/ أكتوبر 2008.

لعل ازدياد تفضيل جهاد البناء، وهي منظمة غير حكومية تمثل، كما أشرنا سابقًا، ذراع التنمية البشرية والاجتماعية لحزب الله، أهم بالنسبة لاستقرار وأمن لبنان، فقد أدت الصورة الملطخة للحكومة المركزية اللبنانية، وبروز وأهمية حزب الله (بصورة مستقلة عن جهاد البناء وعن طريقها أيضًا) إلى احتمال نشوب صراع بين مصادر الحكم المتنافسة إذا حاولت الحكومة اللبنانية بسط سيطرتها مجددًا على الجنوب. ورغم أن هذا الاحتمال كان بالتأكيد قائمًا قبل حرب تموز/ يوليو وعملية إعادة الإعمار التي تلتها، بيد أن تعويضات السكن فاقمت هذه التوترات عِوَضًا عن المساعدة في تخفيفها عن طريق تعزيز حسن النوايا تجاه الجهات الحكومية من خلال توفير المساعدات بصورة كافية وشفافة في الوقت المحدد. وعلى هذا النحو، ترجمت الآثار الإنمائية وأوجه نقصها إلى تأثيرات سياسية على شرعية الدولة واستقرارها.

أدرك حزب الله وداعمو لبنان الخارجيون ذلك في نهاية المطاف، فأغدقوا أموالًا غير مسبوقة على قطاع الإسكان كوسيلة لدعم العودة السريعة للسكان على نطاق واسع إلى

جنوب لبنان. ودفع مسؤولو الحكومة اللبنانية، الذين أهملوا مركزية الإسكان، وأخفقوا في استخدام الأموال بِفَعَّاليَّة وشفافية، الثمن من شرعية مؤسسات الحكم بعد النزاع. وفي وضع كهذا، تصبح أهمية مفهوم كينغ عن «المسكن» واضحة. فَعِوَضًا عن التعامل مع الإسكان بوصفه ظاهرة موحدة خاضعة للسياسات الحكومية، أشار كينغ إلى أن الإسكان فِعْلِيًّا يتألف من مساكنَ خَاصَّةٍ يُدرك السكان أنها مفردة وفريدة. وفي هذا الصدد، يتعلق بها الفرد عاطفيًّا؛ إذ إنها تصوغ وتشكل الوقائع الاجتماعية والاقتصادية والسياسية بالنسبة له. وعلينا، بالتالي، تخيل الإسكان بصورة أوفى بوصفه نظامًا ثلاثي الطبقات يتألف من مساكنَ وسياسة إسكان في القمة والقاعدة، ومفهوم الجوار في الوسط. فربما يُفسح ذلك حيزًا أكبر للتوسع النظري فيما يتعلق تحديدًا بالمشاركة والديمقراطية والتماسك الاجتماعي، أو بناء الدولة .

لعل الدور التوسطي للإسكان (أو المساكن) يكتسي أهمية أكبر على صعيد «الهَشَاشَة» من منطلق أوسع، فقد اتجه الإسكان لأن يعكس، وأن يتفاعل أَيْضًا، مع هياكل السُّلْطَة القائمة؛ ففي أعقاب الأزمات والكوارث، لوحظ اتجاه راسخ يتمثل في تجدد أوجه الهَشَاشَة الموجودة من قبل، وتفاقمها نتيجة لإعادة إعمار المساكن. ويضفي النموذج اللبناني مصداقية على هذا التصور، لا سيما على صعيد الفقر والْحَدِّ من مخاطر الكوارث، وعلى المساواة بين الجنسين وتمكين المرأة، ولو بوضوح أقل. وفي هذه الأمثلة، يرى المرء كيف يُصْبِح الفقراء أشد فقرًا وكيف يجني الأشد ثراءً فوائدَ أكثر. وكان التركيز على التعويضات يعني إعادة إنشاء أوجه اللامساواة المالية إلى حَدٍّ كبير، وأن المبالغ المحدودة التي تسلَّمتها العائلات الفقيرة، كما أكدنا سابقًا، لم تمنحهم سوى بضع خيارات للعيش في مساكن دون المستوى الملائم. ولم يكن الإسكان في مثل هذه الحالات انعكاسًا للسلطة وأوجه اللامساواة فحسب، بل مثلت كذلك الأداة الأولية التي أعادت تكريسها.

## رابعًا - الآثار المترتبة على إعادة الإعمار بإدارة الْمُلَّاك: الدروس المستفادة:

تقدم حالة جنوب لبنان، خارج إطار هذه التداعيات النظرية الأوسع نطاقًا لدراسات الإسكان، أفكارًا مُهِمَّة عن المسائل العملية التطبيقية كنماذج إعادة إعمار المساكن بإدارة الْمُلَّاك، وقابلية تطبيقها في الأوضاع السائدة بعد النزاعات، والتي تتسم بالهَشَاشَة.

لقد أدى التحول من منهجيات إعادة الإعمار بإدارة المقاولين قبل 2006 إلى منهجيات إعادة الإعمار بإدارة الْمُلَّاك في أعقاب حرب تموز/ يوليو إلى تأخير كبير في تسليم التعويضات

المموَّلة بالمنح، ونزوح مُطوَّل، وترسيخ الفقر، وزيادة الضعف الهيكلي في مواجهة الكوارث المستقبلية، وتآكل التراث الثقافي والْهُوِيَّة. وشجعت سهولة تسليم المساعدات وانخفاض تكاليف المعاملات التي أتاحتها إعادة الإعمار بإدارة الْمُلَّاك جهات مانحة عديدة «غير تقليدية» من بلدان مجاورة، في المقام الأول، على المشاركة، وأسهمت في زيادة الأموال المخصصة لقطاع الإسكان. وقوَّض غياب التنسيق بين منهجيات هذه الأطراف، لا سيما غياب الآليات المركزية كالصناديق الاستئمانية، المنهجيات القائمة على الاحتياجات؛ وتلقت الْأُسَر مساعدات أكثر أو أقل تبعًا للجهة التي قدمت التعويضات (الجهة المانحة وأسلوب تسليم المساعدات) لا بحسب الأضرار التي لحقت بالمساكن. بالإضافة إلى ذلك، أسهمت الْمَنْهَجِيَّة المجزأة لتعويضات الإسكان في زيادة غموض العملية؛ مما زاد من صعوبة تحديد مستحقي التعويضات ومقدارها بدقة والمبالغ التي ربما ضاعت بسبب الفساد أو أشكال أخرى من الاختلاس، كما أبلغ على نطاق واسع دون تقديم إثباتات. فقد أشار 62.5 بالمئة من المشاركين في الاستبيان إلى أن عملية تعويضات السكن تأثرت بالفساد، بينما ذكر 22.0 بالمئة منهم أن أسرهم عانت من هذا الفساد. وتجدر الإشارة إلى أن مزاعم الفساد جاءت بأشكال عديدة، من التماس الموظفين، الذي كانوا يقيمون الاحتياجات ويوزعون التعويضات، والرشوة، إلى مَنْح مبالغ ضخمة بغير وجه حق إلى أبناء طائفة الموظفين المحليين وحلفائهم السياسيين.

رغم هذه النتائج الضارة، فالدرس الأولي المستفاد من هذه الدراسة ومن حالة جنوب لبنان يتمثل في أن العيب لا يكمن أساسًا في منهجيات إعادة الإعمار بإدارة الْمُلَّاك، التي يجب اعتمادها في بعض الحالات، مع توفير شروط مُسْبَقَة محددة كي تقدم الفوائد المنشودة. ويجب أن تعكس هذه المنهجيات اعتبارات إدارية وفنية محددة، وأن تتنوع وَفْقًا لظروف كل أسرة كما هو مبيَّن أدناه.

يجب توفير مجموعة متنوعة من الشروط الْمُسْبَقَة المؤسسية (أو التسهيلات)؛ لضمان نجاح منهجيات إعادة الإعمار بإدارة الْمُلَّاك. وتتطلب هذه المنهجيات هياكل مركزية فَعَّالَة وإلزامية أو هياكل تنسيق، كان جنوب لبنان يفتقر إليها بعد حرب تموز/ يوليو. وتقدم المؤسسات الحكومية المتلقية الهيكل الأنسب، ويمكنها، من خلال مشاركتها، بناء قدراتها وشرعيتها. وإذا أرادت هذه المؤسسات زيادة فَعَّالِيَّة المساعدات واكتساب ثقة (واعتماد) المؤسسات المانحة، فعليها أن تتمتع بالشفافية، وأن تخضع للمساءلة. وفي جنوب لبنان،

تُبيِّن المخاوف بشأن الاختلاس (ذكر 59.4 بالمئة من المشاركين في الاستبيان أن لديهم معرفة مباشرة بحالات فساد)، وأن الشرط الأول لم يتحقق. ولم يتحقق الشرط الثاني أَيْضًا في ضوء المبلغ الذي قدمته قطر وجهاد البناء ويقدر بنحو 750 مليون دولار خارج القنوات الحكومية. وفي مثل هذه الحالات، يجب تكييف المثل الأعلى النظري لمشاركة الدولة لإفساح المجال أمام نجاح منهجيات إعادة الإعمار بإدارة الْمُلَّاك، ويمكن للقوى الفاعلة الدولية التدخل لضمان التنسيق والمركزية. وكما أشرنا سابقًا، تُفسح آلية صندوق استئماني خاضعة لرقابة صارمة المجال أمام مَنْهَجِيَّة منطقية لتمويل المساعدات الخاضع للمساءلة والرقابة المحلية أَيْضًا، رغم صعوبة التفويض باستخدام هذه الآليات في البلدان الخارجة لِلتَّوِّ من نزاعات؛ لأنها تُسْهِم في إخفاء مصدر المساعدات، وتقليل مزايا الدبلوماسية الْعَامَّة التي ربما تأمل كل جهة مانحة بتعزيزها.

يرتبط التسهيل الثاني بالنسبة لإعادة الإعمار بإدارة الْمُلَّاك مباشرة بتوفير المساعدة الفنية. وفي حالة جنوب لبنان، وحتى عند تقديم مساعدات كبيرة نِسْبِيًّا في الموعد المحدد، كان ضعف المساعدة الفنية يعني أن المنازل كانت تشيَّد دون مراعاة المعايير الفنية، ودون الالتزام بالحذر الواجب من تهديدات الزلازل وتجدد النزاع. وكما أشارت الأدبيات، فمن الأفضل ألا تتبع طرائق إعادة الإعمار بإدارة الْمُلَّاك إلا إذا اقترن تنفيذها بمساعدة فنية جوهرية وقوانين بناء واضحة وأنظمة إنفاذ صارمة لمراقبة وتقييم الجودة الإنشائية. وربما تتطلب سلاسل التوريد التي يتكرر انقطاعها أثناء النزاعات، وقطاعات التصنيع التي غالبًا ما تعطلها أو تدمرها النزاعات، إعادة تأهيل أَيْضًا لضمان توفر موردين محليين وقدرات محلية للارتقاء بجودة إعادة إعمار المساكن وجدوى تكاليفها.

لن تصيب إعادة الإعمار بإدارة الْمُلَّاك نجاحًا كبيرًا إذا طُبقت دون توفير الشروط السابقة، كما حَصَلَ في جنوب لبنان بعد حرب تموز. وليس للسؤال الإلزامي عن النموذج «الأفضل» لإعادة إعمار المساكن إجابة موضوعية واضحة. هل أوجه الضعف الإنشائية، مثلًا، الناجمة عن ضعف المساعدة الفنية في نموذج إعادة الإعمار بإدارة الْمُلَّاك تقابلها الهياكل المملوكة محليًّا الملائمة ثقافيًّا والمزايا النفسية الاجتماعية التي يوفرها أن يشيِّد الفرد المناطق المحيطة بنفسه؟ ويعني الانقسام والضعف الإداري، والتلكؤ في توفير المساعدة الفنية منذ البداية، وتنافس مصادر الموارد والسُّلْطَة في جنوب لبنان وفي جميع الأوضاع السائدة بعد النزاعات تقريبًا، أن المفاضلات تبقى ضرورية. وتُسْهِم مَنْهَجِيَّة مختلطة تضم المنهجيتين

معًا في الْحَدِّ من الآثار السلبية لمثل هذه المفاضلات بشرط اختيار الْمَنْهَجِيَّة المناسبة لكل أسرة على أساس الضعف الاجتماعي الاقتصادي والتفضيل الفردي.

**المنهجيات المختلطة والْهَجِينَة:**

تمكن الأفراد الذين يتمتعون بوضع اجتماعي اقتصادي أفضل، أو الذين أطلقت عليهم هذه الدراسة «ضعفاء بالْحَدِّ الأدنى أو غير ضعفاء»، من تخصيص مدخرات وموارد أخرى لعملية إعادة إعمار المساكن، وتمكنوا في معظم الأحيان من التعاقد مع أيدي عاملة ماهرة ومهندسين. واستخدم آخرون في ظروف مشابهة التعويضات لاستئجار مسكن عِوَضًا عن خطر تدمير المنزل مرة أخرى في نزاع مقبل أو كارثة مستقبلية. وأثمرت رقابة المستفيد وملكيته، بالإضافة إلى السلامة الإنشائية، ولو بالنسبة لِلْأُسَر صاحبة الإِمْكَانَات الكبيرة على الأقل، عن نتائج جَيِّدَة. وبالمقابل، افتقر أصحاب الموارد المحدودة في معظم الأحيان إلى الخبرة الفنية والبناة المَهَرَة، وربما كانوا الأكثر تضررًا من ارتفاع أسعار مواد البناء لعجزهم عن شراء المواد قبل البدء بإعادة الإعمار. ولم يتمكن الفقراء في معظم الأحيان من شراء المواد ذات الجودة المطلوبة؛ لأن أسعار الحديد، مثلًا، ارتفعت من 605 دولارات للطن قبل النزاع مباشرة إلى 1166 دولارًا في أيلول/ سبتمبر 2008. واضطر كثيرون إلى استخدام مواد أدنى جودة، وإعادة تشييد منازلهم بكميات غير كافية من الحديد والمواد الأخرى اللازمة لضمان السلامة الإنشائية.

بذلك، تُرجم الضعف الاجتماعي الاقتصادي إلى ضعف إنشائي في إعادة الإعمار بإدارة الْمُلَّاك. وفي جولات إعادة الإعمار السابقة في جنوب لبنان، شاركت القوى الفاعلة، كجهاد البناء والصندوق الكويتي للتنمية الاقتصادية العربية، في إعادة الإعمار بإدارة المقاولين لصالح الفقراء والأشد ضعفًا بِوَجْهٍ خَاصٍّ. وهذه مَنْهَجِيَّة يجب إنعاشها. وتُثْمِر مَنْهَجِيَّة مختلطة، يتلقى فيها الأشد فقرًا إعادة إعمار تشاركية بإدارة المقاولين، وإعادة إعمار بإدارة الْمُلَّاك للأيسر حالًا، عن أعظم المزايا، رغم أن الْأُسَر يجب أن تحتفظ بحقها في اختيار النموذج الذي يناسبها. ويمكن النظر أَيْضًا في خيار ثالث، حيث يتبع نموذج هجين يجمع بين إعادة الإعمار بإدارة الْمُلَّاك وإدارة المقاولين عِوَضًا عن الْمَنْهَجِيَّة المختلطة. ويشمل هذا النموذج أن يشيد المقاولون المحترفون القواعد والهياكل الصُّلْبَة ويقدموا مِنَحًا لتمكين الْمُلَّاك من وضع اللمسات الأخيرة على منازلهم وإضفاء لمسات جمالية مُهِمَّة ثقافيًّا وَفْقًا

للمواصفات التي يفضلونها. وَيُسْهِم نظام إعادة الإعمار ثلاثي الطبقات هذا، الذي يشمل منهجيات إعادة الإعمار بإدارة الْمُلَّاك والمقاولين ومنهجيات هجينة، في ضمان أن نموذج إعادة إعمار المساكن المتبع لا يستند إلى مزايا شاملة افتراضية لأي مَنْهَجِيَّة بمفردها، بل على الاحتياجات المحددة والتطلعات التي أعربت عنها كل أُسْرَة. وتغلف مثل هذه الْمَنْهَجِيَّة أَيْضًا الشعار المنصوص عليه على نطاق واسع، الذي قَلَّمَا يطبق، بأن إعادة الإعمار يجب أن تتم بالاشتراك مع المستفيدين المستهدفين لا نيابة عنهم.

# خاتمة:

رغم المكانة المركزية للحقِّ في السكن في النظام القانوني العالمي؛ إِلَّا أَنَّ أكثر من مليار شخص حول العالم لا يتمتعون بسكنٍ لائق، وثمة ملايين في المنطقة العربية يعيشون في ظروف سكن لا تراعي كرامتهم وحقوقهم الإنسانية، بخلاف اللاجئين والنازحين قَسْرًا الذين تقدر أعدادهم بالملايين أَيْضًا، فيما يستمر آخرون بالوقوع تحت تهديد الإخلاء الْقَسْرِي من منازلهم نتيجة النزاعات والكوارث الطبيعية.

كان ذلك دافعًا رئيسيًّا لتخطيط هذا الكتاب، إلى جانب ندرة الإنتاج العربي في حقل الإيواء وإعادة إعمار المساكن لفترة ما بعد النزاعات والكوارث الطبيعية، فهذا الحقل يعتبر من الحقول العلمية التي ما زالت تحوز على اهتمام ضئيل في الأكاديمية العربية، رغم ما يعصِف بالمنطقة العربية من نزاعات وكوارث، سيما في السنوات الأخيرة، وما يترتب على ذلك من حاجة مُلِحَّة إلى عمليات إعادة إعمار واسعة، كما هي الحال في: سوريا، والعراق، وغَزَّة، واليمن، على سبيل المثال لا الحصر. إن ثمة شبه غياب للتطرق لجُلِّ المفاهيم المرتبطة للإيواء وإعادة إعمار المساكن على أُسُس وضوابط علمية وأكاديمية واضحة والاتفاق عليها، وكذلك تغيب إلى درجة كبيرة الدراسةُ المستفيضةُ لأُسُس وآليات عمليات الإيواء وإعادة إعمار المساكن واتجاهاتها ومختلف منهجياتها، وطرق تنفيذها على أرض الواقع، في ظل الظروف المضطربة.

ومن هنا؛ يعد هذا الكتاب دليلًا يستفيد منه الطلبة والباحثون، وكذا المشتغلون في حقل الإيواء وإعادة إعمار المساكن لما بعد النزاعات والكوارث، في المنطقة العربية على وجه خاص؛ إذ يزودهم بأهم المفاهيم المرتبطة بهذا الحقل، وهو خطوة أولى مُهِمَّة قبل الانخراط في أنشطته؛ إذ إن الخلفية المفاهيمية والمعرفة النظرية الأساسية تشكل أساسًا صُلْبًا تُبْنَى عليه كل من الممارسة العملية، وتنطلق منه البحوث الأكاديمية. كما أن الكتاب يقدم شَرْحًا مستفيضًا لأُسُس الحقل ومُخْتَلِف منهجياته وآلياته ومراحل العمل فيه ونماذجها، من الخطوة الأولى حتى الأخيرة، ومما هو تقليدي إلى ما هو حديث، ليُعطي معرفة واسعة

وأُفُقًا أرحبَ، سيما مع تسليط الضوء على أمثلة وحالات دراسية وتَجَارِب سابقة في مُخْتَلِف الدول حول العالم؛ لتتغذى المعرفة بنماذج واقعية؛ الأمر الذي يُسْهِم في تمكين الباحث والفاعل العربي من تسخير أدواته ومعرفته في خلق نماذج أنسب وأقرب لبيئته وثقافته، وفي الوقت ذاته لا تُعيد صناعة الْعَجَلَة.

هذا، وقد أَوْلَى الكتابُ اهتمامًا خَاصًّا بموضوع التقييم؛ لما له من أثر وانعكاسات على كل ما يسبقه من مراحلَ واختيارات، من حيث تطويرُها وتقويمُها ووضعُها تحت عدسة المكبِّر قبل تكرار اعتمادها في المرات القادمة في سياقات مشابهة؛ ليختتم أخيرًا بدراسة حالة مفصلة من تَجْرِبَة سابقة لأحد نماذج إعادة الإعمار المعتمدة في إحدى المدن العربية؛ لتشكل مثالًا لتوظيف هذه المعرفة في سياقها المطلوب.

# المراجع

## قائمة المراجع العربية

أبو زايد، أحمد حبيب عبد الله. «متطلبات إدارة الكوارث ومستوى نجاحها في قطاع غَزَّة: دراسة حالة دور وزارة الداخلية الفلسطينية في مواجهة منخفض آليكسا ديسمبر 2013». رسالة ماجستير. الجامعة الإسلامية. غَزَّة. 2015.

الأمم المتحدة. **الإعلان العالمي لحقوق الإنسان**. المادة 25. في: https://bit.ly/2XNypWM

ـــــ. قراران تاريخيان في الأمم المتحدة حول بناء السلام. 27/4/2016، في: https://bit.ly/3GfeKTS

بركات، سلطان. «من سوريا.. تطبيق المعايير الأممية والإنسان هو الضحية». الجزيرة. 5/ 12/ 2021. في: https://bit.ly/3doZU14

ـــــ. وغسان الكحلوت. «دروس مستفادة من تَجَارِب الإنعاش ما بعد النزاعات المسلحة: نحو عمل عربي موحد». **سياسات عربية**. العدد 30 (كانون الثاني/ يناير 2018).

ـــــ. وفراس مصري. «إنعاش عملية إعادة إعمار غَزَّة المتعثرة: موجز السياسة». مركز بروكنجز. الدوحة. آب/ أغسطس 2017. في: https://brook.gs/3gPb8fJ

البنك الدولي. «كيف تضع برامج التعافي من آثار الكوارث – دروس مستفادة من بلدان معرضة للكوارث». 2014. في: https://bit.ly/2GcrG3g

جبر، طارق ومصطفى القرغولي. «كوارث الحروب وآثارها على البيئة الحضرية». **مجلة التخطيط والتنمية** (بغداد). العدد 39 (2019). https://search.emarefa.net/ar/detail/BIM-932180-%D9%83%D9%88%D8%A7%D8%B1%D8%AB-%D8%A7%D9%84%D8%AD%D8%B1%D9%88%D8%A8-%D9%88-%D8%A3%D8%AB%D8%B1%D9%87%D8%A7-%D8%B9%D9%84%D9%89-%D8%A7%D9%84%D8%A8%D9%86%D9%8A%D8%A9-%D8%A7%D9%84%D8%AD%D8%B6%D8%B1%D9%8A%D8%A9

جيمس، دورتي وبالستغراف روبرت. **النظريات المتضاربة في العلاقات الدولية**. ترجمة وليد عبد الحي. الكويت: كاظمة للنشر والتوزيع، 1985.

حربلي، لميس. «أولويات التدخل وأساليبه. دورة منهجيات التعامل مع المدينة القديمة». معهد التراث العلمي العربي. جامعة حلب، 2014.

الحلبية، صباح وأحمد سعيد قصاب. «استراتيجيات إعادة الإعمار بعد الحروب والكوارث: مدينة حماة نموذجًا». مجلة **جامعة حماة**. المجلد الأول، العدد الثاني (2018).

حماد، كمال. **النزاعات الدولية: دراسة قانونية دولية في علم النزاعات**. بيروت: الدار الوطنية للدراسات والنشر والتوزيع، 1998.

الدهدار، حمودة. «أثر الحروب في إعادة تشكيل المباني ذات القيمة: دراسة حالة مبنى المجلس التشريعي الفلسطيني - غَزَّة». رسالة ماجستير في الهندسة. جامعة القاهرة، 2010.

سرحان، عمر. **دور المنظمات والمؤسسات الدولية في عملية ترميم وصيانة الموروث الثقافي بعد زمن انتهاء النزاع المسلح في سوريا**. دورة منهجيات التعامل مع المدينة القديمة. معهد التراث العلمي العربي، جامعة حلب، 2014.

ظفر، سلمان. **خواص الأبنية الخضراء**. *EcoMENA*، في: https://bit.ly/3Loo1gg

عالية، عكاشة. **عمارة ما بعد الحرب: حالة دراسية مدينة نابلس**. رسالة ماجستير غير منشورة في الهندسة جامعة القاهرة، 2004. (لم أعثر عليها).

عبد الغني هلال، محمد. **مهارات إدارة الأزمات: الأزمة بين الوقاية منها والسيطرة عليها**. القاهرة: دار النهضة العربية، مركز تطوير الأداء للنشر، 1996.

عبود، سامر. «وجهات نظر مُقارنَة بشأن تحدِّيات إعادة الإعمار في سوريا». مركز كارنيغي للشرق الأوسط. 30/ 12/ 2014. في: https://bit.ly/2zXnyBw

غولدستون، ريتشارد. **تقرير بعثة الأمم المتحدة لتقصي الحقائق في نزاع غَزَّة** (الأمم المتحدة: 2009). **مجلة حركة الصليب الأحمر والهلال الأحمر**. «زلزال جنوب آسيا». العدد 3 (2005).

مشروع اسفير. **الميثاق الإنساني والمعايير الدنيا في مجال الاستجابة الإنسانية**، 2018 https://spherestandards.org/wp-content/uploads/The-Sphere-Handbook-2018-AR-2.pdf

مشروع اسفير. **الميثاق الإنساني والمعايير الدنيا في مجال الاستجابة الإنسانية**. عمان، الأردن: دار الشروق، 2011.

«معالجة الحواجز التنظيمية التي تعوق توفير مأوى الطوارئ والمأوى الانتقالي على نحو سريع ومتكافئ إثر وقوع الكوارث الطبيعية». المؤتمر الدولي الحادي والثلاثون للصليب الأحمر والهلال الأحمر الدولي. جنيف، سويسرا، 28 تشرين الثاني/ نوفمبر - 1 كانون الأول/ ديسمبر 2011. في: https://bit.ly/3uLMwhB

وولف موراي، مونيكا. **المأوى بعد الكوارث.. حقائق وأرقام**، SciDev، 19/1/2016. في: https://bit.ly/3gOtcGT

## قائمة المراجع الأجنبية

Abdo, N. *Engendering Compensation: Making Refugee Women Count*. Ottawa: International Development Resource Centre, 2000.

Ackerman, J. "Co-governance for Accountability: Beyond 'Exit' and 'Voice'." *World Development*. vol. 32, no. 3 (2003).

The Aga khan Trust for Culture. *Conservation and Revitalisation of Historic Mostar*. Historic Cities Support Programme, 2004.

Al Aloul, Marah. "The Destruction of Cultural Heritages by Warfare and Reconstruction Strategies: Lessons Learned from Case Studies of Rebuilt Cities." MA Thesis. University of Florida, 2007.

Anderlini, Sanam Naraghi & Judy El–Bushra. "Post Conflict Reconstruction." in: International Alert Women Waging Peace, *Inclusive Security, Sustainable Peace; A Toolkit for Advocacy and Action* (November 2004).

Anderson, Mary & Peter J. Woodrow. *Rising from the Ashes: Development Strategies in Times of Disaster*. London: Intermediate Technology Publications, 1998.

Arnstein, S. "A Ladder of Citizen Participation." *Journal of the American Institute of planners*. vol. 35, no. 4 (1969). 216-224. https://www.tandfonline.com/doi/pdf/10.1080/01944366908977225?needAccess=true&instN

Aygen, Zeynep. "The Protection of Cultural Landscapes in Postwar Zones." UNESCO University and Heritage. 10th International Seminar, 2005.

Aysan, Yasemin et al. *Developing Building Improvements for Safety Programmes: Guidelines for Organizing Safe Building Improvement Programmes in Disaster-prone Areas*. London: Intermediate Technology Publications, 1995.

_____ & Ian Davis. *Disasters and the Small Dwelling: Perspectives for UN IDNDR*. London: James & James Science Publisher Limited, 1992.

Ball - Rokeach, S. J., "The Legitimation of Violence," in: *Organizational Effectiveness*. J. L. Price, Ed. Homewood, IL: Irwin, 1968.

Bamforth, Thomas. "When Systems Break Down: The Role of International Aid and Humanitarian Response in Disaster Recovery," in: Maria Kornakova (ed.), *Urban Planning for Disaster Recovery* (Australia: The University of Melbourne, 2017).

Barakat, Sultan. *Rebuilding and Resettlement, 9 Years Later: A Case Study of Contractor-Built Reconstruction in Yemen Following the 1982 Dhamar Earthquake*. University of York: PRDU, 1993.

_____ "Housing Reconstruction After Conflict and Disaster." Paper Presented at Humanitarian Practice Network. no. 43. 2003. at: https://bit.ly/3LC

_____ *Building Trust in the Middle East*. London: British Council, 2005.

_____ "The Evolution of Post - Conflict Recovery." *Third World Quarterly*. vol. 30, no. 6 (2009).

_____ "The Failed Promise of Multi-donor Trust Funds: Aid Financing as an Impediment to Effective State Building in Post-conflict Contexts." *Policy Studies*. vol. 30, no. 2 (2009).

_____ "Housing Reconstruction as Socio - Economic Recovery and State Building: Evidence from Southern Lebanon." Housing Studies. 2011.

_____ & Anna Larson. "Fragile States: A Donor-serving Concept? Issues with Interpretations of Fragile Statehood in Afghanistan." *Journal of Intervention and Statebuilding*. vol. 8, no. 1 (2014).

_____ & M. Chard. "Theories, Rhetoric and Practice: Recovering the Capacities of War-torn Societies," in: Sultan Barakat (ed.), *Reconstructing War-Torn Societies: Afghanistan* (London: Palgrave Macmillan, 2004).

_____ & S. A. Zyck. *Housing Compensation and Emergency Preparedness in the Aftermath of the July 2006 War in Southern Lebanon*. Beirut: Norwegian Refugee Council; York: Post - war Reconstruction and Development Unit, 2008.

_____ & Sansom Milton. "Localisation Across the Humanitarian - Development - Peace Nexus." *Journal of Peacebuilding & Development*. 19/5/2020. at: https://bit.ly/3govihv

_____ & Sean Deely. "Somalia: Programming for Sustainable Health Care." in: *World Disasters Report 1991*. Geneva: International Federation of Red Cross and Red Crescent Societies, 1991.

_____, Ghasan Elkahlout & Tim Jacoby. "The Reconstruction of Housing in Palestine 1993–2000: A Case Study from the Gaza Strip." Housing Studies. vol. 19, issue 13. 2003. at: https://bit.ly/34zXoUy

_____ et al. "The Composite Approach: Research Design in the Context of War and Armed Conflict." *Third World Quarterly*. vol. 23, no. 5 (October 2002).

_____ (ed.). *After the Conflict: Reconstruction and Development in the Aftermath of War*. London: IB Tauris, 2005.

Barash, David P. & Charles P. Webel. *Peace and Conflict Studies*. London: Sage, 2002.

_____ & P. Webel. *Peace and Conflict Studies*. London: Sage, 2002.

Barbara, Julien. *Rethinking Neo-liberal State Building: Building Post-conflict Development States*. Development in Practice. vol. 18, no. 3 (2003).

Barenstein, Jennifer Duyne. *Housing reconstruction in post - earthquake Gujarat, a comparative analysis*: London: Humanitarian Practice Network of the Overseas Development Institut, 2006.

_____. "From Gujarat to Tamil Nadu: Owner-Driven vs. Contractor-Driven Housing Reconstruction in India." Paper Presented at World Habitat Research Unit. University of Applied Sciences of Southern Switzerland. 2008.

_____ & Sushma Iyengar. "India: From a Culture of Housing to a Philosophy of Reconstruction," in: MIchal Lyons & Theo Schilderman (eds.), *Building Back Better: Delivering People-Centred Reconstruction at Scale* (Rugby, UK: Practical Action, 2010).

Bates, F. L., & W. G. Peacock. *Disaster and social change*. in: *Sociology of Disasters: Contribution of Sociology to Disaster Research*. R. R. Dynes, B. DeMarchi & C. Pelanda, Eds. Milan: Franco Angeli Libri, 1987.

Bengtsson, Bo. *Political sciences as the missing link in housing studies, Housing*. Theory and Society. vol. 26, no. 1 (2009).

Bickman, Leonar & Debra J. Rog. *The Sage Handbook of Applied Social Research Methods*. Sage publications, 1998.

BILAU, Abdulquadri Ade, Emlyn WITT, and Irene LILL. *A framework for managing post - disaster housing reconstruction*. Procedia Economics and Finance, 2015.

Blaikie, Piers. *At Risk: Natural Hazards, People's Vulnerability and Disasters*. London: Routledge, 2002.

Boen Teddy & Rohit Jigyasu. "Cultural Considerations for Post Disaster Reconstruction Post-Tsunami Challenges." Paper Presented at UNDP Conference. 2005. at: https://bit.ly/3ojRKwF

Bohem, Hilda. *Disaster Prevention and Disaster Preparedness*. Berkeley, CA: University of California, 1978.

Bostadspolitik, Strö̈mberg T. "en historisk parentes (Housing policy—an historical parenthesis)", in: *Den nya bostadspolitiken*. A. Lindbom, ed. The New Housing Policy, 2000.

Bräutigam, D. *Aid Dependency and Governance*. Stockholm: Swedish Ministry of Foreign Affairs International Development Cooperation Department, 2000.

Brown, David. "Methodological Considerations in the Evaluation of Social Development Programmes - an Alternative Approach." *Community Development Journal*. vol. 26, no. 4 (1991).

Cahn, Naomi. "Women in Post-Conflict Reconstruction: Dilemmas and Directions." *William and Mary Journal of Women and the Law*. vol. 12 (2006). at: https://bit.ly/3gSL0Sx.

CARE Myanmar: *Reconstructing Houses: Rebuilding Lives*, December 2010 - April 2011. https://bit.ly/3O4V83u.

Chambers, Robert. "Foreword," in: Jame Blackburn & Jeremy Holland (eds.), *Who Changes? Institutionalising Participation in Development* (London: Intermediate Technology Publications, 1998).

Chapman, K. *Using social transfers to scale up equitable access to education and health services: background paper*. London: UK Department for International Development, 2006.

Chen, Ted Yu Shen. "Habitat for Humanity's Post - Tsunami Housing Reconstruction Approaches in Sri Lanka." *International Journal of Mass Emergencies & Disasters*. vol. 33, no. 1 (2015).

Chiu, R. L. H. "Socio - cultural sustainability of housing: a conceptual exploration." *Housing, Theory and Society*. Vol. 21, no. 2 (2004).

Clapham, D. (A Theory of Housing Problems and Potential." *Housing, Theory and Society*. vol. 26, no. 1 (2009).

Cooper, C. & Murray Hawtin (eds.). "Concepts of community involvement, power and democracy," in: *Housing, Community and Conflict: Understanding Resident 'Involvement'*. Aldershot: Ashgate, 1997.

Cory, Alistair. "The Dhamar Building Education Project, Yemen", in Aysan et al. *Developing Building Improvements for Safety Programmes*. Intermediate Technology Publications. Intermediate Technology Publications, 15 December 1995.

_____. "The Philippines Core Shelter Housing Programme", in Aysan et al. *Developing Building Improvements for Safety Programmes*. Intermediate Technology Publications, 15 December 1995.

Coyet, Carl - Michael, et al. *Towards Better Practices in Housing and Construction: A Review of Experiences and Practices in the Red Cross and Red Crescent Movement.*" Geneva: IFRC, 2002.

Cracknell, Basil Edward. *Evaluating Development Aid: Issues, Problems and Solutions*. London: Sage, 2000.

Daëron, M., A. Elias, Y. Klinger, P. Tapponnier, E. Jacques, & A. Sursock. *(2004) Sources of the AD 551, 1202 and 1759 earthquakes (Lebanon and Syria)*. San Francisco, USA: a presentation at the American Geophysical Union, Fall 2004.

Darby, John & Roger Mac Ginty (eds.). *Contemporary Peacemaking: Conflict, Violence and Peace Processes*. Great Britain: Palgrave Macmillan, 2003.

Das, Hans. *Regularizing Housing and Property Rights in Kosovo*. Habitat Debate. vol. 6. no. 2, 2000.

Da Silva, Jo, Zygmunt Lubkowski & Victoria Batchelor, *Lessons from Aceh: key considerations in post - disaster reconstruction*, Rugby: Practical Action, 2010.

Davis, Ian. *Shelter After Disaster*, Oxford: Oxford Polytechnic Press, 1978.

_____. "Disasters," in: *Encyclopaedia of Vernacular Architecture of the World*. P. Oliver, Ed. vol. 1. *Theories and Principles*. Oxford: Oxford University Press, 1997.

_____. *Shelter after Disasters*. notes of a lecture given at Cranfield University. UK, 2002.

Dobbins, James. *America's Role in Nation-Building: From Germany to Iraq*. U.S.: Rand, 2003.

Duffield, M. R. *Global Governance and the New Wars: The Merging of Development and Security*. New York: Zed Books, 2001.

Dunn, J. *Housing and health inequalities: review and prospects for research*. Housing Studies. vol. 15, no. 3, 2000.

Ellis, Sue & Sultan Barakat. "From Relief to Development: The Long - Term Effects of 'Temporary' Accommodation on Refugees and Displaced Persons in the Republic of Croatia. *Disasters*. vol. 20, no. 2 (1996).

El - Masri, S. *Displacement and reconstruction, the case of West Beirut, Lebanon*. Disasters. Vol 13. No 4. 1989.

_____ & P. Kellett. "Participatory Approaches to Rebuilding the Damaged Villages of Lebanon: A Case Study of Al - Burjain." *Habitat International*. vol 25, no 4 (2001).

EPC-Environmental Planning Collaborative India and TCG international Washington with the Support of USAID/India and FIRE - D. "Participatory Planning Guide for Post Disaster Reconstruction" (January 2004). at: https://bit.ly/2Uqw5Ec

Evans, G., & E. Kantrowitz. *Socioeconomic status and health: the potential role of environmental risk exposure*. Annual Review of Public Health, 23/5/2002.

Fox, Andrew P. "Montserrat: A Case Study in the Application of Multiple Methods to Meet Post-disaster Housing Shortage." Paper Presented at The Conference on Improving Disaster Reconstruction in Developing Countries. Montreal University. 2002.

Guba, Egon G. & Yvonna S. Lincoln. *Fourth Generation Evaluation*. London: Sage, 1989.

*Guidelines for Building Measures after Disasters and Conflicts*. Eschborn: Deutsche Gesellschaft für Technische Zusammenarbeit (GTZ), 2003.

Gebauer, M. *Armed Militants Helping Lebanon Rebuild*. Der Spiegel, 16 8/2006, at: https://bit.ly/34MIF9p.

Ghani, A., M. Carnahan, & C. Lockhart. *Stability, State - Building and Development Assistance: An Outside Perspective*. Princeton, NJ: The Princeton Project on National Security, 2006.

Gomm, Roger, Martyn Hammersley & Peter Foster. *Case Study Method: Key Issues, Key Texts*. London: Sage. 2000.

Goodhand, Jonathan. "Violent Conflict, Poverty and Chronic Poverty." Chronic Poverty Research Centre, Working Paper no. 6, 2001.

Grace, R., & Mandelbaum, A. *Understanding the Iran - Hezbollah Connection*. Washington DC: United States Institute of Peace, 2006.

Greenberg, Marcia & Elaine Zuckerman. "The Gender Dimensions of Post-Conflict Reconstruction: The Challenge in Development Aid." Wider Research Paper no. 2006/62. United Nations University. 2006. at: https://bit.ly/3oSEyPO.

Greenwood, Davydd J. & Morten Levin. *Introduction to Action Research: Social Research for Social Change*. Thousand Oakes, CA: Sage Publication Inc. 1998.

Grünewald, François. *War in Cities: Lessons Learnt for the New Century of Urban Disasters*. France: Groupe URD, La Fontaine des Marins, 2012.

Gupta, S., B. Clements, R. Bhattacharya, & S. Chakravarti. *Fiscal consequences of armed conflict and terrorism in low - and middle - income countries*. European Journal of Political Economy. vol. 20. no. 2, 2002.

Gururaja, Srilakshmi. "Gender Dimensions of Displacement." *Forced Migration Review*. no. 9 (2000). at: http://bit.ly/2sq8NCS.

Hallam, Alistair. *Evaluating Humanitarian Assistance Programmes in Complex Emergencies*. John Borton, Laura Gibbons & Sarah Longford (eds.). London: Overseas Development Institute, 1998.

*Hansaviertel Apartments (Case Study)*, October 2010, at: https://bit.ly/3faDEGU.

Harvey, Paul. *The role of national governments in international humanitarian response*. Kuala Lumpur, 2010.

Heckhausen, H. "Discipline and interdisciplinarity", in: *Interdisciplinarity: Problems of Teaching and Research in Universities*. Paris: OECD, 1972.

Howden - Chapman, P. *Housing and inequalities in health*. Journal of Epidemiology and Community Health. vol. 56, 2002.

International Council of Voluntary Agencies (ICVA). "Demystifying the Humanitarian, Development and Peace Nexus." at: https://bit.ly/3gfuJ9Q.

Jackson, Edward T. & Yusuf Kassam (eds.). *Knowledge Shared*. US: Kumarian Press, 1998.

Jha, Jyotsna. *Education for All Global Monitoring Report 2011: A Gender Review*. New York: United Nations Girls' Education Initiative, 2011.

Jigyasu, Rohit. *From Marathawda to Gujarat: Emerging Challenges in Post - earthquake Rehabilitation for Sustainable Eco - development in South Asia*. Conference on Improving Disaster Reconstruction in Developing Countries. Montreal University, 2002.

Johnson, Cassidy. *What's the Big Deal about Temporary Housing? Planning Considerations for Temporary Accommodation after Disasters*, Conference on Improving Disaster Reconstruction in Developing Countries, Montreal University, 2002.

Jones Stephen & Simon Howarth. "Supporting Infrastructure Development in Fragile and Conflict-Affected States: Learning from Experience." DFID (August 2012).

*Journal of Disaster Research*. vol. 2. no. 2 (2007).

Kemeny, J. *Housing and Social Theory*. Basingstoke: Routledge, 1992.

King, P. *The Limits of Housing Policy: A Philosophical Investigation*. London: Middlesex University Press, 1996.

_____. *Private Dwelling: Contemplating the Use of Housing*. London: Routledge, 2004.

_____. "Using Theory or Making Theory: Can There be Theories of Housing?." *Housing, Theory and Society*. vol. 26, no. 1 (2009).

Kobayashi, M. & K. Miura. "Natural disaster and restoration housing: role of physical and interpersonal environment in making a critical transition to a new environment," in: *Theoretical Perspectives in Environment - Behavior Research Underlying Assumption, Research Problems, and Methodologies*. S. Wapner, J. Demick, T. Yamamoto, and H. Minami, eds. New York: Kluwer Academic, 2000.

Kreimer, Alcira & Edward Echeverria. *Case Study: Housing Reconstruction in Mexico City*. Washington DC: World Bank, 1990.

Kumar Jha, Abhas. *Safer homes, stronger communities: a handbook for reconstructing after natural disasters*. The World Bank, January 2010.

Kumar, Krishna. "The Nature and Focus of International Assistance for Rebuilding War- torn Societies," in: Krishna Kumar (ed.), *Rebuilding Societies after Civil War: Critical Roles for International Assistance* (London: Lynne Reinner, 1997).

Lamb, R. D. *Measuring legitimacy in weak states*. Paper presented at the Graduate Student Conference on Security. Washington DC.: Georgetown University, 2005.

Leckie, Scott. *Housing, Land and Property (HLP) Rights in Post-Disaster Settings: Proposals for IFRC Shelter Policy and Response*. international federation of Red Cross and Red Crescent societies, 1 October 2008.

Legnér, Mattias & Malin Stengård. *Post-Conflict Reconstruction of Cultural Heritage*. Centre for Heritage in War, 2019. https://www.diva-portal.org/smash/get/diva2:1379714/FULLTEXT01.pdf

Lyons, M. *Building back better: the large - scale impact of small - scale approaches to reconstruction*. World Development. Vol. 36. No. 2, 2009.

Mannion, M. "The Environmental Impact of War & Terrorism." Geographical Paper no. 169. The University of Readings. 2003.

Martinez, M. "Transitional Shelters, Eight designs." Paper Presented at International Federation of Red Cross and Red Crescent Societies. Geneva. IFRC. 2011.

Ministry of Economic and Trade of the Lebanese Republic. Economic Report. Beirut, 2008.

Mumtaz, Barbar. *Meeting the Demand for Housing: A Model for Establishing Affordable Parameters*. Working Paper 73. London: University College London. Developmental Planning Unit, 1996.

North, Robert. "Conflict: Political Aspects," in: William A. Darity (ed.), *International Encyclopedia of the Social Sciences* (Farmington Hills, MI: Gale. 1968), vol. 3.

Norton, A. R. *Hezbollah: A Short History*. Princeton, NH: Princeton University Press, 2007.

Norton, John. "Sustainable Architecture: A Definition." *Habitat Debate*. vol. 5, no. 2 (1999).

Oakley, Peter, Brian Pratt & Andrew Clayton. *Outcomes and Impact: Evaluating Change in Social Development*. Oxford: Intrac, 1998.

O'Ballance, Edgard. *Civil War in Lebanon, 1975–92*. London: Macmillan, 1998.

Oliver-Smith, Anthony. "Anthropological Research on Hazards and Disasters." *Annual Review of Anthropology*. vol. 25 (1996).

*Oxford English Dictionary* (OED). 1965.

Paddison, Ronan, Iain Dochert & Robina Goodlad. "Responsible participation and housing: restoring democratic theory to the scene." *Housing Studies*. vol. 23, no. 1 (2008).

Parnell, E. "The Role for Cooperatives and Other Self-Help Organizations (SHOs)," in: Eugenia Date-Bah (ed.), *Jobs After War: A Critical Challenge in the Peace and Reconstruction Puzzle*. Geneva: International Labour Organisation, 2003.

Patton, M. *Qualitative Evaluation Methods*. Newbury Park, CA: Sage, 1990.

Pei, Minxin & Sara Kasper. *Lessons From The Past: The American Record on Nation Building*. Washington, DC: Carnegie Institute, 2003.

Peterson, Peter G. "Public Diplomacy and The War on Terrorism." *Foreign Affairs*. vol. 81, no. 5 (2002).

Picciotto, Robert. "Towards an Economics of Evaluation." *Sage*. vol. 5, no. 1 (1999).

*Post-Disaster Shelter in India: A Study of the Long-Term Outcomes of Post-Disaster Shelter Projects* (Noida: CARE India, 2016), at: https://bit.ly/3JcpzaX

Popkin, Susan J., Margery A. Turner & Martha Burt. "Rebuilding Affordable Housing in New Orleans: The Challenge of Creating Inclusive Communities," in: Marguerite A. Urner & Sheila R. Zedlewski, *After Katrina: Rebuilding Opportunity and Equity into the New Orleans*. Washington DC: The Urban Institute, 2006.

"Post-Conflict Reconstruction: A joint project of the Center for Strategic and International Studies (CSIS) and the Association of the United States Army (AUSA*)*." Task Framework, May 2002.

Rassam, Sahar. *The Role of Municipalities in Post - Conflict Reconstruction: The Case of Kosovo*. Beirut: BAU 2001 Conference on South Lebanon: Urban Challenges in the Era of Liberation, 3–6 April 2001.

Rebien, Clause C. *Evaluating Development Assistance in Theory and Practice*. Avebury,1996.

Ryan Collins, L. *Post - tsunami housing reconstruction Kalutara district, Sri Lanka Retrieved from adore*. Belgian Red Cross Society, 2009.

Sadiqi, Zabihullah, Bambang Trigunarsyah & Vaughan Coffey. "A Framework for Community Participation in Post-disaster Housing Reconstruction Projects: A Case of Afghanistan." *International Journal of Project Management* (2016).

_____. "Post-Disaster Housing Reconstruction: Challenges for Community Participation," in: R. Haigh et al (eds.), *Proceedings of the International Conference on Building Resilience. Interdisciplinary Approaches to Disaster Risk Reduction, and The Development of Sustainable Communities and Cities* (2011). at: https://bit.ly/3uwx7kQ

Salvatore Jennings, Ray. "The Road Ahead: Lessons in Nation Building from Japan, Germany, and Afghanistan for Postwar Iraq." Peaceworks no. 49. United States Institute of Peace. 2003.

Samset, Knut. "Project Management in a High-Uncertainty Situation. Risk and Project Management in International Development Projects." PhD. Dissertation. Norwegian University of Science and Technology. 1998.

Sandler, T., & W. Enders. *Economic Consequences of Terrorism in Developed and Developing Countries: An Overview*. Washington DC: World Bank, 2005.

Saunders, Graham. *Gujarat Earthquake Relief Initiative: Shelter Programme Review*, Catholic Relief Services, September 2002.

_____. *Housing, Lives and Livelihoods: Lessons in Post - Disaster Assistance from Goma*. Catholic Relief Services, 2002.

Security Council. *Security Council Unanimously Adopts Resolution 2282 (2016) on Review of United Nations Peacebuilding Architecture*, 27/4/2016. At: https://bit.ly/32PSceC.

Seneviratne, Krisanthi, Dilanthi Amaratunga & Richard Haigh. "Managing Housing Needs of Post Conflict Housing Reconstruction: Sri Lankan Perspective." *Engineering, Construction and Architectural Management*. vol. 24, no. 2 (2017). at: https://bit.ly/35084fx.

_____. *Post Conflict Housing Reconstruction: Housing Needs and Expectations of Conflict Affected Communities*. International Conference on Building Resilience (ICBR), 2011. https://bit.ly/3Bs19YI.

Serageldin, Ismail. "Micro-finance: Reaching the Poorest," in: *The Architecture of Empowerment: People, Shelter and Liveable Cities*, Ismail Serageldin (ed.) (London: Academy Editions, 1997).

Shirokov, Yevgeny. *Building with Bales in Belarus, International Academy of Ecology*. UN Habitat. Social Green Housing for Chernobyl Settlers, 2001.

SIDA. *Self - help Housing as Practiced by* SIDA. Stockholm, 2000.

Skotte, Hans. *Reflections on Housing Reconstruction and Post - war Planning in BiH*. Trondheim: Norwegian University of Technology and Science, 2003.

Sorensen, Birgitte. "Women and Post-Conflict Reconstruction: Issues and Sources." *Social Change*. vol. 29, nos. 3-4 (1998), at: https://bit.ly/3sHQV2f.

The Sphere Project. *Humanitarian charter and minimum standards in disaster response*, 2004.

Stabilisation Unit in Government of UK. *UK Principles for Stabilisation Organization and Programme*. Issues Note Series (October 2014).

Taylor, G., & N. Ayres. *Born and Bred Unequal*. London: Longmans, 1969.

Telford, John, and John Cosgrave, *Joint Evaluation of the International Response to the Indian Ocean Tsunami: Synthesis Report*. Landon, Tsunami Evaluation Coalition, 2006.

Thompson, Paul. *Voices of the Past: Oral History*. 3rd ed. Oxford: Oxford University Press, 2000.

Thurairajah, Nirooja, Dilanthi Amaratunga & Richard Haigh. "Post Disaster Reconstruction as an Opportunity for Development: Women's Perspective."

Paper Presented at the International Conference in Building Education and Research. 2008. at: https://bit.ly/3BrXUjD.

Tiesdell, S., T. Oc, & T. Heath. "Revitalizing Historic Urban Quarters." in: *Revitalizing Historic Urban Quarters*. Oxford: Architectural Press, 1996.

Tilley, Nick & Ray Pawson. *Realistic Evaluation*. London: Sage, 1997.

Twigg, John. "Technology, Post-Disaster Housing Reconstruction and Livelihoods Security." Paper Presented at Benfield Hazard Research Centre. London. January 2002.

_____. "Technology, Post-Disaster Housing Reconstruction and Livelihoods Security." Paper Presented at Benfield Hazard Research Centre. London. M ay 2006.

UNDESA, *Developing National Sustainable Development Strategies in Post-Conflict Countries* (June 2011). at: https://bit.ly/3ula5xp

UNDP. *NGO Partnerships with BCPR/BRSP in post - conflict environments*. Concept paper for the Africa NGO workshop. New York, 2002.

_____. *Human Development Indicators 2003*. Geneva: UNDP, 2003.

_____. *First Consolidated Progress Report on Activities Implemented under the Lebanon Recovery Fund*. New York: United Nations Development Programme, 2008.

UNDRO. *Shelter after Disaster: Guidelines for Assistance*. Geneva, 1982.

UN-HABITAT. *Global Campaign for Secure* Tenure. UN Habitat, 2002.

_____. *Building Back Better in Pakistan*. Nairobi: United Nations Human Settlements Programme, 2007.

_____. Lebanon Shelter Cluster Data on Housing Damage and Compensation. Beirut: United Nations Human Settlements Programme, 2008.

UNHCR. *Evaluation Report of UNHCR Housing Programme in BiH 1996–1997*. Geneva, 1998.

_____. *External Evaluation of the UNHCR Shelter Programme in Rwanda 1994-99*, RLSS Mission Report Geneva, 1999.

United Nations (UN). "Enhancing the Humanitarian - Development - Peace Nexus." at: https://bit.ly/3L6erhS.

UNMIK Department for Reconstruction. *Guidelines for Kosovo Reconstruction*, 2000.

UN Office of the High Commissioner for Human Rights (OHCHR), *Women and the Right to Adequate Housing*, 2012. https://bit.ly/3LGyuDC.

Venable, Casie et al. "Community Participation in Post-Disaster Shelter Programs: Examining the Evolution of Participation in Planning, Design, and Construction." Paper Presented at New Orleans, Construction Research Congress, 2018.

Veron, Pauline & Volker Hauck. "Connecting the Pieces of the Puzzle: The EU's Implementation of the Humanitarian-Development-Peace Nexus." Paper Presented at European Centre for Development Policy Management (ECDPM). 21/6/2021. at: https://bit.ly/3ok9AzF

Warah, Rasnah. "Rwanda Passes Succession Law." *Habitat Debate*. vol. 6, no. 2 (2000).

Weber, Max. *The Theory of Social and Economic Organization*. New York: Oxford University Press, 1947.

Weishaupt, Sebastian. "The Humanitarian - Development - Peace Nexus: Towards Differentiated Configurations." Paper Presented at The United Nations Research Institute for Social Development (UNRISD). 2020. at: https://bit.ly/3Plq6LU

Weiss, N. Eric. *Rebuilding Housing After Hurricane Katrina: Lessons Learned and Unresolved Issues*. Washington DC: Congressional Research Service, 2006.

Wilches-Chaux, Gustavo. "The SENA Self - Help Reconstruction Programme Following the 1983 Popayan Earthquake, Colombia – A Governmental Vocational Training Centre Approach," in: Aysan, Y et al., *Developing Building for Safety Programmes: Guidelines for Organizing Safe Building Improvement Programmes in Disaster - Prone Areas*. London: Intermediate Technology Publications, 1995.

Wiles, Peter et al. *Independent Evaluation of Expenditure of DEC Kosovo Appeal Funds; phases 1 and 2, April 1999 - January* 2000. Overseas Development Institute in association with Valid International, August 2000.

World Bank. *World Bank Development Indicators 2004*. Washington, DC: 2004.

Zuckerman, Elaine & Marcia Greenberg. "The Gender Dimensions of Post-Conflict Reconstruction: An Analytical Framework for Policymakers." *Gender and Development*. vol. 12, no. 3 (2004). at: https://bit.ly/3GXxCqK

**قائمة المقابلات:**

الكيان (منظمة لبنانية غير حكومية)، مقابلات جماعية، صور، 14 تشرين الأول/ أكتوبر و4 كانون الأول/ ديسمبر 2008.

مجلس الجنوب، مقابلة شخصية، بيروت، 1 كانون الأول/ ديسمبر 2008.

الهيئة العليا للإغاثة، مقابلات شخصية وجماعية، بيروت، 2 و17 كانون الأول/ ديسمبر 2008.

بيت في الجنوب (منظمة لبنانية غير حكومية)، مقابلة شخصية، بيروت، 4 كانون الأول/ ديسمبر 2008.

الهيئة الطبية الدولية، مقابلات جماعية، صور، 14 تشرين الأول/ أكتوبر، و4 كانون الأول/ ديسمبر 2008.

جهاد البناء، مقابلات شخصية وجماعية، بيروت، 1 و17 كانون الأول/ ديسمبر 2008.

خطيب وعلمي، مقابلة شخصية، بيروت، 3 كانون الأول/ ديسمبر 2008.

الصندوق الكويتي [للتنمية العربية]، مقابلة شخصية، بيروت، 2 كانون الأول/ ديسمبر 2008.

القوات المسلحة اللبنانية، مقابلات شخصية، صور، 4 و5 كانون الأول/ ديسمبر 2008.

المجلس النرويجي للاجئين، مقابلات شخصية وجماعية، بيروت، آب/ أغسطس - كانون الأول/ ديسمبر 2008.

اللجنة الشعبية السعودية، مقابلة شخصية، بيروت، 1 كانون الأول/ ديسمبر 2008.

برنامج الأمم المتحدة للمستوطنات البشرية، مقابلة شخصية، بيروت، 10 تشرين الأول/ أكتوبر و2 كانون الأول/ ديسمبر 2008.

يونيفيل (قوة الأمم المتحدة المؤقتة في لبنان)، مقابلات شخصية، صور، 10 تشرين الأول/ أكتوبر و2 كانون الأول/ ديسمبر 2008.

الأمم المتحدة [مكتب المنسق المقيم]، مقابلة شخصية، بيروت، 3 كانون الأول/ ديسمبر 2008.

الوكالة الأمريكية للتنمية الدولية، مقابلة شخصية، بيروت، 5 كانون الأول/ ديسمبر 2008.